Wolfgang Stegmüller

Probleme und Resultate der Wissenschaftstheorie
und Analytischen Philosophie, Band II
Theorie und Erfahrung

Studienausgabe, Teil G

Strukturspecies. T-Theoretizität.
Holismus. Approximation.
Verallgemeinerte intertheoretische Relationen.
Inkommensurabilität

Springer-Verlag
Berlin Heidelberg New York Tokyo

Professor Dr. Dr. Wolfgang Stegmüller
Hügelstraße 4
D-8032 Gräfelfing

Dieser Band enthält die Kapitel 5 bis 10 der unter dem Titel „Probleme und Resultate der Wissenschaftstheorie und Analytischen Philosophie, Band II, Theorie und Erfahrung, Dritter Teilband" erschienenen gebundenen Gesamtausgabe

CIP-Kurztitelaufnahme der Deutschen Bibliothek
Stegmüller, Wolfgang: Probleme und Resultate der Wissenschaftstheorie und analytischen Philosophie / Wolfgang Stegmüller. - Studienausg. - Berlin; Heidelberg; New York; Tokyo: Springer
Teilw. verf. von Wolfgang Stegmüller; Matthias Varga von Kibéd. -
Teilw. mit den Erscheinungsorten Berlin, Heidelberg, New York
NE: Varga von Kibéd, Matthias:
Bd. 2. Theorie und Erfahrung. Teil G. Strukturspecies, T-Theoretizität, Holismus, Approximation, verallgemeinerte intertheoretische Relationen, Inkommensurabilität. - 1986

ISBN-13: 978-3-540-15744-1   e-ISBN-13: 978-3-642-61619-8
DOI: 10.1007/978-3-642-61619-8

Das Werk ist urheberrechtlich geschützt. Die dadurch begründeten Rechte, insbesondere die der Übersetzung, des Nachdruckes, der Entnahme von Abbildungen, der Funksendung, der Wiedergabe auf photomechanischem oder ähnlichem Wege und der Speicherung in Datenverarbeitungsanlagen bleiben, auch bei nur auszugsweiser Verwertung, vorbehalten. Die Vergütungsansprüche des § 54, Abs. 2 UrhG werden durch die „Verwertungsgesellschaft Wort", München, wahrgenommen.
© Springer-Verlag Berlin Heidelberg 1986

Herstellung: Brühlsche Universitätsdruckerei, Gießen
2142/3140-543210

Inhaltsverzeichnis

Kapitel 5. Leitermengen, Strukturspecies und Präzisierung der Rahmenbegriffe 137

5.1 Zwei grundlagentheoretische Kritiken am strukturalistischen Theorienkonzept 137
    (I) Die Kritik erster Art (Kritik an der fehlenden Typisierung) 137
    (II) Die Kritik zweiter Art (Antinomie-Kritik) 139
5.2 Leitermengen 141
5.3 Mengentheoretische Strukturen, kanonische Transformationen und Strukturspecies 143
5.4 Potentielle Modelle und Modelle als Strukturspecies 150
Literatur 154

Kapitel 6. Theoriegeleitete Messung und innersystematische Präzisierung des Kriteriums für T-Theoretizität 155

6.1 T-abhängige Messung durch Meßmodelle 155
6.2 Verallgemeinerte Kerne und partielle Modelle. Verallgemeinerte empirische Theorie-Elemente 159
6.3 Meßmethoden und Meßmodelle (ohne und mit Skaleninvarianz) 161
6.4 Das formale Kriterium für T-Theoretizität von U. Gähde . . . 164
    (I) Intuitiv-heuristische Skizze des Gähdeschen Kriteriums . . 167
    (II) Das Kriterium von Sneed in der Sprache der i-determinierenden Modelle 172
    (III) Das formale Kriterium von Gähde in der Sprache der Meßmodelle 173
6.5 Die Modifikation des Gähdeschen Kriteriums durch W. Balzer 177
6.6 Diskussion 181
    (I) Die Nichtdefinierbarkeitsforderung 183
    (II) Die Rolle der Spezialgesetze 187
Literatur 189

Kapitel 7. T-Theoretizität und Holismus. Eine Präzisierung und Begründung der Duhem-Quine-These 190

7.1 Begründung für die Wiederaufnahme der Fragestellung 190
7.2 Die realistische Miniaturtheorie T* 192
7.3 Ein simulierter Konflikt mit den Meßdaten 197
7.4 Theorienimmunität und empirischer Gehalt des Ramsey-Sneed-Satzes 200
7.5 Alternative Revisionsmöglichkeiten und ‚Kuhn-Loss-Eigenschaft' 205
   (I) Abschwächung der Forderung einer speziellen Querverbindung 205
   (II) Preisgabe einer allgemeinen Querverbindung 207
   (III) Preisgabe eines speziellen Gesetzes 208
7.6 Holismus und die Rangordnung zwischen den Revisionsalternativen 212
7.7 Technischer Anhang 218
Literatur 226

Kapitel 8. Approximation 227

8.1 Prinzipielles 227
8.2 Der formale Rahmen 229
   (I) Unschärfemengen, Uniforme Strukturen und ‚Immunisierung' 229
   (II) Approximation auf theoretischer und nicht-theoretischer Stufe. Das Induktionstheorem 232
8.3 ‚Verschmierungen', zulässige Unschärfemengen und approximative Anwendung einer Theorie 236
8.4 Intertheoretische Approximation 239
   (I) U-Nachbarschaften 240
   (II) Das Schema für intertheoretische Approximation 240
   (III) Approximative Reduktion 244
   (IV) Der Kepler-Newton-Fall 246
8.5 Ein Alternativverfahren der Behandlung intertheoretischer Approximationen 253
   (I) Uniforme Hausdorff-Räume 255
   (II) Approximative Reduktion der klassischen Partikelmechanik auf die speziell relativistische Mechanik 260
   (III) Bemerkung zu einer Kritik Quines am Begriff des Grenzwertes für Theorien von C. S. Peirce 265
Literatur 267

Kapitel 9. Isolierte Theorie-Elemente und verallgemeinerte intertheoretische Verknüpfungen oder Bänder („Links") 269

9.1 Isolierte Theorie-Elemente 269
9.2 Bänder („Links") 271
9.3 Die explizite Definierbarkeit von Querverbindungen durch Bänder 275
9.4 Eine Formulierung des Sneedschen Theoretizitätskriteriums mit Hilfe von Bändern 276
9.5 Empirische Theorienkomplexe 277
9.6 Abstrakte Netze und gerichtete Graphen 282
9.7 Versuch einer systematischen Klassifikation von Bändern . . . 285
9.8 Philosophische Ausblicke 288
9.9 Philosophisch-historische Anmerkung 293
Literatur 297

Kapitel 10. Inkommensurabilität, Reduktion und Übersetzung 298

10.1 Das Argument von D. Pearce 298
10.2 Philosophische Diskussion des Argumentes von Pearce 302
Literatur 309

Kapitel 5
Leitermengen, Strukturspecies und Präzisierung der Rahmenbegriffe

5.1 Zwei grundlagentheoretische Kritiken am strukturalistischen Theorienkonzept

Verschiedene Philosophen, die selbst darum bemüht sind, für wissenschaftstheoretische Untersuchungen einen möglichst präzisen Begriffsapparat zugrunde zu legen, haben zwei Arten von Kritiken am strukturalistischen Begriffsaufbau geübt. In beiden Fällen geht es darum, daß den ‚Strukturalisten' ein zu sorgloser Umgang mit mengentheoretischen Entitäten vorgeworfen wird. Zu erwähnen sind vor allem die Arbeiten der folgenden Autoren: I. NIINILUOTO [Growth], D. PEARCE [Theoretical Justification], V. RANTALA [Logical Basis], E. SCHEIBE [Comparison], R. TUOMELA [Structuralist Approach]. Da es sich als wichtig erweisen wird, die beiden Arten von Kritikpunkten scharf zu unterscheiden, sollen sie getrennt geschildert und diskutiert werden.

(I) Die Kritik erster Art (Kritik an der fehlenden Typisierung)

Diese Kritik kann man schlagwortartig folgendermaßen charakternsieren: Es wird bemängelt, daß die in den Untersuchungen benützten, z. B. die durch „Matrix", „potentielles Modell", „Modell" bezeichneten Strukturen *nicht typisiert* sind. So wird z. B. nicht scharf zwischen Objektmengen und Relationen unterschieden. Bei den Relationen stößt man häufig zugleich auf drei Arten von Mängeln: weder werden deren Definitionsbereiche genau angegeben noch die Stellenzahl noch deren ‚Stufen'. Mit letzterem ist folgendes gemeint: Wie Beispiele konkreter Theorien zeigen, sind die Definitionsbereiche verwendeter Relationen (Funktionen) häufig nicht bloße Objektmengen, die in der Matrix angeführt werden, sondern z. B. Potenzmengen von solchen oder kartesische Produkte von zwei oder mehreren dieser Mengen oder sogar Mengen von noch höherer Komplexität, die sich durch wiederholte Anwendung der Potenzmengen- und Produktbildung ergeben.

Angenommen etwa, die Menge M_p enthalte die beiden (k+m)-Tupel $\langle n_1,\ldots,n_k,t_1,\ldots,t_m\rangle$ und $\langle n'_1,\ldots,n'_k,t'_1,\ldots,t'_m\rangle$. Hierbei kann n_1 eine ‚einfache' Menge sein, n'_1 dagegen eine Funktion von der Art $n'_1: n'_3 \to t'_2$; n_2 kann eine Relation der Gestalt $n_2 \subseteq t_1 \times t_m$ sein, n_2' hingegen eine Funktion $n_2' : t_1'$ usw. Während wir vom intuitiven Standpunkt erwarten würden, ‚daß alle Elemente von M_p dieselbe Ordnung aufweisen', sind die bisherigen Bestimmungen damit verträglich, daß sich die ‚Ordnung' beim Übergang von einem Element aus M_p zum nächsten ändert, so daß insgesamt, trotz Ordnung in jedem Einzelglied, dennoch ein ziemlich chaotisches Durcheinander vorherrscht.

Dieser Mangel wird durch zwei weitere verschärft. Wie abermals die Analyse von Beispielen zeigt, werden in den erwähnten Strukturen nicht nur Mengen solcher Objekte eingeführt, ‚von denen die Theorie handelt', sondern weitere Mengen, die bereits als mit bestimmter Struktur versehen und in dieser Hinsicht ‚als bereits bekannt' vorausgesetzt werden. So z. B. kommen in jedem Element von *KPM* (Klassische Partikelmechanik) außer den beiden Objektmengen P (Menge der Partikel) und T (Menge der Zeitpunkte) die drei Mengen $\mathbb{N}$, $\mathbb{R}$ und $\mathbb{R}^3$ vor, von denen vorausgesetzt wird, daß sie die bekannten mathematischen Strukturen besitzen. Was nun die ‚eigentlichen Objekte' betrifft, so müßte in bezug auf sie die Gewähr dafür geschaffen werden, ‚daß kein von anderswoher geholtes Wissen benützt wird', daß sie also zu Beginn als vollkommen unspezifizierte Gegenstände anzusehen sind, die ausschließlich in den in M_p angegebenen Relationen, etwa $R_1, \ldots, R_m$, zueinander stehen.

Alle diese Kritiken erster Art sind sicherlich berechtigt. Das vorliegende Kapitel dient ausschließlich dem Zweck, solche Präzisierungen einzuführen, daß allen diesen Kritiken Rechnung getragen wird, ohne dabei jedoch von formalsprachlichen Methoden Gebrauch zu machen. Wir übernehmen dabei den Begriffsapparat, der in BALZER, MOULINES und SNEED, [Formale Betrachtungen], bereitgestellt worden ist. Zur Erleichterung des Verständnisses der in den folgenden Abschnitten gegebenen Definitionen sollen bereits hier einige erläuternde Bemerkungen dazu gemacht werden.

Den grundlegenden Begriff bilden die *mengentheoretischen Strukturen*. Darin kommt eine festgelegte Zahl von Grundmengen sowie eine festgelegte Zahl von Relationen vor. Für jede dieser Relationen wird die Stellenzahl sowie der Typ genau angegeben. Als Hilfsbegriff wird dabei der Begriff der *Leitermenge* von BOURBAKI benützt. Eine Leitermenge über den Grundmengen ist eine Menge, die aus den Grundmengen mittels endlich oftmaliger iterierter Anwendung der Operationen der Potenzmengenbildung und der kartesischen Produktbildung hervorgeht. Die Struktur jeder dieser Mengen kann durch Zuordnung einer geeigneten *Form* genau charakterisiert werden. Jede der in der mengentheoretischen Struktur benützten Relationen erhält als *Typ* die Form derjenigen Leitermengen zugeordnet, deren Element diese Relation ist. Schließlich kann noch der mengentheoretischen Struktur als ganzer ein *Typ* zugeordnet werden. Und alle benützten Klassen, insbesondere die Klassen von Modellen und von potentiellen Modellen, enthalten nur Strukturen vom selben Typ; sie werden dementsprechend als *typisierte Klassen von mengentheoretischen Strukturen* bezeichnet. Damit ist der erste erwähnte Mangel behoben.

Dem zweiten Einwand kann man in der Weise begegnen, daß man die Basismengen in zwei Klassen unterteilt. Diejenigen Mengen, die bereits als mit fester Struktur versehen zu denken sind, werden *Hilfsbasismengen* genannt. Die übrigen Grundmengen heißen *Hauptbasismengen*. Deren Elemente sollen tatsächlich zu Beginn als völlig unspezifizierte Objekte behandelt werden.

Es ist noch der dritte Einwand zu berücksichtigen, nämlich daß im Rahmen des bisherigen Vorgehens die Objekte der Hauptbasismengen *nicht ausschließlich* als durch die in der mengentheoretischen Struktur vorkommenden Relationen charakterisiert gedacht werden müssen, obwohl dies eigentlich der Fall sein sollte. Dieser Mangel wird mit Hilfe des Begriffs der *kanonischen Transformation* einer mengentheoretischen Struktur behoben. Dabei geht es um Abbildungen, die mengentheoretische Strukturen in typengleiche überführen und die außerdem einige weitere, später zu beschreibende Zusatzbedingungen erfüllen. Der Begriff der typisierten Klasse im vorher erwähnten Sinn wird schließlich in einem letzten Schritt zu dem der *Strukturspecies* verschärft. Eine Strukturspecies ist eine solche typisierte Klasse, die zu jeder in ihr als Element vorkommenden mengentheoretischen Struktur x alle diejenigen Strukturen enthält, die aus x durch kanonische Transformation hervorgehen.

Da die Hauptbasismengen der in einer Strukturspecies vorkommenden Strukturen genau durch die in ihnen enthaltenen Relationen charakterisiert werden, ist damit schließlich auch dem letzten der vorgetragenen Bedenken in adäquater Weise Rechnung getragen worden.

(II) Die Kritik zweiter Art (Antinomie-Kritik)

Zum Unterschied von der unter (I) behandelten setzt die Kritik zweiter Art nicht bei *speziellen*, innerhalb des strukturalistischen Ansatzes benützten Methoden der Begriffsbildung ein, sondern knüpft an die *allgemeine* Tatsache an, daß dieses Vorgehen von der informellen Mengenlehre (kurz: *IM*) Gebrauch macht. Da die informelle Mengenlehre jedoch inkonsistent sei, setze sich auch jede Wissenschaftstheorie, welche von dieser Gebrauch macht, der Widerspruchsgefahr aus.

Bisweilen wird diese zweite Kritik in der folgenden schärferen Version vorgetragen: Die Inkonsistenz der *IM* rührt davon her, daß hemmungslos von echten Klassen Gebrauch gemacht wird und daß insbesondere über solche Klassen quantifiziert wird. Nun sind aber auch verschiedene von den Strukturalisten benützte ‚Mengen' echte Klassen, wie z. B. M_p, M, M_{pp}. Und da auch über diese Mengen quantifiziert wird, läuft die strukturalistische Wissenschaftstheorie Gefahr, inkonsistent zu werden.

Es soll im folgenden angedeutet werden, daß und warum Bedenken und Kritiken dieser Art überhaupt nicht ernst genommen zu werden brauchen. Da hier nicht unterstellt werden soll, daß andere Vertreter der strukturalistischen Wissenschaftsauffassung eine ähnlich schroffe Haltung einnehmen, sei ausdrücklich betont, daß nur der gegenwärtige Autor für sich diese Auffassung und ihre Begründbarkeit in Anspruch nimmt.

(1) Das strukturalistische Theorienkonzept hat seinen Ausgang genommen bei der Empfehlung von SUPPES, sich in der Wissenschaftstheorie nicht *metamathematischer Methoden*, sondern vielmehr *mathematischer Methoden* zu bedienen. Die Annahme dieser Empfehlung schließt die Vorstellung ein, daß der Präzisionsgrad der Wissenschaftstheorie nicht größer zu sein braucht als der der modernen Mathematik. Zur Rechtfertigung dieser Einstellung genügt es, sich auf die *wissenschaftliche Arbeitsteilung* zu berufen. Die Frage, wie die von Antinomien bedrohte Mathematik ‚am sichersten und adäquatesten wieder in Ordnung gebracht werden kann', wird auch in der Mathematik selbst geeigneten Spezialisten überlassen. Um so mehr kann sich der Wissenschaftstheoretiker, der sich mit *empirischen* Wissenschaften beschäftigt, darauf berufen, daß es in der Philosophie der Mathematik und in der mathematischen Grundlagenforschung zuständige Fachleute gebe, deren Aufgabe es sei, den von ihm benützten mengentheoretischen Apparat auf solche Weise aufzubauen, daß die Antinomien vermieden werden. Das Ansinnen, diese Tätigkeit selbst zu verrichten, kann er ebenso zurückweisen wie der Fachmathematiker.

(2) Die genannten Bedenken beruhen ferner auf einer falschen Auffassung von der *Beweislast* bei Auftreten der Gefahr von Antinomien. Es genügt nämlich nicht, auf die *bloße Möglichkeit* des Auftretens von Antinomien hinzuweisen, um die Suche nach Surrogatprinzipien zum sog. naiven Komprehensionsaxiom, welches auf intuitiver Ebene zur Einführung neuer Mengen benützt wird, zu erzwingen. Vielmehr kann erst das *effektive Auftreten* von Antinomien eine derartige Suche veranlassen.

Der Grund hierfür ist recht einfach. Auch die axiomatische Mengenlehre liefert keinerlei Garantie dafür, daß Antinomien nicht mehr auftreten. Alle diese Systeme sind das Ergebnis eines rein pragmatischen Herumprobierens, um solche Prinzipien zu erhalten, welche alle wichtigen Lehrsätze liefern, die Widersprüche jedoch – hoffentlich! – vermeiden. HILBERT hatte zwar das Programm aufgestellt, derartige Systeme in der Weise als unbedenklich zu rechtfertigen, daß in einer Metatheorie, in der nur als ‚unbedenklich' zugelassene Schlußweisen benützt werden, die Widerspruchsfreiheit dieser Systeme nachgewiesen wird. Die auch nur annähernde Verwirklichung dieses Programms blieb jedoch auf winzige Bruchstücke dieser Systeme beschränkt. Und wie man inzwischen erkannt hat, werden wir für alle Zeiten nicht in der Lage sein, einen derartigen Unbedenklichkeitsbeweis für eines der mengentheoretischen Systeme zu erbringen.

Höchstens dann, wenn wir mit einem der Axiomensysteme der Mengenlehre eine Garantie für das Nichtauftreten von Widersprüchen verbinden könnten, wäre bereits der bloße Verdacht des Auftretens von Antinomien ein plausibler Grund für den Übergang von der sog. naiven zur axiomatischen Mengenlehre. Diese Minimalbedingung ist jedoch nicht erfüllt. Das Stigma des Antinomien*verdachtes* trägt auch jedes dieser Axiomensysteme mit sich herum, da es einmal in Zukunft als inkonsistent erwiesen werden könnte.

Noch eine Bemerkung zum Ausdruck „echte Klasse". Für sich genommen, ist dies ein sinnloser Ausdruck. Nur in ganz bestimmten Systemen, wie z. B. dem

System *NBG* (v. NEUMANN-BERNAYS-GÖDEL) wird eine Unterscheidung zwischen Mengen i.e.S. und Klassen (d.h. solchen Mengen, die keine Elemente sein können) gemacht. Das von Mengentheoretikern am meisten benützte System *ZF* (ZERMELO-FRÄNKEL) kennt diese Unterscheidung überhaupt nicht. Im übrigen ist das Operieren mit echten Klassen im Sinne von *NBG* keineswegs verboten. Eine mathematische Disziplin, welche ständig von solchen echten Klassen Gebrauch macht, und zwar sicherlich in wesentlich stärkerem Maße als dies die ‚strukturalistischen Wissenschaftsphilosophen' tun, ohne daß die zuständigen Fachleute das Auftreten von Antinomien befürchten, ist die mathematische Kategorientheorie.

(3) W. V. QUINE hat mehrmals darauf hingewiesen, daß wir bei allem Räsonieren außer Logik stets auch den Mengenbegriff und ein Stück Mengenlehre benützen. Diese Feststellung ist ernster zu nehmen, als ihre Adressaten wahrhaben wollen. Insbesondere würde die Forderung, auf die naive Mengenlehre zur Gänze zugunsten einer axiomatischen Version der Mengenlehre zu verzichten, in einen klaren *Zirkel* einmünden. Um nämlich einen formalen Aufbau der Mengenlehre vornehmen zu können, muß man zunächst die elementare Logik formalisiert haben. Und um dies zu tun, muß man zunächst einen Begriff der formalen Sprache einführen. Der allererste Schritt wiederum in der Konstruktion dieser formalen Sprache besteht in der Einführung des Begriffs der *Symbolmenge*. Dies ist nun nicht etwa bloß irgendeine Menge, ‚die Symbole als Elemente enthält', sondern ein mengentheoretisch höchst komplexes Gebilde. Genau gesprochen ist eine Symbolmenge überhaupt keine Menge, sondern ein geordnetes Paar, dessen Erstglied ein geordnetes Tripel ist, und dessen Zweitglied eine Funktion mit unendlichem Definitionsbereich, nämlich der Vereinigung der drei Glieder des Tripels, bildet, die natürliche Zahlen als Werte hat. Dies dürfte, bis auf unwesentliche technische Unterschiede, die *einfachste* Art und Weise sein, einen präzisen Begriff der Symbolmenge einzuführen. Wie aus dieser Andeutung unmittelbar hervorgeht, wird dabei bereits ein erhebliches Stück Mengenlehre benützt. (Zum Status der sog. naiven Mengenlehre vgl. W. STEGMÜLLER und M. VON KIBÉD [Logik], Kap. 1, Abschn. 3. Für eine genauere Analyse und Diskussion der eben skizzierten Einführung des Begriffs der Symbolmenge vgl. ebda., Kap. 14.)

5.2 Leitermengen

Wie bereits hervorgehoben, soll in diesem Abschnitt den grundlagentheoretischen Einwendungen der Art (I) Rechnung getragen werden, ohne über die naive Mengenlehre hinauszugehen. Und zwar soll dies, knapp formuliert, in der Weise geschehen, daß die beiden Begriffe der Menge der potentiellen Modelle sowie der Menge der Modelle als *Strukturspecies* im Sinne von BOURBAKI, [Sets], eingeführt werden.

Dafür benötigen wir den Hilfsbegriff der *Leitermenge*. Dies ist eine Menge, die durch endlich oftmalige Anwendung der kartesischen Produktbildung und der Potenzmengenoperation aus k gegebenen Mengen hervorgeht. Um den inneren Aufbau derartiger Mengen präzise beschreiben zu können, ordnen wir jeder dieser Mengen eine k-Form zu. (Wir verwenden den Ausdruck „Form" statt der üblicheren Bezeichnung „Typ", um von vornherein der Gefahr einer späteren Ambiguität zu begegnen. Den Typusbegriff reservieren wir für die Strukturspecies und die in ihnen vorkommenden Relationen.)

D5-1 Induktive Definition der *k-Formen* τ für $1 \leq k \in \mathbb{N}$:
(1) jedes $i \leq k$ ist eine k-Form;
(2) ist τ eine k-Form, so auch $\text{pot}(\tau)$;
(3) sind τ_1 und τ_2 k-Formen, so ist auch $\text{prod}(\tau_1, \tau_2)$ eine k-Form.

Zweckmäßigerweise identifizieren wir die im Schritt (1) eingeführten Zahlen mit den sie designierenden Ziffern (in Dezimalnotation). Dann sind alle k-Formen syntaktische Gebilde. Diese können intuitiv so gedeutet werden, daß sie ‚*Konstruktionsregeln*' beinhalten, denen gemäß man aus k vorgegebenen Mengen komplizierter gebaute neue Mengen konstruiert. Die vorgegebenen Mengen seien etwa $D_1, \ldots, D_k$. Die Induktionsbasis (1) besagt dann einfach, daß die Konstruktion in der Auswahl der i-ten Menge D_i aus $D_1, \ldots, D_k$ besteht. Die Bestimmungen (2) und (3) enthalten den Induktionsschritt. Angenommen, wir haben bereits eine Menge D gemäß der als Konstruktionsregel gedeuteten k-Form τ aus den gegebenen Mengen $D_1, \ldots, D_k$ konstruiert. Die Bestimmung (2) besagt dann, wenn man sie als Konstruktionsregel deutet, folgendes: „Die Konstruktion kann durch Bildung der Potenzmenge von D, also von $Pot(D)$, fortgesetzt werden." Diese Menge $Pot(D)$ erhält die k-Form $\text{pot}(\tau)$ zugeordnet. Analog ist (3) zu interpretieren: „Falls wir aus den Mengen $D_1, \ldots, D_k$ bereits zwei Mengen E (gemäß τ_1) und F (gemäß τ_2) konstruiert haben, so kann man gemäß der Regel $\text{prod}(\tau_1, \tau_2)$ die Konstruktion in der Weise weiterführen, daß man das kartesische Produkt dieser beiden Mengen E und F, also $E \times F$, bildet". Die Menge $E \times F$ erhält dann die k-Form $\text{prod}(\tau_1, \tau_2)$ zugeordnet. (Bei der Definition der k-Formen haben wir die Ausdrücke „pot" und „prod" statt „Pot" und „$\times$" verwendet, um spätere Verwechslungen von Mengenoperationen mit den ihnen zugeordneten k-Formen zu vermeiden.)

Die vorangehende intuitive Schilderung findet ihren Niederschlag in der folgenden präzisen Definition.

D5-2 Es sei $1 \leq k \in \mathbb{N}$; ferner seien alle Mengen $D_1, \ldots, D_k$ nicht leer. Induktive Definition der *Leitermengen der k-Form τ über $D_1, \ldots, D_k$*:
(1) jedes D_i (mit $1 \leq i \leq k$) ist eine Leitermenge der k-Form i über $D_1, \ldots, D_k$;
(2) ist E eine Leitermenge der k-Form τ über $D_1, \ldots, D_k$, so ist $Pot(E)$ eine Leitermenge der k-Form $\text{pot}(\tau)$ über $D_1, \ldots, D_k$;
(3) sind E und F Leitermengen der k-Formen τ_1 und τ_2 über $D_1, \ldots, D_k$, so ist $E \times F$ eine Leitermenge der k-Form $\text{prod}(\tau_1, \tau_2)$ über $D_1, \ldots, D_k$.

Die Leitermengen der verschiedenen k-Formen über $D_1, \ldots, D_k$ entstehen also durch Auswahl von Mengen aus dieser Folge sowie durch iterierte Bildung von Potenzmengen und von kartesischen Produkten. Der Zweck dieser Begriffsbestimmung ist folgender: In Kap. 2 hatten wir den für das Folgende grundlegenden Begriff der Klasse M_p potentieller Modelle für eine Theorie mit Hilfe des ‚farblosen' Begriffs der 1+n-Matrix eingeführt. Dieser bildete das Angriffsobjekt der ‚formalistischen' kritischen Einwände. Im folgenden soll der Begriff der Matrix durch den genaueren Begriff der *mengentheoretischen Struktur* ersetzt werden. Darin werden mittels des in D 5-2 eingeführten Begriffsapparates die ‚mengentheoretischen Typen' der in der Struktur vorkommenden Relationen ‚über' den Grundmengen eindeutig festgelegt. Durch die Wahl von Relationen erweitern wir zugleich den allgemeinen Rahmen, da wir dadurch qualitative Fälle mit einschließen. Auf der anderen Seite bleiben alle möglichen Arten von Funktionen mitberücksichtigt, da Funktionen in bekannter Weise auf rechtseindeutige Relationen – also auf *funktionale Relationen*, wie wir auch sagen werden – zurückführbar sind.

Als nächstes formulieren wir das folgende

Lemma 5-1 *Zu je k vorgegebenen Mengen* $D_1, \ldots, D_k$ *und jeder k-Form* τ *gibt es genau eine Leitermenge der k-Form* τ *über* $D_1, \ldots, D_k$.

Der Beweis ergibt sich sofort durch Induktion über den Aufbau von τ.

Für die nach diesem Lemma eindeutige Leitermenge der k-Form τ über $D_1, \ldots, D_k$ (sofern $1 \leq k \in \mathbb{N}$, $D_1, \ldots, D_k$ nicht leer sind und τ eine k-Form ist) führen wir die abkürzende Bezeichnung „$\tau(D_1, \ldots, D_k)$" ein. Symbole der Gestalt „τ" erhalten dadurch eine doppelte Funktion: Wenn das Symbol isoliert vorkommt, so steht es für die k-Form einer eindeutig bestimmten Leitermenge. Steht es dagegen vor einer runden Klammer, in deren Bereich k Mengen angeführt sind, so bezeichnet dieser ganze, mit „τ" beginnende Ausdruck eben diese eindeutig bestimmte Leitermenge der k-Form τ über $D_1, \ldots, D_k$.

5.3 Mengentheoretische Strukturen, kanonische Transformationen und Strukturspecies

D 5-3 x ist eine *mengentheoretische Struktur mit Relationstypen* gdw es $D_1, \ldots, D_k, R_1, \ldots, R_m$ (mit $1 \leq k$, $1 \leq m$) gibt, so daß
(1) $x = \langle D_1, \ldots, D_k; R_1, \ldots, R_m \rangle$;
(2) für jedes i (mit $1 \leq i \leq m$) gibt es k-Formen $\tau_1, \ldots, \tau_m$, so daß gilt: $R_i \in Pot(\tau_i(D_1, \ldots, D_k))$;
(3) von jedem R_i, das die Bedingung (2) erfüllt, sagen wir, daß es vom *k-Typ* (genauer: vom *k-Relationstyp*) $pot(\tau_i)$ ist.

Dabei sei $\langle D_1, \ldots, D_k; R_1, \ldots, R_m \rangle$ eine Abkürzung für das geordnete Paar $\langle \langle D_1, \ldots, D_k \rangle, \langle R_1, \ldots, R_m \rangle \rangle$.

Jede in einer mengentheoretischen Struktur vorkommende Relation erhält somit als k-Typ die k-Form derjenigen Leitermenge über den k ‚Grundmengen' der Struktur zugeordnet, in der sie als Element vorkommt.

Die obige Definition enthält zwei prinzipiell behebbare Einschränkungen. Erstens können unter den R_i keine ‚Objekte', also keine Elemente aus $\bigcup_{i \leq k} D_i$, vorkommen. Diese Einschränkung läßt sich dadurch umgehen, daß man Objekte $c \in \bigcup_{i \leq k} D_i$, die man einbeziehen möchte, mit Einermengen $\{c\}$ identifiziert. Die zweite Einschränkung besteht darin, daß nur endlich viele Relationen betrachtet werden. Auch diese Einschränkung ließe sich durch eine entsprechende Verallgemeinerung von D5-3 aufheben. Wir verzichten jedoch darauf angesichts der Tatsache, daß für alle bisher bekannten Fälle mengentheoretische Strukturen der obigen Art ausreichen.

Jede Klasse von potentiellen Modellen sowie jede Modellklasse für eine Theorie wird im folgenden als eine Klasse von mengentheoretischen Strukturen im Sinne von D5-3 eingeführt, die ganz bestimmte zusätzliche Eigenschaften besitzt. *Eine* wichtige derartige Eigenschaft besteht darin, daß die Anzahl der Grundmengen, ferner die Anzahl der Relationen sowie die k-Formen (und damit die k-Typen der Relationen) in sämtlichen Modellen (potentiellen Modellen) der Klasse identisch sind.

Bevor wir dies genau definieren, nehmen wir eine leichte Verallgemeinerung im Begriff der Basismenge vor: Wir unterscheiden im folgenden zwischen den *Hauptbasismengen* $D_1, \ldots, D_k$ und *Hilfsbasismengen* $A_1, \ldots, A_l$. Die Mengen D_i ($1 \leq i \leq k$) enthalten diejenigen Objekte, ‚von denen die Theorie handelt'. Die Mengen A_j ($1 \leq j \leq l$) sind demgegenüber gewöhnlich strukturierte Mengen mathematischer Gegenstände, wobei die Art der Strukturierung von der einschlägigen mathematischen Theorie übernommen wird. (Im Fall der klassischen Partikelmechanik z.B., II/2, D2 von S. 109, sind die beiden Hauptbasismengen die Menge der Partikel P sowie eine Menge T von Zeitpunkten; Hilfsbasismengen hingegen sind hier die Mengen $\mathbb{N}$ und $\mathbb{R}$.)

Als nächstes ordnen wir jeder mengentheoretischen Struktur, mit der eben erwähnten Unterteilung der Basismengen, einen Typ zu.

D5-4 Die mengentheoretische Struktur $\langle D_1, \ldots, D_k; A_1, \ldots, A_l; R_1, \ldots, R_m \rangle$ erhält den $k+l$-*Typ* $\vartheta = \langle k; l; \tau_1, \ldots, \tau_m \rangle$ zugeordnet, wobei die τ_i ($1 \leq i \leq m$) wie in D5-3 festgelegt sind (d.h. für jedes R_i gilt: $R_i \in Pot(\tau_i(D_1, \ldots, A_l))$).

Dabei sei $\langle k; l; \tau_1, \ldots, \tau_m \rangle$ eine Abkürzung für das Tripel $\langle k, l, \langle \tau_1, \ldots, \tau_m \rangle \rangle$.

Um Fehldeutungen vorzubeugen, sei ausdrücklich darauf hingewiesen, daß τ_i (für $1 \leq i \leq m$) nicht etwa der $k+l$-Typ der Relation R_i ist, sondern vielmehr die $k+l$-Form derjenigen Leitermenge über $D_1, \ldots, D_k, A_1, \ldots, A_l$, deren *Teilmenge* R_i ist. Der $k+l$-Typ von R_i ergibt sich daraus gemäß D5-3,(3) als pot(τ_i), was identisch ist mit der $k+l$-Form derjenigen Leitermenge, deren *Element* R_i ist.

Diese Wahl des Typusbegriffs hat den Vorzug, daß sie simultan dreierlei liefert, nämlich den $k+l$-Typ jeder der Relationen aus $R_1, \ldots, R_m$, ferner die $k+l$-Formen $\tau_1, \ldots, \tau_m$ der diesen Relationen ‚zugrunde liegenden' Leitermengen und schließlich den ‚Gesamttypus' ϑ der ganzen mengentheoretischen Struktur. Die Kenntnis des letzteren schließt ein: das Wissen um die Anzahl der Haupt- und Hilfsbasismengen, ferner die Kenntnis der Anzahl der Relationen (=größter unterer Index unter den τ_i) sowie ihrer k-Typen (und der k-Formen der Leitermengen, deren Teilmengen sie sind).

Die Typen von Relationen und die von mengentheoretischen Strukturen bilden disjunkte Mengen: Der Typus einer mengentheoretischen Struktur ist stets ein Tripel; der Typus einer Relation ist ein mit „pot" beginnendes syntaktisches Gebilde. Ebenso ist die Menge der k-Formen von Leitermengen, die entweder Ziffern oder mit „pot" bzw. „prod" beginnende syntaktische Gebilde darstellen, disjunkt zur Menge der Typen mengentheoretischer Strukturen. Dagegen ist natürlich jeder k-Typ einer Relation mit der k-Form einer Leitermenge identisch.

Die Klasse aller mengentheoretischen Strukturen von einem gegebenen Typ nennen wir eine typisierte Klasse.

D5-5 Eine Klasse S ist eine *typisierte Klasse (von mengentheoretischen Strukturen)* gdw S nicht leer ist und es einen k+l-Typ ϑ gibt, so daß S genau die mengentheoretischen Strukturen vom Typ ϑ als Elemente enthält.

Wir nennen ϑ dann auch den *Strukturtyp von S*.

In einer typisierten Klasse haben somit alle darin als Elemente vorkommenden mengentheoretischen Strukturen die gleiche Anzahl k von Hauptbasismengen, die gleiche Anzahl l von Hilfsbasismengen, ferner die gleiche Anzahl von Relationen; außerdem ist der Relationstyp jedes R_j in allen Strukturen derselbe, nämlich pot(τ_j).

Anmerkung. Die explizite Einführung des Begriffs des Strukturtyps gemäß D5-4 und 5 ließe sich vermeiden zugunsten des Begriffs der typengleichen mengentheoretischen Strukturen. Und zwar wäre eine mengentheoretische Struktur

$$\langle D'_1, \ldots, D'_{k^*}; A'_1, \ldots, A'_{l^*}; R'_1, \ldots, R'_{m^*} \rangle$$

als *vom gleichen Typ* zu bezeichnen wie die in D5-4 angeführte Struktur gdw $k=k^*$, $l=l^*$, $m=m^*$ und für alle $i \leq m$ und alle k+l-Formen τ gilt:

$R_i \in Pot(\tau(D_1, \ldots, D_k, A_1, \ldots, A_l))$ gdw $R'_i \in Pot(\tau(D'_1, \ldots, D'_k, A'_1, \ldots, A'_l))$.

Im zweiten Schritt wäre dann eine *typisierte Klasse* statt über D5-5 einzuführen als eine nicht-leere Klasse mengentheoretischer Strukturen, deren sämtliche Elemente vom selben Typ sind und die überdies eine maximale Klasse dieser Art bildet.

Th. 5-1 (a) *Ist S eine typisierte Klasse, so gibt es k, l und $m \in \mathbb{N}$, mit $k \geq 1$, $l \geq 0$, $m \geq 1$ sowie k-Formen $\tau_1, \ldots, \tau_m$, so daß für alle $x \in S$ gilt:*

$$x = \langle D_1, \ldots, D_k; A_1, \ldots, A_l; R_1, \ldots, R_m \rangle,$$

wobei $D_1, \ldots, D_k, A_1, \ldots, A_l$ Mengen sind, so daß für $j=1, \ldots, m$ jeweils die Bedingung $R_j \in Pot(\tau_j(D_1, \ldots, D_k, A_1, \ldots, A_l))$ erfüllt ist.

(b) *Ist τ eine k-Form und sind für $i=1, \ldots, k$: $D'_i \subseteq D_i$ sowie für $j=1, \ldots, l$: $A'_j \subseteq A_j$, so gilt:*

$Pot(\tau(D'_1,\ldots,A'_l)) \subseteq Pot(\tau(D_1,\ldots,A_l))$.

Der Beweis von (a) ergibt sich unmittelbar aus den Definitionen D5-4 und D5-5; (b) folgt durch Induktion nach dem Aufbau von τ.

Th. 5-1 (a) rechtfertigt die in die folgende Definition eingehende Voraussetzung.

D5-6 Es sei S eine typisierte Klasse von Elementen x der Gestalt $x = \langle D_1,\ldots,D_k; A_1,\ldots,A_l; R_1,\ldots,R_m \rangle$. Dann heißt jedes D_{i_1} (mit $1 \leq i_1 \leq k$) eine *Hauptbasismenge* von x, jedes A_{i_2} (mit $1 \leq i_2 \leq l$) eine *Hilfsbasismenge* von x und jedes R_j (mit $1 \leq j \leq m$) eine *Relation* von x bzw. *die j-te Relation* von x (oder genauer: eine *Relation* von x über $D_1,\ldots,D_k, A_1,\ldots,A_l$ bzw. *die j-te Relation* von x über $D_1,\ldots,D_k, A_1,\ldots,A_l$.)

In der folgenden Definition führen wir einige Hilfsausdrücke ein, die es später gestatten werden, gewisse Formulierungen erheblich zu vereinfachen.

D5-7 S sei eine typisierte Klasse von mengentheoretischen Strukturen der Gestalt $x = \langle D_1,\ldots,D_k; A_1,\ldots,A_l; R_1,\ldots,R_m \rangle$.
 (a) Für $i = 1,\ldots,m$ heißt
 $\bar{R}_i := \{R_i | \vee x \in S(R_i = pr_{k+l+i}(x))\}$ *der i-te Begriff von S*.
 Jedes $R_i \in \bar{R}_i$ wird *eine Realisierung von $\bar{R}_i$* genannt.
 (b) Für $j = 1,\ldots,k+l$ heißt
 $\bar{E}_j := \{E_j | \vee x \in S(E_j = pr_j(x))\}$ *der j-te Basismengenbegriff von S*. Für $j = 1,\ldots,k$ erhalten wir den *j-ten Hauptbasismengenbegriff von S* und für $j = k+1,\ldots,k+l$ den *j-ten Hilfsbasismengenbegriff von S*.

Die Terminologie ist durch unser rein extensionales Vorgehen gerechtfertigt. So z. B. ist der i-te Begriff einer typisierten Klasse S von mengentheoretischen Strukturen inhaltlich gesprochen nichts anderes als die maximale Klasse aller möglichen Extensionen des in der Beschreibung eines beliebigen Elementes x von S vorkommenden Relationsprädikates. Ein Begriff ist die Menge aller seiner Realisierungen.

Diese in D5-7 eingeführte Terminologie wäre also eigentlich angesichts unserer extensionalen Betrachtungsweise einerseits, bei gleichzeitigem Verzicht auf formalsprachliche Methoden andererseits, die sachlich angemessenste. In der Literatur ist es jedoch üblich geworden, in diesen Fällen nicht von Begriffen, sondern von Termen zu sprechen. Wir werden daher, schon wegen der besseren Vergleichsmöglichkeit mit andersartigen Auffassungen, ebenfalls so tun, ‚als ob' wir eine formale Sprache zugrunde gelegt hätten und statt von Begriffen von Termen reden. So wird z. B. $\bar{R}_i$ von D5-7(a) *der i-te Term von S*, $\bar{E}_j$ von D5-7(b) *der j-te Basismengenterm* genannt usw. Nur in intuitiven, erläuternden Kontexten werden wir gelegentlich auf die ‚Begriffssprechweise' zurückgreifen.

Anmerkung. Wenn man sich der Begriffsterminologie bedient, so ist folgendes zu beachten: Je nach dem Umfang der Klasse *S* ist ein darin vorkommender Begriff ein anderer. So z.B. ist der Begriff *Kraft* in der Partikelmechanik *PM* allgemeiner, da inhaltsärmer, als der Begriff *Kraft* in der Klassischen Partikelmechanik *KPM*, da im letzteren Fall zusätzliche inhaltliche Bestimmungen hinzutreten.

Wir werden später die Klasse M_p aller potentiellen Modelle einer Theorie T einführen als eine typisierte Klasse von mengentheoretischen Strukturen. Der i-te Begriff von T (bzw. von M_p) ist dann identisch mit der Klasse aller in irgendwelchen potentiellen Modellen der Theorie vorkommenden Relationen R_i, wobei natürlich jede Relation extensional gedeutet wird.

Der Leser könnte vielleicht zu der Ansicht gelangen, daß es für die Behebung der eingangs geschilderten Mängel genügen würde, potentielle Modelle und Modelle als typisierte Klassen von mengentheoretischen Strukturen einzuführen. Dies wäre jedoch nicht ausreichend. Wir wollen überdies in unseren Begriffsapparat eine Garantie dafür einbauen, daß *sämtliche* Beziehungen, die zwischen verschiedenen Objekten einer Theorie hergestellt werden, also zwischen Elementen der Hauptbasismengen $D_1,\ldots,D_k$, ausschließlich durch die Relationen $R_1,\ldots,R_m$ explizit gemacht werden. Anders ausgedrückt: Die Elemente der Hauptbasismengen sollen zu Beginn, also vor der Formulierung der Theorie, als vollkommen unspezifizierte Objekte aufgefaßt werden; und die Theorie soll sie genau insoweit charakterisieren, als diese Objekte mittels der Relationen $R_1,\ldots,R_m$ in Verbindung stehen.

Der Begriff der typisierten Klasse erbringt noch nicht diese Leistung. Um zu dem entscheidenden Begriff der Strukturspecies zu gelangen, muß zusätzlich gefordert werden, daß die typisierte Klasse ‚invariant ist unter kanonischen Transformationen'. Dabei ist unter einer kanonischen Transformation eine Abbildung zu verstehen, die eine mengentheoretische Struktur $x = \langle D_1,\ldots,D_k; A_1,\ldots,A_l; R_1,\ldots,R_m \rangle$ überführt in eine andere mengentheoretische Struktur $x' = \langle D'_1,\ldots,D'_k; A'_1,\ldots,A'_l; R'_1,\ldots,R'_m \rangle$, die denselben k+l-Typ besitzt (so daß insbesondere jedes R'_i für $1 \leq i \leq m$ denselben Relationstyp hat wie R_i), wobei die Mengen $D'_1,\ldots,D'_k$, $A'_1,\ldots,A'_l$ durch bijektive Abbildungen aus den Basismengen $D_1,\ldots,D_k$, $A_1,\ldots,A_l$ hervorgehen und die R'_j aus den R_j durch einen genau definierbaren, von den bijektiven Abbildungen induzierten ‚Transport' entstehen. Eine typisierte Klasse soll erst dann eine Strukturspecies sein, wenn sie zu jeder in ihr als Element vorkommenden mengentheoretischen Struktur x auch *alle* Strukturen x' enthält, die durch kanonische Transformation aus x hervorgegangen sind, aber auch *nur* solche Strukturen x'.

An dieser Stelle wird sich die Benützung der Hilfsbasismengen $A_1,\ldots,A_l$ als hilfreich erweisen. Diese Mengen enthalten, wie oben erwähnt, mathematische Hilfsobjekte, die man für die genaue Formulierung benötigt. Innerhalb der klassischen Partikelmechanik ist z.B. die als angeordneter Körper konstruierte Menge $\mathbb{R}$ eine derartige Menge. Wollte man die eben ausgedrückte Idee, daß die Theorie ihre Objekte *nur* durch die Relationen $R_1,\ldots,R_m$ charakterisiert, auch auf diese Hilfsbasismengen anwenden, so müßte man stets alle mathematischen

148 Leitermengen, Strukturspecies und Präzisierung der Rahmenbegriffe

Relationen, die zur axiomatischen Beschreibung bestimmter Zahlenmengen u. dgl. notwendig sind, jeweils in die Strukturen aufnehmen. Dies wäre äußerst mühsam.

Die Benützung von Hilfsbasismengen umgeht dieses Problem: Die Objekte, welche zu diesen Hilfsbasismengen gehören, dürfen als bereits anderweitig, nämlich durch die einschlägigen mathematischen Theorien, charakterisiert angesehen werden. Sie brauchen daher in der fraglichen mengentheoretischen Struktur nicht weiter beachtet zu werden. Da somit die Elemente aus $A_1, \ldots, A_l$ in die Forderung, allein durch die R_i charakterisiert zu werden, *nicht* eingeschlossen sind, kann man bei der kanonischen Transformation auf eine ‚Überführung' der $A_1, \ldots, A_l$ in neue Mengen verzichten. Der zu definierende f-Transport wird diese Mengen also unverändert lassen, d. h. die entsprechenden bijektiven Abbildungen degenerieren in diesem Fall zu Identitäten. In der weiter oben erwähnten mengentheoretischen Struktur x' können wir also von vornherein die Mengen A_i' (für $1 \leq i \leq l$) mit den Mengen A_i aus x identifizieren.

Bevor wir die genaue Definition angeben, veranschaulichen wir uns die Situation an einem Diagramm:

$$x = \langle D_1, \ldots, D_k; A_1, \ldots, A_l; R_1, \ldots, R_m \rangle$$

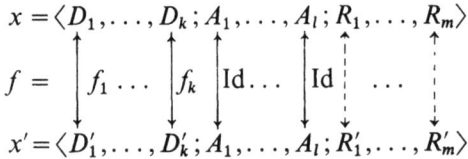

$$f = \begin{vmatrix} f_1 \end{vmatrix} \ldots \begin{vmatrix} f_k \end{vmatrix} \text{Id} \ldots \begin{vmatrix} \text{Id} \end{vmatrix} \ldots$$

$$x' = \langle D_1', \ldots, D_k'; A_1, \ldots, A_l; R_1', \ldots, R_m' \rangle$$

Fig. 5-1

Außer der mengentheoretischen Struktur x sind $k+l$ bijektive Abbildungen f_i der Basismengen $D_1, \ldots, D_k, A_1, \ldots, A_l$ von x auf Mengen $D_1', \ldots, D_k'$, $A_1, \ldots, A_l$ gegeben; dabei sind diese Bijektionen im Fall der A_j die identischen Abbildungen. Gesucht sind solche Relationen $R_1', \ldots, R_m'$, die zusammen mit den Bildmengen eine Struktur x' bilden, die denselben Strukturtyp hat wie x. Die folgende Definition liefert eine genaue Beschreibung dafür, wie R_j' aus R_j durch einen von den Bijektionen f_i ‚induzierten Transport' hervorgeht. Wir fassen die k Bijektionen f_i zu einem Vektor $f = \langle f_1, \ldots, f_k \rangle$ zusammen und definieren für jedes R, das Element einer Leitermenge $\tau(D_1, \ldots, D_k, A_1, \ldots, A_l)$ ist, rekursiv nach dem Aufbau der $k+l$-Form τ den f-Transport sowohl von R als auch von dieser Leitermenge.

D 5-8 Es seien $k, l \in \mathbb{N}$, und $D_1, \ldots, D_k, D_1', \ldots, D_k', A_1, \ldots, A_l$ seien nichtleere Mengen; τ sei eine $k+l$-Form. Für $i = 1, \ldots, k$ seien $f_i: D_i \to D_i'$ bijektive Abbildungen; ferner sei $f = \langle f_1, \ldots, f_k \rangle$ und $R \in \tau(D_1, \ldots, D_k, A_1, \ldots, A_l)$.

Rekursive Definition der *f-Transporte* R^f von R sowie der *f-Transporte* $\tau(D_1, \ldots, D_k, A_1, \ldots, A_l)^f$ von $\tau(D_1, \ldots, D_k, A_1, \ldots, A_l)$ nach dem Aufbau von τ.

(I) *Induktionsbasis*:
  (1) *Wenn* $\tau = i$ mit $1 \leq i \leq k$, dann soll gelten:
  $$\tau(D_1, \ldots, D_k, A_1, \ldots, A_l)^f := f_i(\tau(D_1, \ldots, A_l))$$
  und:
  $$R^f := f_i(R)$$
  (2) Wenn $\tau = j$ mit $k < j \leq k+l$, dann soll gelten:
  $$\tau(D_1, \ldots, A_l)^f := \tau(D_1, \ldots, A_l)$$
  und:
  $$R^f := R$$

Erläuterung. In (1) ist wegen $\tau = i$ die Leitermenge $\tau(D_1, \ldots, A_l)$ mit D_i identisch. Es wird festgelegt, daß als f-Transport $\tau(D_1, \ldots, A_l)^f$ das f_i-Bild dieses D_i, also D_i', zu wählen ist. R ist in diesem Fall ein Element von D_i; der f-Transport R^f ist dann einfach der Funktionswert von f_i für dieses Argument R.

In (2) gilt das Analoge für die Mengen A_j. Die zusätzliche Vereinfachung entsteht hier dadurch, daß gemäß der obigen Vereinbarung die identische Abbildung Platz greift.

(II) *Induktionsschritt*:
  (3) Wenn $\tau = \mathrm{pot}(\tau')$, dann ist $\tau(D_1, \ldots, A_l) = Pot(\tau'(D_1, \ldots, A_l))$ und nach Annahme ist $R \in \tau(D_1, \ldots, A_l)$.
   Gemäß I.V. sind die f-Transporte s^f für alle $s \in R$ sowie $\tau'(D_1, \ldots, A_l)^f$ bereits definiert. Dann soll gelten:
  $$R^f := \{s^f \mid s \in R\}$$
  und:
  $$\tau(D_1, \ldots, A_l)^f := Pot(\tau'(D_1, \ldots, A_l)^f).$$
  (4) Wenn $\tau = \mathrm{prod}(\tau_1, \tau_2)$, dann ist $\tau(D_1, \ldots, A_l) = \tau_1(D_1, \ldots, A_l) \times \tau_2(D_1, \ldots, A_l)$. Und wegen der Annahme $R \in \tau(D_1, \ldots, A_l)$ gibt es daher R_1 und R_2, so daß $R = \langle R_1, R_2 \rangle$ mit $R_i \in \tau_i(D_1, \ldots, A_l)$ für $i = 1, 2$.
   Gemäß I.V. sind R_i^f und $\tau_i(D_1, \ldots, A_l)^f$ für $i = 1, 2$ bereits definiert. Dann soll gelten:
  $$R^f := \langle R_1^f, R_2^f \rangle$$
  und
  $$\tau(D_1, \ldots, A_l)^f := \tau_1(D_1, \ldots, A_l)^f \times \tau_2(D_1, \ldots, A_l)^f.$$

Erläuterung. (3) betrifft den Fall, daß die vorliegende Leitermenge als Potenzmenge einer Leitermenge mit ‚einfacherer' $k+l$-Form τ' eingeführt wurde. Ihr f-Bild soll dann die Potenzmenge des f-Bildes der Leitermenge der $k+l$-Form τ' sein. Entsprechend soll der f-Transport R^f eines Elementes R dieser Leitermenge identisch sein mit der Menge der f-Transporte der Elemente aus R.

(4) betrifft den analogen Fall, wo die vorliegende Leitermenge als das kartesische Produkt zweier Leitermengen mit ‚einfacheren' $k+l$-Formen τ_1 und τ_2 eingeführt wurde. Da das Element R aus der gegebenen Leitermenge diesmal ein geordnetes Paar von zwei Gliedern R_1 und R_2 bildet, ist es naheliegend, als f-Transport von R das geordnete Paar der f-Transporte von R_1 und R_2 zu wählen und als f-Transport der Leitermenge selbst das kartesische Produkt der f-Transporte der beiden Leitermengen mit den $k+l$-Formen τ_1 und τ_2 zu nehmen.

Der nichttriviale Teil dieses Abbildungsverfahrens betrifft die Relationen: Es wird in D 5-8 dafür Sorge getragen, daß die f-Transporte von Relationen von gegebenem $k+l$-Typ über den ursprünglichen Grundmengen $D_1, \ldots, D_k$,

$A_1, \ldots, A_l$ Relationen *von genau demselben $k+l$-Typ* über den neuen Grundmengen $D'_1, \ldots, D'_k, A_1, \ldots, A_l$ sind.

Der genaue Zusammenhang wird im folgenden Theorem festgehalten.

Th.5-2 *Die Bedingungen von D5-8 seien erfüllt. Dann gilt:*
  (a) $\tau(D_1, \ldots, A_l)^f = \tau(f_1(D_1), \ldots, f_k(D_k), A_1, \ldots, A_l)$;
  (b) $R^f \in \tau(D_1, \ldots, A_l)^f$;
  (c) *die folgende Abbildung*
$$\tilde{f}: \tau(D_1, \ldots, A_l) \to \tau(D_1, \ldots, A_l)^f$$
$$R \mapsto R^f$$
  ist bijektiv.

Für den (routinemäßigen) *Beweis* vgl. BALZER, [Messung], S. 18–20.

Der Begriff der Invarianz unter kanonischen Transformationen kann jetzt präzise definiert werden.

D5-9 Es sei S eine typisierte Klasse von mengentheoretischen Strukturen (im Sinne von D5-5) der Gestalt
$$x = \langle D_1, \ldots, D_k; A_1, \ldots, A_l; R_1, \ldots, R_m \rangle \text{ (mit } k \geq 1, l \geq 0, m \geq 1\text{).}$$
S heißt genau dann *invariant unter kanonischen Transformationen*, wenn für alle $x = \langle D_1, \ldots, D_k; A_1, \ldots, A_l; R_1, \ldots, R_m \rangle$ sowie für alle $f = \langle f_1, \ldots, f_k \rangle$ und alle nicht-leeren Mengen $D'_1, \ldots, D'_k$ gilt: ($f_i: D_i \to D'_i$ ist für $i = 1, \ldots, k$ bijektiv) $\Rightarrow$ ($x \in S$ gdw $\langle D'_1, \ldots, D'_k; A_1, \ldots, A_l; R_1^f, \ldots, R_m^f \rangle \in S$).

Damit können wir jetzt den anvisierten Begriff der Strukturspecies einführen.

D5-10 X ist eine *Strukturspecies* gdw gilt:
  (1) X ist eine typisierte Klasse von mengentheoretischen Strukturen;
  (2) X ist invariant unter kanonischen Transformationen.

Im folgenden führen wir die Klasse M_p der potentiellen Modelle sowie die Klasse M der Modelle als Strukturspecies ein. Dadurch wird zweierlei erreicht. Erstens kann nicht mehr der Einwand vorgebracht werden, daß für ein $x \in M_p$ bzw. $x \in M$ mit $x = \langle D_1, \ldots, D_k; A_1, \ldots, A_l; R_1, \ldots, R_m \rangle$ die Relationen ‚nicht typisiert' seien (wegen der Bestimmung (1) von D5-10). Zweitens werden die Gegenstände aus $D_1, \ldots, D_k$ *nur* vermittels der Relationen $R_1, \ldots, R_m$ charakterisiert (wegen Bestimmung (2) von D5-10).

5.4 Potentielle Modelle und Modelle als Strukturspecies

Die beiden in Kap. 2 eingeführten abstrakten und daher ‚farblosen' Klassen M_p und M, denen in der Kritik als Hauptmangel die fehlende Typisierung angelastet worden ist, können nun in der Weise mit präziserem Inhalt versehen werden, daß man das folgende Axiom in die Metatheorie aufnimmt:

A1 M_p *und M sind Strukturspecies.*

Wahlweise könnte man diese Bestimmungen, welche auf die in 5.1 bis 5.3 eingeführten Begriffe zurückgreifen, an geeigneter Stelle zusätzlich in die früheren Definitionen einführen. Die zweckmäßigste Wahl bestünde wohl darin, den Inhalt von **A1** in die Definition des Begriffs des Theorie-Elementes mit aufzunehmen.

Ein weiteres Desiderat bildet die schärfere wechselseitige Abgrenzung der Mengen M_p und M. M ist als Extension des die Theorie ausdrückenden Prädikates intendiert, M_p hingegen als Extension des verbleibenden ‚Rumpfprädikates' nach Streichung der ‚eigentlichen Axiome', so daß nur mehr der ‚begriffliche Apparat' als solcher übrig bleibt. Aber was sind die ‚eigentlichen Axiome' und was ist der ‚bloße begriffliche Apparat'?

Die folgende Antwort bietet sich an: In die potentiellen Modelle werden nur solche mengentheoretische Strukturen einbezogen, bei denen die darin vorkommenden Relationen $R_1, \ldots, R_m$ *höchstens isoliert* charakterisiert werden. Alle jene Bestimmungen hingegen, in denen mehrere unter diesen Relationen, und zwar mindestens zwei, miteinander in Verbindung gebracht werden, bleiben der Charakterisierung der Teilmenge M von M_p vorbehalten. Wenn man die zuletzt erwähnten Bestimmungen *Verknüpfungsgesetze* (engl. „cluster laws") nennt, so könnte man den Grundgedanken für diese Grenzziehung schlagwortartig folgendermaßen ausdrücken: Das Vorkommen oder Nichtvorkommen von Verknüpfungsgesetzen in der Charakterisierung der Relationen von x entscheidet darüber, ob x ein Element von M ist oder ein nicht zu M gehörendes Element von M_p.

Zur Präzisierung dieses Gedankens definieren wir zunächst den Begriff der Charakterisierung der i-ten (relationalen) Komponente einer mengentheoretischen Struktur (aus einer typisierten Klasse von Strukturen). Danach führen wir die Klasse M_p als den Durchschnitt solcher Charakterisierungen (für $i = 1, \ldots, m$) ein. Schließlich fordern wir das Vorkommen echter Verknüpfungsgesetze bei der Charakterisierung der Teilmenge M von M_p durch Negation, d.h. dadurch, daß M sich nicht auf diese Weise einführen läßt.

D5-11 *S sei eine typisierte Klasse von mengentheoretischen Strukturen vom Typ* $\vartheta = \langle k; l; \tau_1, \ldots, \tau_m \rangle$, *also von Strukturen der Gestalt* $x = \langle D_1, \ldots, D_k; A_1, \ldots, A_l; R_1, \ldots, R_m \rangle$.

E wird eine Charakterisierung des i-ten Terms von S genannt gdw
(1) $1 \leq i \leq m$;
(2) $E \subseteq S$;
(3) E ist eine Strukturspecies;
(4) für alle nicht leeren $D_1, \ldots, D_k, A_1, \ldots, A_l, R_1, \ldots, R_m, R'_1, \ldots, R'_{i-1}, R'_{i+1}, \ldots, R'_m$: wenn für alle $j \in \{1, \ldots, i-1, i+1, \ldots, m\}$ sowohl $R'_j \in Pot(\tau_j(D_1, \ldots, A_l))$ als auch $\langle D_1, \ldots, A_l; R_1, \ldots, R_m \rangle \in E$ gilt, dann ist auch $\langle D_1, \ldots, D_k; A_1, \ldots, A_l; R'_1, \ldots, R'_{i-1}, R_i, R'_{i+1}, \ldots, R'_m \rangle \in E$.

Am besten verdeutlicht man sich den Sachverhalt in der Weise, daß man E als Extension eines mengentheoretischen Prädikates auffaßt. Das für seine Definition benützte Axiom betrifft nur die i-te Relation R_i; denn sämtliche übrigen Relationen $R_1, \ldots, R_{i-1}, R_{i+1}, \ldots, R_m$ kann man beliebig abändern – vorausgesetzt natürlich, daß man dabei ‚typengerecht' bleibt –, ohne daß dies aus der Klasse E herausführen würde.

D 5-12 M_p ist *eine Klasse potentieller Modelle für eine Theorie* gdw es ein S gibt, so daß gilt:
(1) S ist eine typisierte Klasse von Strukturen der Gestalt
$x = \langle D_1, \ldots, D_k; A_1, \ldots, A_l; R_1, \ldots, R_m \rangle$ (mit $0 < k$, $0 \leq l$, $0 < m$);
(2) für $i = 1, \ldots, m$ gibt es ein E_i, so daß
 (a) E_i ist eine Charakterisierung des i-ten Terms von S;
 (b) $M_p = \bigcap_{i \leq m} E_i$.

Th. 5-3 *Jede Klasse potentieller Modelle für eine Theorie ist eine Strukturspecies.*

Da der Durchschnitt von Strukturspecies wieder eine Strukturspecies bildet, ergibt sich der Beweis unmittelbar aus D 5-11 (3) und D 5-12 (2)(a) und (b).

Der Typ ϑ der zu S gehörenden mengentheoretischen Strukturen überträgt sich nach D 5-11 und D 5-12 auf die Elemente von M_p. Es ist daher zulässig, von M_p zu sagen, daß es sich dabei um eine *Klasse potentieller Modelle vom Typ ϑ* handle.

Die in D 5-12 ausgedrückte verschärfte Bedingung über M_p kann ebenfalls als eigenes metatheoretisches Axiom festgehalten werden:

A 2 M_p *ist eine Klasse potentieller Modelle für eine Theorie.*

Wiederum könnte man wahlweise den Inhalt dieses Axioms als zusätzliche Bestimmung in die Definition von „Theorie-Element" aufnehmen.

Für die Auszeichnung von M greifen wir auf die allgemeinere Definition von M_p in Kap. 2 zurück. Zwecks terminologischer Unterscheidung nennen wir ein solches M_p in der nächsten Definition eine *abstrakte* Klasse potentieller Modelle für eine Theorie.

D 5-13 Es sei M_p eine abstrakte Klasse potentieller Modelle für eine Theorie. M ist *eine Klasse echter Modelle für M_p* gdw
(1) $M \subseteq M_p$;
(2) M ist eine Strukturspecies;
(3) M ist keine Klasse potentieller Modelle für eine Theorie (im Sinne von D 5-12).

Die Bestimmung (3) garantiert gemäß den früheren Überlegungen, daß für die Auszeichnung von M echte Verknüpfungsgesetze verwendet werden. Ein drittes metatheoretisches Axiom fordert, daß die Klasse M diese Bedingung erfüllt:

A3 M *ist eine Klasse echter Modelle für* M_p.

Anmerkung. Wenn man diese Forderung, analog zu **A1** und **A2**, in die definitorische Bestimmung von „Theorie-Element" aufnimmt, so verwendet man *zwei* Begriffe von potentiellem Modell, nämlich einerseits den speziellen Begriff von D 5-12 (in **A2**) und andererseits den abstrakten Begriff von Kap. 2 (in **A3**). Eine Konfusion kann dadurch selbst dann nicht entstehen, wenn man die definitorischen Zusatzbestimmungen in der angegebenen Reihenfolge in den Begriff des Theorie-Elementes einführt. Denn jede Klasse potentieller Modelle für eine Theorie im Sinne von D 5-12 ist eine abstrakte Klasse potentieller Modelle für eine Theorie.

Ohne Beweis sei noch die folgende Tatsache erwähnt: Das neue (schärfere) M_p kann mittels desjenigen M, welches **A3** genügt, explizit definiert werden. Der dabei leitende Gedanke ist dieser: Man bildet für jedes $i \leq m$ eine M enthaltende Charakterisierung des i-ten Terms $E_i(M)$ und definiert M_p als den Durchschnitt $M_p(M)$ aller dieser Charakterisierungen. Man könnte dann in einem weiteren metatheoretischen Axiom **A4** fordern, daß M_p mit diesem $M_p(M)$ identisch sein soll. Wir kommen auf diese Definitionsmöglichkeit in 9.1 nochmals genauer zurück.

Der Begriff der Querverbindung kann ebenso eingeführt werden wie früher. Vollständigkeitshalber sei die Definition nochmals explizit angegeben.

D5-14 Es sei M_p eine Klasse potentieller Modelle für eine Theorie (im Sinne von D 5-12).
  (a) Q ist eine *Querverbindung für* M_p gdw
    (1) $Q \subseteq Pot(M_p)$;
    (2) $\emptyset \notin Q$;
    (3) $Q \neq \emptyset$;
    (4) $\wedge x(x \in M_p \rightarrow \{x\} \in Q)$.
  (b) Eine Querverbindung Q für M_p heißt *transitiv* gdw gilt:
    $\wedge X \wedge Y(X \in C \wedge Y \subseteq X \wedge Y \neq \emptyset \rightarrow Y \in Q)$.

Auch jetzt wieder hat man sich diese Menge Q so zu denken, daß jedes ihrer Elemente X eine ‚zulässige Kombination' von potentiellen Modellen bildet.

Wie steht es nun mit der Menge M_{pp} der partiellen potentiellen Modelle? *An dieser Stelle gabeln sich die Wege.*

Der eine Weg besteht darin, das ursprüngliche Sneedsche Theoretizitätskriterium beizubehalten. Dann bleibt nach erfolgter Präzisierung der Rahmenbegriffe, d.h. nach erfolgter Übernahme der drei bzw. vier metatheoretischen Zusatzaxiome, sozusagen ‚alles beim alten'. Das Theoretizitätskriterium wird in jedem konkreten Fall einer vorliegenden Theorie auf *präsystematischer*, also auf intuitiver Ebene angewendet. Das Ergebnis dieser Anwendung findet Eingang in den Symbolismus. Insbesondere ist dann die Klasse M_{pp} der partiellen potentiellen Modelle eine Klasse, die dadurch zustande kommt, daß man *mittels des vorausgesetzten und erfolgreich angewendeten Theoretizitätskriteriums* aus den Elementen von M_p die theoretischen Relationen (Funktionen) wegschneidet.

Dieses Vorgehen hat, wie bereits in Kap. 1 betont, verschiedene Nachteile. So z.B. enthält das Kriterium von SNEED eine intuitive Quantifikation über alle existierenden Darstellungen einer Theorie sowie über alle Messungen und Meßmethoden für eine Größe. Daher ist dieses Kriterium praktisch nicht entscheidbar.

Es wäre daher ein dringendes Desiderat, das Sneedsche Kriterium für T-Theoretizität – natürlich unter Beibehaltung der zugrunde liegenden Intuition der theorienabhängigen Messung – in ein *innersystematisch anwendbares* Kriterium zu transformieren, das jede Bezugnahme auf existierende Darstellungen vermeidet, also rein formal anwendbar ist, und aufgrund dessen sich die T-Theoretizität von Termen streng beweisen läßt. Tatsächlich ist es U. GÄHDE erstmals geglückt, ein derartiges Kriterium zu formulieren. Darüber sowie über weitere Entwicklungen in der Theoretizitätsdiskussion soll im folgenden Kapitel berichtet werden.

Literatur

BALZER, W. [Messung], *Messung im strukturalistischen Theorienkonzept*, Habilitationsschrift, München 1982 (erscheint unter dem Titel *Theorie und Messung* bei Springer), Kap. II, §1.

BALZER, W., MOULINES, C.U., SNEED, J.D. [Formale Betrachtungen], „Formale Betrachtungen über Theorie-Strukturen", Manuskript, November 1982.

BOURBAKI, N. [Sets], *Theory of Sets*, Paris and Reading, Mass., 1968.

HATCHER, W.S. *The Logical Foundations of Mathematics*, Oxford-New York-Frankfurt 1982.

NIINILUOTO, I. [Growth], "The Growth of Theories: Comments on the Structuralist Approach", in: *Proceedings of the Second International Congress for History and Philosophy of Science*, Pisa 1978, Dordrecht 1980.

PEARCE, D. [Theoretical Justification], "Is There a Theoretical Justification for a Non-Statement View of Theories?", *Synthese*, Bd. 46 (1981), S. 1–39.

QUINE, W.V., *Set Theory and Its Logic*, zweite verbesserte Aufl. Cambridge, Mass., 1969.

RANTALA, V. [Logical Basis], "On the Logical Basis of the Structuralist Philosophy of Science", *Erkenntnis*, Bd. 15 (1980), S. 269–286.

SCHEIBE, E. [Comparison], "A Comparison of Two Recent Views on Theories", in: HARTKÄMPER, A. und SCHMIDT, H.-J. (Hrsg.), *Structure and Approximation in Physical Theories*, New York-London 1981, S. 197–215.

STEGMÜLLER, W. und VARGA VON KIBÉD, M. [Logik], *Strukturtypen der Logik*, Berlin-Heidelberg-New York-Tokyo 1984.

TUOMELA, R. [Structuralist Approach], "On the Structuralist Approach to the Dynamics of Theories", *Synthese*, Bd. 39 (1978), S. 211–231.

Kapitel 6
Theoriegeleitete Messung und innersystematische Präzisierung des Kriteriums für T-Theoretizität

6.1 T-abhängige Messung durch Meßmodelle

In diesem Kapitel soll über einen der wichtigsten Fortschritte im Rahmen der strukturalistischen Theorienauffassung berichtet werden, nämlich darüber, ein präzises ‚innersystematisches' Kriterium für T-Theoretizität zu formulieren. Das ursprüngliche Kriterium von SNEED, das wir in den Abschnitten 3 und 4 von II/2, Kap. VIII, diskutierten, war ein intuitives Kriterium, das insofern auf präsystematischer Stufe angewendet werden mußte, als die Unterscheidung zwischen theoretischen und nicht-theoretischen Größen bereits in den benützten Symbolismus Eingang fand. So etwa war M_{pp} als diejenige Klasse eingeführt worden, die entsteht, wenn man aus den Elementen von M_p genau die theoretischen Größen 'abhackt' oder ‚wegschneidet'. Demgegenüber soll jetzt in einem geeignet erweiterten Rahmen des strukturalistischen Programms das Theoretizitätskriterium als ein präzises Kriterium eingeführt werden, das für eine hinreichend exakt formulierte Theorie T die T-Theoretizität bestimmter in T vorkommender Größen *zu beweisen* gestattet.

Der Gedanke einer theorieabhängigen Messung beinhaltet eine vielleicht noch stärkere Abweichung von der im Empirismus vorherrschenden Denkweise als der non-statement view als solcher. Nach herkömmlicher Denkweise gilt: „*Hier* die Theorie und *dort* die von dieser Theorie unabhängigen Messungen". Zwar beansprucht der Empirismus nicht, daß Messungen *gänzlich* theorienunabhängig sind. So gibt es z. B. eine Theorie der fundamentalen Messung, weshalb auch im Rahmen des Empirismus der ‚Theorienbeladenheit' aller Beobachtungen von Meßvorgängen und Meßwerten prinzipiell Rechnung getragen wird. Doch ist im Rahmen von Untersuchungen über Metrisierung und Messung niemals der Gedanke aufgetaucht, daß für die Bestimmung der Werte von Größen *eben diejenige Theorie T*, in der diese Größen eingeführt werden, vorausgesetzt werden könnte, auch nicht in den modernsten Abhandlungen und Werken über Metrisierung bzw. Messung. Dieser Gedanke wäre als so offenkundig zirkulär empfunden worden, daß er nach empiristischer Auffassung vermutlich nicht der Mühe wert befunden würde, ihm weiteres Nachdenken zu widmen.

Wir haben bereits in II/2, VIII, 4.a gesehen, daß die *Gefahr* eines Zirkels (oder eines unendlichen Regresses) tatsächlich besteht, um dann in 4.b zu erkennen, daß diese Gefahr uns keineswegs die Preisgabe dieses neuen Theoretizitätskonzeptes aufdrängt, sondern nur eine Revision der Vorstellungen von den empirischen Behauptungen einer Theorie erzwingt. Genauer gesprochen: Wir entgehen dieser Gefahr, die dort als *das Problem der theoretischen Terme* bezeichnet wurde, dadurch, daß wir diese empirischen Behauptungen als Ramsey-Sätze darstellen, in denen die theoretischen Terme ‚existenziell wegquantifiziert' sind. (Im vorliegenden Band II/3 haben wir alle diese Überlegungen nochmals ausführlich in einer etwas anderen Weise, mit einem anschaulichen Beispiel versehen, dargestellt in Kap. 1, Abschn. 1.3.)

Hier geht es uns nicht darum, die Diskussion über die Ramsey-Lösung der Schwierigkeiten wieder aufzunehmen, zu denen T-theoretische Terme führen. Vielmehr wenden wir uns einer grundlegenderen Frage zu: Wir wollen einen genaueren Aufschluß über diesen Begriff der T-Theoretizität gewinnen, der zu diesen Schwierigkeiten Anlaß gibt.

Dazu müssen wir uns zunächst daran erinnern, daß innerhalb des von SNEED vorgeschlagenen Theoretizitätskriteriums der Begriff der *Messung* benützt wird und daß dieser Begriff dort *als unexplizierter Grundbegriff* auftritt (vgl. II/2, **D1** auf S. 50). Es wird daher vor allem darauf ankommen, den Begriff der Messung zu explizieren. Die gesuchte Explikation muß dabei so erfolgen, daß die Frage der T-abhängigen Messung von Größen studiert werden kann. Wie bereits aus den obigen Andeutungen hervorgeht, liefern die herkömmlichen Begriffsbildungen aus dem Bereich der fundamentalen Messung sicherlich keine Grundlage für eine derartige Explikation, da man dort keine Messungen studiert, in denen konkrete empirische Theorien vorausgesetzt werden.

Im Unterschied zur fundamentalen Messung können für das Studium T-abhängiger Messungen Meßapparat, Meßvorgang und Meßwert nicht als von der einschlägigen Theorie unabhängig angenommen werden. Entscheidend ist hier der (vorexplikative) Begriff des Meßvorganges. Ein solcher Vorgang ist gegeben durch ein reales System x, welches sich zwischen zwei Zeitpunkten ‚entwickelt' oder verändert. Wir gehen jetzt davon aus, daß unsere Theorie T mittels ihrer Größen oder Begriffe dieses reale System x beschreiben kann. Wir betrachten also gewissermaßen das System, in dem gemessen werden soll, durch die Brille der Theorie. Dies ist genau die Grundintuition der ‚theoriegeleiteten Messung'. Das weitere ist damit bereits ungefähr vorgezeichnet: Der Meßvorgang soll als Meßmodell rekonstruiert und dieses Meßmodell als ‚Teil' der Theorie, d.h. als Modell der Theorie, interpretiert werden.

Mit dieser letzten Formulierung haben wir allerdings schon zu viel ausgesagt. Unser Vorgehen wird nämlich im folgenden Sinn ein zweistufiges sein: Wir unterscheiden methodisch scharf zwischen

(1) einer Explikation des Begriffs der Messung als solcher und
(2) der präzisen Formulierung des Theoretizitätskriteriums.

Die Frage, ob das Meßmodell auch ein *Modell* der Theorie ist – evtl. sogar ein solches Modell, in dem außer dem Fundamentalgesetz noch Spezialgesetze der

Theorie gelten –, wird dabei zunächst verschoben, da es ein Problem beinhaltet, dessen Lösung erst durch das Theoretizitätskriterium selbst erfolgen soll. Für die Explikation des Begriffs der Messung, bei der das reale System x ‚durch die Brille der Theorie T betrachtet' wird, setzen wir dagegen nur voraus, daß in diesem System x alle Begriffe von T ‚realisiert' sind. In genauerer Sprechweise bedeutet dies nichts anderes, als daß wir x als *potentielles Modell von T* auffassen. Ein potentielles Modell ist ja gerade ein Tupel von Mengen und Relationen (geeigneter Typen), welche die in einem konkreten System auftretenden Objekte und Relationen repräsentieren. Damit haben wir die für den experimentierenden Wissenschaftler meist selbstverständliche Annahme, seine Messungen im Lichte der Theorie zu betrachten, in die Sprechweise des strukturalistischen Ansatzes übersetzt.

Im einzelnen wird die Strategie unseres Vorgehens folgende sein: Zunächst muß ein allgemeiner Rahmen für die Formulierung des gesuchten Theoretizitätskriteriums geschaffen werden. Dies geschieht in 6.2. Wie bereits erwähnt, ist der bisherige Begriffsapparat nicht als derartiger Rahmen geeignet, da z. B. bereits die Unterscheidung zwischen den beiden Mengen M_p und M_{pp} auf der theoretisch – nicht-theoretisch – Dichotomie beruht, diese also voraussetzt. Dagegen wird, woran wir den Leser erinnern, bei den folgenden drei, in Kap. 5 auf abstrakter Ebene eingeführten Begriffen noch kein Gebrauch von dieser Dichotomie gemacht: „Klasse M_p potentieller Modelle für eine Theorie"; „Klasse von Modellen für M_p" sowie „Querverbindung für M_p". Mittels dieser drei Begriffe wird der Begriff des verallgemeinerten Kernes K für eine Theorie definiert und damit schließlich die Klasse M_{pp}^K aller partiellen potentiellen Modelle für K, die sich ebenfalls als vom Theoretizitätsbegriff unabhängig erweisen wird.

In 6.3 wird das Reden über Meßmethoden und Meßmodelle präzisiert. Wie bereits erwähnt, wird ein als Meßmodell für T benütztes reales System, da man es ‚durch die Brille der Theorie T betrachtet', als potentielles Modell von T, also als Element von M_p, rekonstruiert. Die restliche Aufgabe besteht dann darin, *diejenigen* potentiellen Modelle, *welche Meßprozesse erfassen*, von den übrigen potentiellen Modellen scharf abzugrenzen. Formal gesprochen sucht man nach Bedingungen, durch die eine Teilmenge $B \subseteq M_p$ ausgezeichnet wird, welche genau die im Vokabular von T beschreibbaren Meßvorgänge enthält. Jedes Element x von B soll dabei zu einer Meßmethode B_i gehören, d. h. zu einer Menge von Meßmodellen, die durch eine gesetzesartige Aussage festgelegt ist. Mit dem unteren Index i von B_i haben wir bereits vorweggenommen, daß es um die i-te Größe geht. Das Meßmodell $x \in B_i$ habe also die Gestalt $x = \langle D_1, \ldots, D_k;$ $A_1, \ldots, A_l; R_1, \ldots, R_m \rangle$, wobei R_i eine Funktion sei. Die Grundidee für die Präzisierung des Begriffs des Meßmodells lautet nun: In jedem (globalen) Meßmodell x aus B_i ist R_i (zur Gänze) *eindeutig durch B_i sowie durch die restlichen Komponenten von x bestimmt*; außerdem hängt in jedem Meßmodell x aus B_i die Funktion R_i *echt* von den übrigen Komponenten von x ab.

Beim ursprünglichen Kriterium für Theoretizität von Sneed ergibt sich hier ein Problem, sofern man auf allgemein anerkannte Meßmethoden stößt, die sich nicht als potentielle Modelle der Theorie rekonstruieren lassen. Man müßte dann den Begriff der *T*-abhängigen Messung erweitern und auch Umwege über andere Theorien mit einbeziehen, wie dies BALZER und MOULINES in [Theoreticity] getan haben. Bei dem in 6.4 geschilderten Kriterium von GÄHDE dagegen ist es geglückt, durch Benützung von Invarianzen von vornherein eine feste Klasse für Theoretizität relevanter Meßmodelle auszuzeichnen. Die Annahme, daß sich jeder Meßvorgang für eine Größe der Theorie als potentielles Modell dieser Theorie darstellen läßt, ist hier vollkommen unproblematisch, weil sich das Kriterium nicht, wie dasjenige von SNEED, auf eine informell oder pragmatisch gegebene Menge von Meßvorgängen (und von existierenden Darstellungen der Theorie) bezieht, sondern auf eine *rein formal ausgezeichnete* Klasse von Meßvorgängen.

Leider weicht der von GÄHDE benützte Formalismus von der hier zugrunde gelegten Sprache der Meßmodelle erheblich ab. Wir geben daher in 6.4, (I) zunächst nur eine intuitive Skizze des Gähdeschen Kriteriums, die den von GÄHDE benützten Begriffsapparat so weit schildert, daß sich der daran interessierte Leser in der Originalarbeit rasch zurecht finden dürfte. In 6.4 (III) wird dann das Kriterium in der Sprache der Meßmethoden und Meßmodelle präzise formuliert. In 6.4, (II) findet sich ein kurzer Abstecher in das Kriterium von SNEED. Mit diesem verbinden wir keinen systematischen Zweck, sondern nur die didaktische Absicht des Einübens in das ‚Denken in den Kategorien der Meßmethoden und Meßmodelle' anhand eines relativ einfachen Beispiels.

(Wenn wir oben und im folgenden bestimmte Methoden und Kriterien als *formal* bezeichnen, so ist damit natürlich kein Rückgriff auf *formalsprachliche* Verfahren gemeint. Vielmehr soll damit nur ausgedrückt werden, daß keine pragmatische Relativierung vorliegt. So z.B. ist das Theoretizitätskriterium von SNEED kein formales Kriterium, da es eine Bezugnahme auf anerkannte Meßverfahren und existierende Darstellungen einer Theorie enthält. Demgegenüber sind die Kriterien von GÄHDE und BALZER von solcher Bezugnahme frei und daher ‚formale' Kriterien.)

Zu dem obigen Hinweis auf die Invarianzen sei bereits jetzt darauf aufmerksam gemacht, daß es *zwei vollkommen verschiedene Arten von Invarianz* gibt, auf die das formale Kriterium Bezug nimmt. Das eine ist die Invarianz der benützten *Skalen* in bezug auf Eichtransformationen. Dieser Aspekt wird bereits in 6.3 bei der Einführung globaler Meßmethoden mit Skaleninvarianz berücksichtigt. Die zweite Art betrifft die Invarianz der in der Theorie vorkommenden *Gesetze*, etwa die Invarianz der Gesetze von *KPM* in bezug auf Galilei-Transformationen. Dieser zweite Aspekt findet sich erst innerhalb der Formulierung des Theoretizitätskriteriums.

In 6.5 werden zwei Modifikationen des Gähdeschen Kriteriums durch BALZER geschildert. In der darauffolgenden Diskussion in 6.6 werden die beiden Kriterien miteinander verglichen.

Wie aus dem Gesagten hervorgeht, dient das vorliegende Kapitel einer Schilderung der Entwicklung des Sneedschen Theoretizitätskriteriums. Nicht dagegen ist beabsichtigt, eine systematische Darstellung der Meßproblematik im

strukturalistischen Rahmen zu geben. Wir werden daher nur die für unsere
Zwecke benötigten wichtigsten Begriffe aus der Sprache der Meßmethoden und
Meßmodelle einführen. Diejenigen Leser, die darüber hinaus an der Meßproblematik als solcher interessiert sind, seien auf die Arbeit von BALZER [Messung]
verwiesen. Dort werden neben den hier allein erörterten globalen Meßmodellen
auch partielle Meßmodelle behandelt, ferner eine Reihe von speziellen Arten
von Meßmodellen sowie die für die Wissenschaftspraxis wichtigen Verknüpfungen von Meßmodellen zu ganzen Meßketten. Alle diese Begriffe werden dort
auch durch zahlreiche Beispiele aus verschiedensten Wissenschaftsgebieten
illustriert.

Vor der Diskussion des Gähdeschen Kriteriums sei noch der folgende, nicht
unwichtige Punkt erwähnt: Es ist durchaus möglich, daß der Leser den einen
oder anderen Aspekt des Denkens in der Kategorie der Meßmodelle problematisch findet. In diesem Fall sollte er beachten, daß sich diese Bedenken
keineswegs auf das neue Theoretizitätskriterium als solches übertragen. Denn in
6.4, (III), wird dieses Kriterium nur aus den angedeuteten Gründen *in der
Sprache der Meßmodelle formuliert*. Unter diesem Gesichtspunkt betrachtet,
verbindet sich mit der in 6.4, (I) gegebenen, relativ ausführlich gehaltenen Skizze
der weitere Zweck, die Unabhängigkeit des Gähdeschen Kriteriums von der
Sprache der Meßmodelle aufzuzeigen.

6.2 Verallgemeinerte Kerne und partielle Modelle. Verallgemeinerte empirische Theorie-Elemente

Wir führen in einem ersten Schritt einen allgemeinen Begriff des Kernes für
eine Theorie ein, in welchem noch kein Gebrauch von der theoretisch – nicht
theoretisch – Dichotomie gemacht wird.

D6-1 K ist ein *verallgemeinerter Kern für eine Theorie* gdw es M_p, M und Q
gibt, so daß
(1) $K = \langle M_p, M, Q \rangle$;
(2) M_p ist eine Klasse potentieller Modelle für eine Theorie;
(3) M ist eine Klasse von Modellen für M_p;
(4) Q ist eine Querverbindung für M_p.

Als nächstes wird der grundlegende technische Hilfsbegriff der Teilstruktur
eingeführt[1].

D6-2 Es seien x und x' mengentheoretische Strukturen. x heißt *Teilstruktur
von x'* bzw. x' eine *Ergänzung von x* (symbolisch: $x \sqsubset x'$) gdw
(1) x und x' haben denselben Typ
(also $x = \langle D_1, \ldots, A_l; R_1, \ldots, R_m \rangle$ mit Typ ϑ,
$x' = \langle D'_1, \ldots, A'_l; R'_1, \ldots, R'_m \rangle$ mit Typ ϑ' und $\vartheta = \vartheta'$);

---

[1] Diese Definition findet sich außer in der Habilitationsschrift [Messung] von W. BALZER auch in
leicht abgewandelter Form in seiner Arbeit [Empirical Claims], S. 37, D4–a).

(2) (a) für alle $i=1,\ldots,k$: $D_i \subseteq D_i'$
   (b) für alle $i=1,\ldots,l$: $A_i \subseteq A_i'$;
(3) für $j=1,\ldots,m$: $R_j \subseteq R_j' \cap \tau_j(D_1,\ldots,A_l)$;
   dabei sei pot(τ_j) der $(k+l)$-Relationstyp von R_j.

(Die Bildung des Durchschnitts in Bestimmung (3) ist wegen der in (1) geforderten Typengleichheit von x und x' sowie wegen Th. 5-1, (b) sinnvoll.)

In einer Teilstruktur x von x' werden also die (Haupt- sowie Hilfs-) Basismengen verkleinert und die Relationen werden auf diese verkleinerten Mengen, und eventuell sogar noch weiter, eingeschränkt. Dabei ist zugelassen, daß Basismengen und Relationen leer sein können; dies liefert zugleich einen formalen Ersatz für das Weglassen von Relationen.

Es folgt nun die entscheidende Verallgemeinerung des Begriffs der Klasse der partiellen potentiellen Modelle.

D6-3 Es sei $K = \langle M_p, M, Q \rangle$ ein verallgemeinerter Kern für eine Theorie. M_{pp}^K ist die *Klasse aller partiellen potentiellen Modelle für K* gdw $M_{pp}^K = \{x \mid \vee y(y \in M_p \wedge x \sqsubset y)\}$.

Mit dieser Klasse M_{pp}^K besitzen wir für vorgegebenes M_p einen Rahmen von maximaler Allgemeinheit für die präzise Diskussion von Theoretizitätskriterien.

Falls man das ursprüngliche Sneedsche Kriterium für T-Theoretizität zugrundelegt, so gelangt man zur Klasse M_{pp} von Kap. 2, die sich dadurch in M_{pp}^K einbetten läßt, daß man an jedes partielle potentielle n-Modell aus M_{pp} (mit den genau n nicht theoretischen Relationen) m−n leere Mengen anfügt.

Ein wichtiges Zwischenresultat ist folgendes:

Th6-1 M_{pp}^K *ist eine Strukturspecies.*

Zum Beweis vgl. BALZER, [Messung], S. 44.

Wann immer wir im folgenden den Ausdruck „M_{pp}^K" benützen, ist unter K ein verallgemeinerter Kern und unter M_{pp}^K selbst der eben eingeführte, verallgemeinerte Begriff der Klasse aller partiellen potentiellen Modelle für K zu verstehen.

Auf dieser Grundlage lassen sich auch solche Begriffe wie „Theorie-Element" und „empirische Behauptung" entsprechend verallgemeinern. Auch in ihnen wird von der theoretisch − nicht theoretisch − Dichotomie noch kein Gebrauch gemacht; sie enthalten die Unterscheidung sozusagen nur potentiell. Für bestimmte Untersuchungen sind diese Verallgemeinerungen von großem Nutzen. Wir führen nur noch den später benötigten Begriff des verallgemeinerten empirischen Theorie-Elementes an und verzichten auf die genauere Schilderung des Begriffs der verallgemeinerten empirischen Behauptung. (Der daran interessierte Leser findet dazu die Details in BALZER, [Messung], Kap. III, §3 und §4.)

D6-4 T ist ein *verallgemeinertes empirisches Theorie-Element* gdw es ein K und ein I gibt, so daß $T = \langle K, I \rangle$ und

(1) K ist ein verallgemeinerter Kern für eine Theorie;
(2) $I \subseteq M_{pp}^K$ (bzw. $I \subseteq Pot(M_{pp}^K)$).

6.3 Meßmethoden und Meßmodelle (ohne und mit Skaleninvarianz)

Diejenigen Messungen, für die wir uns interessieren, nämlich die ‚theoriegeleiteten Messungen', faßt man also am zweckmäßigsten als bestimmte Modelle der Theorie auf, die Meßmodelle heißen sollen. Meßmethoden wiederum sollen hier extensional als Klassen von Meßmodellen eingeführt werden.

Für die übersichtlichere Formulierung von Eindeutigkeitsbedingungen, die im folgenden eine große Rolle spielen werden, führen wir eine eigene Notation ein. Dabei genügt es für unsere Zwecke, einige informelle Definitionen und Erläuterungen zu geben.

Es sei x eine mengentheoretische Struktur aus M_{pp}^K oder M_p[2] vom Typ $\vartheta = \langle k; l; \tau_1, \ldots, \tau_m \rangle$, so daß x die Gestalt hat:

$$x = \langle D_1, \ldots, D_k; A_1, \ldots, A_l; R_1, \ldots, R_m \rangle \in M_{pp}^K \text{ (bzw. } \in M_p\text{)}.$$

Wir nennen dann die i-te Relation von x auch R_i^x und bezeichnen mit x_{-i} diejenige mengentheoretische Struktur, die aus x dadurch entsteht, daß man R_i^x wegläßt, d.h. es soll gelten:

$$x_{-i} := \langle D_1, \ldots, A_l; R_1, \ldots, R_{i-1}, R_{i+1}, \ldots, R_m \rangle.$$

Schließlich soll für ein $t \subseteq \tau_i(D_1, \ldots, A_l)$ unter $x_{-i}(t)$ diejenige Struktur verstanden werden, die aus x dadurch hervorgeht, daß man in x die Relation R_i^x durch t ersetzt, d.h. es soll gelten:

Für $t \subseteq \tau_i(D_1, \ldots, A_l)$ sei
$$x_{-i}(t) := \langle D_1, \ldots, A_l; R_1, \ldots, R_{i-1}, t, R_{i+1}, \ldots, R_m \rangle.$$

Für das Folgende setzen wir voraus, daß ein verallgemeinerter Kern K für eine Theorie gegeben sei. Insbesondere sei M_p das Erstglied von K und die Elemente von M_p seien potentielle Modelle vom Typ $\vartheta = \langle k; l; \tau_1, \ldots, \tau_m \rangle$; ferner sei $i \in \{1, \ldots, m\}$.

D6-5 (a) X ist eine *globale Meßmethode für* $\bar{R}_i$ gdw
    (1) $X \subseteq M_p$;
    (2) X ist eine Strukturspecies;
    (3) $\wedge x_{x \in M_p} \wedge t, t' (x_{-i}(t) \in X \wedge x_{-i}(t') \in X \to t = t')$;
    (4) $\vee x, x', t, t' (x_{-i}(t) \in X \wedge x'_{-i}(t') \in X \wedge \neg t = t')$;

  (b) (die mengentheoretische Struktur) x ist ein *globales Meßmodell* für $\bar{R}_i$ gdw es eine globale Meßmethode X für $\bar{R}_i$ gibt, so daß $x \in X$.

---

[2] Streng genommen könnten wir die Wendung „oder M_p" fortlassen, da M_{pp}^K so allgemein ist, daß es M_p als Teilklasse enthält.

Kommentar: Eine globale Meßmethode für $\bar{R}_i$ ist eine Klasse X von potentiellen Modellen, genannt globale Meßmodelle, mit den folgenden drei Eigenschaften.

Erstens soll X nach (a) (2) eine Strukturspecies sein. Dadurch ist insbesondere gewährleistet, daß die zu messenden Gegenstände, nämlich die Elemente der Basismengen, in den zu X gehörenden mengentheoretischen Strukturen *ausschließlich* durch die in diesen Strukturen auftretenden Relationen charakterisiert werden.

Zweitens soll, da es sich um eine globale Meßmethode *für $\bar{R}_i$* handelt, die i-te Relation R_i^x einer beliebigen Struktur $x \in X$ nach (a) (3) *eindeutig festgelegt* sein, und zwar einerseits durch die übrigen Komponenten von x sowie andererseits dadurch, daß x zu X gehört (also durch die definierenden Eigenschaften oder ‚Gesetze' von X, wie man sagen könnte). Die Eindeutigkeitsforderung wird besonders anschaulich, wenn man in (a) (3) R_i^x für t einsetzt. Dann wird nämlich $x_{-i}(t)$ zu x und die Forderung besagt, daß für *jedes* t' mit $x_{-i}(t') \in X$ gilt: t' ist mit R_i^x identisch.

Drittens wird durch (a) (4) verlangt, daß in einer mengentheoretischen Struktur x aus X, also in einem Meßmodell x, die i-te Relation R_i^x von den übrigen Komponenten aus x *echt* abhängt. Dies wird deutlicher, wenn wir die Negation von (a) (4) betrachten, nämlich:

$$\bigwedge x, x', t, t'(x_{-i}(t) \in X \land x'_{-i}(t') \in X \to t = t').$$

Diese besagt, daß in *sämtlichen* Strukturen aus X *dasselbe* t vorliegt. Wenn wir t als i-tes Glied von x betrachten, so ist dann t nicht etwa durch die restlichen Komponenten von x bestimmt, sondern, im Gegenteil, gerade unabhängig von diesen übrigen Komponenten von x eindeutig bestimmt, etwa aufgrund einer rein mathematischen Definition. Diese Möglichkeit wird durch (a) (4) ausgeschlossen.

Die zentrale Bestimmung ist natürlich (a) (3) von D6-5. Hier drängt sich förmlich die übliche Redeweise von der ‚funktionalen Abhängigkeit der Meßwerte von den anderen innerhalb des Meßmodells realisierten Parametern' auf. Doch würde eine solche Formulierung Verwirrung stiften. Nehmen wir zwecks Verdeutlichung an, daß R_i^x eine Funktion, also eine funktionale Relation, ist. Dann denkt man bei dieser Formulierung an die Abhängigkeit *des Wertes* dieser Funktion R_i^x von den *Argumenten* eben derselben Funktion R_i^x. Bei dem durch ein Meßmodell x erfaßten Meßvorgang handelt es sich dagegen darum, daß in x *die gesamte Relation R_i^x* durch die restlichen Komponenten von x eindeutig bestimmt ist. Da wir R_i^x als Funktion voraussetzen, wird dadurch der Wert von R_i^x nicht etwa für *ein* gegebenes Argument festgelegt, sondern für *alle* Argumente, die R_i^x in x überhaupt haben kann. Die die Eindeutigkeit gewährleistenden ‚Parameter' sind somit nicht die Argumente der Funktion R_i^x, sondern die von R_i^x verschiedenen Komponenten von x, zusammen mit den X definierenden Gesetzen. Dies nur als warnender Hinweis darauf, daß die Rede von der ‚funktionalen Abhängigkeit' von ‚Meßwert' und ‚Parametern' doppeldeutig ist.

Durch das Prädikat „global" wird genau die eben zur Sprache gekommene eindeutige Festlegung der *ganzen* Relation R_i^x zum Ausdruck gebracht. Demgegenüber können *partielle* Meßmodelle echte Teilstrukturen von potentiellen Modellen sein. Die formalen Definitionen der Begriffe der partiellen Meßmethode und des partiellen Meßmodells unterscheiden sich daher von D6-5 nur dadurch, daß die Bestimmung (1) zu ersetzen ist durch: $X \subseteq M_{pp.}^K$. In der Anwendung ist ein solcher Übergang zu Teilstrukturen oft von großer Bedeutung. Denn erstens kann man sich dadurch für die zu messenden Relationen auf geeignete Teilbereiche beschränken; und zweitens kann man auf diese Weise gewisse ‚Fragmente' potentieller Modelle, die für die Messung überflüssig oder störend sind, einfach außer Betracht lassen.

Für unsere systematischen Betrachtungen werden wir nur von globalen Meßmodellen und -methoden Gebrauch machen. Zu den andersartigen Meßmodellen vgl. BALZER, [Messung], Kap. IV, §2–§7.

Wir deuten für spätere Zwecke nur kurz an, wie man in die Begriffe der Meßmethode und des Meßmodells *die Invarianz in bezug auf bestimmte Skalentypen* einbauen kann. Eine Skala ist dabei nichts weiter als eine Abbildung φ irgend eines Objektbereiches D in die Menge der reellen Zahlen $\mathbb{R}$, also $\varphi : D \to \mathbb{R}$. Ist φ nur eindeutig bis auf Multiplikation mit einem positiven Faktor α, so spricht man von einer *Verhältnisskala*, weil dann die ‚Verhältnisse' $\varphi(a)/\varphi(b)$ (für $a, b \in D$) eindeutig festliegen. Ist φ dagegen bloß eindeutig bis auf eine lineare Transformation (d.h. gehört mit φ auch φ' zur selben Äquivalenzklasse, sofern $\varphi'(a) = \alpha \varphi(a) + \beta$), so spricht man von einer *Differenzenskala*, da dann nur die ‚Verhältnisse der Differenzen'

$$\frac{\varphi(a) - \varphi(b)}{\varphi(c) - \varphi(d)}$$

eindeutig bestimmt sind. (Für eine genauere intuitive Erläuterung vgl. II/1, Kap. I.) Wir werden uns im gegenwärtigen Kapitel auf diese beiden wichtigsten Skalentypen beschränken.

Zunächst skizzieren wir in informeller Weise, wie die fraglichen Äquivalenzrelationen und Äquivalenzklassen einzuführen sind. Um dafür gleich den allgemeinsten Fall zu erhalten, sei K ein geordneter Körper[3] mit einer linearen, mit $+$ und $\cdot$ verträglichen Ordnung $<$ auf K, so daß gilt: $0_K < 1_K$. K^+ sei die Menge der $a \in K$, so daß $0_K < a$. V sei ein Vektorraum über K und $\bar{f}$ sei die Menge aller Abbildungen einer gegebenen Menge D in V, also: $\bar{f} := \{f | f : D \to V\}$.

Die erste Relation $\equiv_1$, mit $\equiv_1 \subseteq \bar{f} \times \bar{f}$, werde definiert durch die Bedingung:

$$f \equiv_1 g \text{ gdw } \vee_{\alpha \in K^+} \wedge_{a \in D} (f(a) = \alpha \cdot g(a)).$$

Dies ist also gerade die Äquivalenz bezüglich der Multiplikation mit einem positiven Faktor.

---

[3] Für die genaue Definition vgl. z.B. LANG, *Algebra*, S. 57 und S. 271.

Die zweite Relation $\equiv_2$, ebenfalls mit $\equiv_2 \subseteq \bar{f} \times \bar{f}$, werde definiert durch die Bedingung:

$f \equiv_2 g$ gdw $\vee \alpha_{\alpha \in K^+} \vee v_{v \in V} \wedge a_{a \in D} (f(a) = \alpha \cdot g(a) + v)$.

Dies ist die Äquivalenz in bezug auf lineare Transformationen.

Mit der Rede von einer Äquivalenz haben wir bereits etwas antizipiert, das sich aufgrund der Definitionen (sowie der Axiome für Körper und Vektorräume) streng beweisen läßt, nämlich daß $\equiv_1$ und $\equiv_2$ Äquivalenzrelationen sind. Für die entsprechenden Äquivalenzklassen führen wir simultan die folgende Notation ein:

Für $f \in \bar{f}$ und $j = 1, 2$ sei

$(f)_{K,j} := \{g \in \bar{f} | g \equiv_j f\}$.

Die gesuchte Verallgemeinerung von D6-5 erhalten wir jetzt im wesentlichen dadurch, daß wir das dortige „t" durch „$(t)_{K,j}$" ersetzen. Vollständigkeitshalber schreiben wir die genaue Definition wieder an.

D6-6 Es sei $j \in \{1, 2\}$.
(a) X ist eine *globale Meßmethode mit Skaleninvarianz vom Typ j* (kurz: eine *SKI_j-Meßmethode*) für $\bar{R}_i$ gdw es ein S gibt, so daß
 (1) $S \subseteq M_p$;
 (2) S eine Strukturspecies;
 (3) alle Elemente von $\bar{R}_i$ sind Funktionen $R_i: D \to V$ von einer Menge D in einen Vektorraum V über einem geordneten Körper K;
 (4) $X = \{x_{-i}((R_i)_{K,j}) | x \in S\}$;
 (5) $\wedge x, t, t' [x_{-i}((t)_{K,j}) \in X \wedge x_{-i}((t')_{K,j}) \in X \to (t)_{K,j} = (t')_{K,j}]$;
 (6) $\vee x, x', t, t' [x_{-i}((t)_{K,j}) \in X \wedge x'_{-i}((t')_{K,j}) \in X \wedge (t)_{K,j} \neq (t')_{K,j}]$.
(b) x ist ein *SKI_j-Meßmodell für $\bar{R}_i$* gdw es ein x gibt, so daß
 (1) X ist eine *SKI_j*-Meßmethode für $\bar{R}_i$;
 (2) $x \in X$.

Daß hier in (a) zum Unterschied von D6-5(a) der Einführung der Meßmethode X die Strukturspecies S vorgeschaltet werden muß, hat seinen Grund darin, daß gemäß (a) (4) X dadurch aus S erzeugt wird, daß man die i-ten Relationen R_i^x von Elementen x aus S durch eine der beiden Äquivalenzklassen $(R_i)_{K,1}$ oder $(R_i)_{K,2}$ ersetzt.

6.4 Das formale Kriterium für T-Theoretizität von U. Gähde

In II/2, VIII, 3 und 4, sowie in 1.3 dieses Buches ist ausführlich der neue Ansatz von SNEED zur Klärung des Begriffs der Theoretizität erörtert worden. Es ist dies ein Thema, an dem sich der im Rahmen des strukturalistischen Theorienkonzeptes erzielte Fortschritt besonders eindrucksvoll belegen läßt. Es soll hier zunächst mit wenigen Worten die Geschichte dieser Diskussion skizziert werden, wobei wir zunächst nochmals an die ‚Vorgeschichte' im Rahmen des logischen Empirismus erinnern und dann die Entwicklungen anführen, die sich seit der ersten Auflage von II/2 abzeichneten.

Das Vorgehen der logischen Empiristen war linguistisch orientiert. Die Wissenschaftssprache als solche wurde, noch vor jeder in dieser Sprache formulierten Theorie, in die Beobachtungssprache und die sich darüber erhebende theoretische Sprache unterteilt. Dieses Vorgehen blieb drei Arten von Einwendungen ausgesetzt. *Erstens* wurde die bei dieser Unterteilung zugrunde gelegte Voraussetzung bestritten, daß es so etwas wie eine neutrale, ‚nichttheoretische Beobachtungssprache' überhaupt gebe: Der Gedanke theorienfreier Beobachtungsterme bilde eine Fiktion; *jeder* in der Wissenschaft benützte Term sei mehr oder weniger ‚theorienbeladen', d.h. in seiner Bedeutung durch bestimmte theoretische Annahmen festgelegt. *Zweitens* wurde auf die recht vage und mehr oder weniger willkürliche Abgrenzung der theoretischen von der nichttheoretischen Sprache hingewiesen. *Drittens* begann man angesichts dieser Mängel die Dichotomie statt von der Seite der angeblich neutralen Beobachtungen von der anderen Seite her zu betrachten, nämlich von der Seite der Theorie; und da entdeckte man ein bei diesem Vorgehen unerfüllbares Desiderat. Am deutlichsten ist dies in PUTNAMS Herausforderung, die in II/2, VIII, 1.b geschildert wurde, zur Sprache gekommen: Keine der bisherigen Diskussionen über theoretische Begriffe hätten etwas zum Verständnis der *Rolle* theoretischer Terme in den Theorien, in denen sie vorkommen, beigetragen. Wichtig ist es hierbei, klar zu erkennen, daß auf empiristischer Grundlage dieses Desiderat *prinzipiell unerfüllbar* bleiben muß: Wenn man die theoretischen Terme bereits im Verlauf der Konstruktion der Wissenschaftssprache auszeichnet – insbesondere also lange bevor man noch irgendeinen Gedanken darauf verschwendet, welche Gestalt die in dieser Sprache zu formulierende Theorie oder die zu formulierenden Theorien hat bzw. haben –, kann selbstverständlich über die spezielle Rolle oder Funktion dieser Terme in den fraglichen Theorien nichts ausgesagt werden.

SNEED hat als erster ein genau auf die Putnamsche Herausforderung eingehendes Kriterium vorgeschlagen, welches die Unterscheidung zwischen theoretisch und nicht-theoretisch ‚*von der Theorie her*' vornimmt. Dieses Kriterium ist bereits ausführlich erörtert worden. Es genügt daher, nochmals den Grundgedanken knapp, aber natürlich nicht sehr exakt, zu charakterisieren.

Nach diesem Kriterium ist ein Term einer Theorie T *theoretisch bezüglich T* (oder kurz: *T-theoretisch*), wenn *jede* Messung einer Realisierung dieses Terms *voraussetzt*, daß T auf ein reales System erfolgreich angewendet wurde. In II/2, S. 45ff., ist vorgeschlagen worden, die Sneedsche Voraussetzungsrelation mittels der logischen Folgebeziehung zu präzisieren. Unter Heranziehung anderer Aspekte des Sneedschen Ansatzes ist dabei die Wendung „x ist eine erfolgreiche Anwendung von T" zu präzisieren durch: „es gibt ein Modell der Theorie, dessen Restriktion x ist und x ist eine intendierte Anwendung von T". Man kann das Kriterium dann ungefähr so wiedergeben: Ein Term ist *T-theoretisch*, wenn für *jede* Messung einer Realisierung des Terms aus denjenigen Sätzen, welche diese Messung in irgendeiner existierenden Darstellung von T beschreiben, logisch folgt, daß eine erfolgreiche Anwendung von T existiert. (In der Sprache der mengentheoretischen Prädikate bedeutet „es gibt eine erfolgreiche Anwendung von T" natürlich dasselbe wie „es gibt eine erfolgreiche Anwendung des diese Theorie ausdrückenden Prädikates".)

Damit ist die gesamte Frage, welche Terme theoretisch seien, von vornherein *auf eine bestimmte Theorie relativiert* worden. Die Vagheit und Willkür in der ursprünglichen Charakterisierung der Dichotomie war damit weitgehend beseitigt. Allerdings enthielt das Kriterium in dieser Fassung *zwei pragmatische Komponenten*, nämlich einmal die Bezugnahme auf *die existierenden Darstellungen* einer Theorie, und zum anderen die analoge Bezugnahme auf *alle Messungen und Meßmethoden*.

Ein wichtiger Schritt in der weiteren Entwicklung war 1980 die Arbeit von BALZER und MOULINES [Theoreticity]. Darin ist erstmals der Gedanke konzipiert worden, das Reden über Messungen und Meßmethoden mit Hilfe von *Meßmodellen* zu präzisieren und diese Meßmodelle *als bestimmte Arten von potentiellen Modellen* der fraglichen Theorie zu rekonstruieren. Damit war ein wichtiges Zwischenresultat gewonnen worden: Das neue Theoretizitätskriterium enthielt nicht mehr *zwei* pragmatische Komponenten, sondern nur mehr *eine*, nämlich die Bezugnahme auf die existierenden Darstellungen einer Theorie.

In der Zwischenzeit waren zwei weitere Arbeiten erschienen, nämlich R. TUOMELA [Theoretical] und A. KAMLAH [Definition], in denen ebenfalls Theoretizitätskriterien angegeben wurden, die von einer gegebenen Theorie ausgehen, in denen jedoch die inhaltliche Bestimmung abweichend vorgenommen wurde. Gemeinsam ist beiden Autoren, daß nach ihrem Vorschlag ein Term T-theoretisch sein soll, wenn, grob gesprochen, ein Meßmodell für diesen Term in T existiert, das zugleich ein Modell von T ist. (Bei KAMLAH wird außerdem noch ausdrücklich Bezug genommen auf eine Meßtheorie sowie auf eine zugrunde liegende Theorie; ferner wird bei ihm die Voraussetzungsrelation anders expliziert als dies eben geschehen ist. Von solchen technischen Einzelheiten können wir, ebenso wie im Fall der Arbeit von TUOMELA, für unsere Zwecke absehen.)

Der Unterschied gegenüber dem vorigen Ansatz wird deutlich, wenn wir beide Ansätze vereinfacht und schematisch wiedergeben. Das Sneedsche Kriterium lautet dann: „Für alle x gilt: wenn x ein Meßmodell für den Term t ist, dann ist x ein Modell der Theorie". Nach der Fassung von TUOMELA und KAMLAH hingegen müßte es lauten: „es gibt ein x, so daß x ein Meßmodell für den Term t in der Theorie T und x ein Modell der Theorie T ist". Wie BALZER feststellte, enthalten sie jedoch einen gemeinsamen Kern. Ist nämlich ein Term t nach der ersten Version nicht trivialerweise (nämlich infolge der generellen Falschheit des Wenn-Satzes) theoretisch, so existiert ein Meßmodell für t, das zugleich ein Modell von T ist, wie dies auch nach der zweiten Version verlangt wird.

Den nächsten Schritt vollzog GÄHDE 1982 in seiner Dissertation [T-Theoretizität]. Sein Kriterium für T-Theoretizität vermeidet auch die pragmatische Bezugnahme auf existierende Darstellungen einer Theorie und ist daher *rein formal anwendbar.* Das ursprüngliche Kriterium von SNEED mußte auf *präsystematischer* Ebene angewendet werden: Diejenigen Teile des Formalismus z. B., in denen vom Unterschied zwischen M_p und M_{pp} Gebrauch gemacht wird, setzen eine erfolgreiche Anwendung des Kriteriums voraus; denn erst nachdem man weiß, welche Terme theoretisch sind, kann man sie aus M_p ‚herausstreichen', um zu M_{pp} zu gelangen. Außerdem waren metatheoretische Behauptungen über Vorliegen oder Nichtvorliegen von *T*-Theoretizität rein logisch nicht entscheidbar. SNEEDs Aussage z. B., daß genau *Masse* und *Kraft KPM*-theoretisch sind, blieb eine *Hypothese.* Gähdes Kriterium macht das, was früher Hypothese blieb, zu einer Feststellung, deren Richtigkeit *durch eine rein logische Untersuchung* herausgefunden werden kann. In inhaltlicher Hinsicht enthält das Kriterium interessanterweise eine Verlagerung von der ursprünglichen Intuition von SNEED auf diejenige Linie, die von TUOMELA und KAMLAH vertreten wurde.

Wir werden die Ideen von GÄHDE zweimal darstellen, nämlich in (I) und in (III). GÄHDE selbst verwendet einen Begriffsapparat, der von dem hier benützten Begriffsgerüst der Meßmethoden und Meßmodelle erheblich abweicht. Um nicht zwei verschiedene Formalismen darstellen zu müssen, geben wir in (I) nur eine intuitive Skizze der Gedanken von GÄHDE, erläutern darin jedoch den von ihm benützten begrifflichen Apparat so weit, daß der daran interessierte Leser keine Mühe haben dürfte, sich in GÄHDEs Dissertation [*T*-Theoretizität] zurecht zu finden. Für die relative Ausführlichkeit dieser ersten Schilderung war der am Ende von 6.1 hervorgehobene Gesichtspunkt ausschlaggebend. Nach einem kurzen Zwischenabschnitt (II) über das Sneedsche Kriterium in der Sprache der Meßmodelle geben wir dann in (III) die endgültige formale Präzisierung in dem von uns verwendeten Rahmen der Meßtheorie. Darin wird außerdem ein präziser Vergleich mit der in 6.5 geschilderten Modifikation dieses Kriteriums durch BALZER 1982 in [Messung] ermöglicht, das von vornherein in der Sprache der Meßmodelle abgefaßt worden ist.

(I) Intuitiv-heuristische Skizze des Gähdeschen Kriteriums

Den Ausgangspunkt bilde wieder der verallgemeinerte Begriff einer empirischen Theorie. Wir wissen dann, was ein potentielles Modell ist; dagegen ist uns noch nicht bekannt, wie die partiellen Modelle aussehen. Wir sind daher zu Beginn gezwungen, sämtliche verschiedenen *Kandidaten für* partielle Modelle in Betracht zu ziehen. Dementsprechend erhalten wir zunächst eine Fülle von *möglichen* Restriktionsoperationen. Im Fall von *KPM* z. B. ist *eine* derartige Operation diejenige, welche aus einem $x = \langle P, T, s, m, f \rangle$ alle drei darin vorkommenden Funktionen s, m, f wegschneidet, so daß nur mehr $\langle P, T \rangle$ übrig bleibt. Diese Operation ‚tut' somit ‚so, als ob' sämtliche Funktionen theoretisch wären. Eine andere Operation ist diejenige, die nur s wegstreicht, also im Widerspruch zum mutmaßlich tatsächlichen Sachverhalt nur die Ortsfunktion ‚wie eine theoretische Funktion behandelt' usw. Die Umkehrungen aller dieser Operationen sollen *zulässige Ergänzungsoperationen* heißen. Wir verwenden für sie die Variable „e".

Der Begriff der Messung wird, in Anknüpfung an Betrachtungen von BALZER und MOULINES in [Theoreticity], mit Hilfe des Begriffs des potentiellen Modells expliziert. Genauer wird, analog dem Vorgehen in den vorangehenden Definitionen, eine *Messung* rekonstruiert als ein *potentielles Modell, in welchem die zu messenden Funktionen eindeutig durch die restlichen Komponenten sowie durch die im potentiellen Modell geltenden Gesetze bestimmt sind.*

Im Fall der klassischen Partikelmechanik *KPM* zeigt sich, daß die Theorie als solche ‚zu leer' ist, um Meßmodelle zu liefern; denn das zweite Newtonsche Gesetz liefert nachweislich allein kein Meßmodell für die beiden Größen m und f. Man benötigt noch mindestens ein Spezialgesetz, etwa mit KPM^i bezeichnet. (Diese Symbolik soll an die Sneedsche Methode erinnern, Spezialgesetze durch Prädikatverschärfungen des die Theorie ausdrückenden Prädikates zu bezeichnen. Im Falle der Theorie *KPM* wäre das Hookesche Gesetz ein Beispiel dafür.) Für die folgenden Erläuterungen durch konkrete Beispiele übernehmen wir die drei Symbole „*PK*", „*PM*" sowie „*KPM*" aus II/2, S. 108–110. Analoges gilt für den eben eingeführten Ausdruck „KPM^i".

Die Grundintuition zur Präzisierung des Gedankens der theoriegeleiteten Messung verläuft, am Beispiel von *KPM* erläutert, folgendermaßen. Die konjunktive Verknüpfung von Fundamentalgesetz und Spezialgesetz können wir mengentheoretisch wiedergeben durch $KPM \cap KPM^i$. (Wir schreiben diesen Durchschnitt nur größerer Anschaulichkeit halber an; denn da KPM^i eine Teilklasse von *KPM* ist, würde es genügen, die erstere zu erwähnen.) Ferner sei z in dem beschriebenen Sinn ein möglicher Kandidat für ein partielles Modell; $e(z)$ sei die Klasse der Ergänzungen von z zu potentiellen Modellen, also zu Elementen von *PM*.

Wir müssen, von z ausgehend, ein potentielles Modell gewinnen, welches die obige Bedingung erfüllt, und zwar mit $KPM \cap KPM^i$ für die in diesem potentiellen Modell geltenden Gesetze. Dies ist offenbar ein Element x aus $e(z)$, in welchem die zu messenden Funktionen *eindeutig* bestimmt sind durch zwei Faktoren, nämlich:

(a) durch die restlichen, bereits in z vorkommenden Komponenten;

und

(b) durch die im potentiellen Modell x geltenden Gesetze, also durch das Fundamentalgesetz sowie mindestens ein Spezialgesetz, d.h. gerade durch $KPM \cap KPM^i$.

Wie kann die Forderung der eindeutigen Bestimmtheit formal präzisiert werden? GÄHDE wählt für diesen Zweck den *Kardinalzahloperator* „| |". Die Aussage, daß die in der Ergänzungsmenge $e(z)$, aber nicht bereits in z vorkommenden Funktionen *eindeutig* durch das Fundamentalgesetz sowie das Spezialgesetz bestimmt sind, ist danach gleichwertig mit der Behauptung, daß die Kardinalität der Menge $e(z) \cap KPM \cap KPM^i$ gleich 1 ist, daß also gilt:

$|e(z) \cap KPM \cap KPM^i| = 1$.

Die obige Aussage kann somit folgendermaßen präzisiert werden: Ein potentielles Modell $x \in e(z)$ ist nur dann ein *Meßmodell* für diejenigen Funktionen, die in x, jedoch nicht in z vorkommen, wenn gilt:

(a') $\quad x \in e(z) \cap KPM \cap KPM^i$

und

(b') $\quad |e(z) \cap KPM \cap KPM^i| = 1$.

Die Teilaussage (a') beinhaltet, umgangssprachlich wiederholt, daß x ein potentielles Modell ist, das zur Ergänzungsmenge $e(z)$ gehört und in welchem das Fundamentalgesetz sowie ein bestimmtes Spezialgesetz gelten. Die Teilaussage (b') trifft die darüber hinausgehende Feststellung, daß die in x, jedoch nicht in z vorkommenden Funktionen durch diese beiden Gesetze *eindeutig* bestimmt sind. Nur bei Erfüllung dieser beiden Bedingungen exemplifiziert das potentielle Modell x eine *theoriegeleitete Messung*.

Wir haben damit nur die Grundidee geschildert. Um zum endgültigen Kriterium von GÄHDE zu gelangen, sind noch drei ganz wesentliche Qualifikationen bzw. Modifikationen erforderlich:

(1) Wir haben bisher stets so getan, als werde auch bei GÄHDE, ähnlich wie bei SNEED, nach der Theoretizität *einzelner* Terme gefragt. Dies ist jedoch nicht der Fall. Detaillierte Fallstudien, die *KPM* sowie Teiltheorien davon betreffen, haben den Gedanken nahegelegt, gar nicht nach der Theoretizität *isolierter* Funktionen, sondern nach der ganzer *Mengen von* solchen Funktionen zu fragen. Im Fall der klassischen Partikelmechanik ergibt sich z.B. am Ende der zwingende Nachweis dafür, daß die Menge $\{m, f\}$ gemäß dem Kriterium eine aus theoretischen Termen bestehende Menge ist.

(Diese Verallgemeinerung der Fragestellung ist übrigens der Grund dafür, warum in der Arbeit von GÄHDE eine so große Fülle von Restriktions- und Ergänzungsoperationen eingeführt wird: Die Theoretizitätsfrage muß danach *für jede Termkombination* eigens gestellt werden.)

(2) Bei SNEED und auch im Hauptteil dieses Buches wurden Spezialgesetze mit Hilfe von Verschärfungen des die Theorie ausdrückenden Grundprädikates wiedergegeben. An diese Symbolik knüpften wir auch oben mit den beiden Bezeichnungen „*KPM*" und „*KPM^i*" an.

Wie GÄHDE hervorhob, muß hier noch eine sehr starke Einschränkung angefügt werden. Es dürfen nicht beliebige, sondern *nur zulässige Spezialgesetze* benützt werden. Darunter ist folgendes zu verstehen: In fast jeder interessanten Theorie, sicherlich aber in jeder physikalischen Theorie, sind sowohl die Fundamentalgesetze als auch die Spezialgesetze nur bis auf bestimmte *Invarianzen* festgelegt. Im Fall der Theorie *KPM* z.B. ist dies die Galilei-Invarianz. Eine ein Spezialgesetz designierende Prädikatverschärfung des die Theorie ausdrückenden Grundprädikates, welche den einschlägigen Invarianzen genügt, wird eine *zulässige Prädikatverschärfung* genannt, abgekürzt „*ZPV*". Für die Präzisierung des Begriffs der theoriegeleiteten Messung dürfen nur *zulässige Spezialgesetze* herangezogen werden, d.h. solche, welche die Extension zulässiger Prädikatverschärfungen des Grundprädikates bilden.

Auch diese wichtige Verbesserung des ursprünglichen Ansatzes – wichtig deshalb, weil hier erstmals auf die wissenschaftstheoretisch grundlegende Rolle von Invarianzen aufmerksam gemacht worden ist – sei am Beispiel von *KPM* illustriert. Um hier zu einem zulässigen Spezialgesetz zu gelangen, muß gelten: $ZPV(KPM^i)$ (d.h. KPM^i ist eine zulässige Prädikatverschärfung von *KPM*). Dafür muß außer $KPM^i \subset KPM$ die Galilei-Invarianz eben dieses Spezialgesetzes gefordert werden. Unter Verwendung des Symbolismus von II/2, S. 109 und 110 bzw. von D8-16 und D8-17 des gegenwärtigen Buches II/3 läßt sich diese Bedingung folgendermaßen formulieren:

$\wedge x, x' [(x = \langle P, T, s, m, f \rangle \in KPM^i \wedge x' = \langle P, T, s', m, f \rangle \in PM \wedge$
$\wedge \vee s_0, v_0 \in \mathbb{R}^3 \wedge p \in P \wedge t \in T(s'(p,t) = s(p,t) + v_0 t + s_0)) \to x' \in KPM^i]$.

(3) Selbst wenn man in der obigen Aussage (b') den Ausdruck „KPM^i" durch „$ZVP(KPM^i)$" ersetzt, erhält man noch immer keine adäquate Formulierung der Eindeutigkeitsbedingung. Der Grund dafür liegt diesmal darin, daß dasjenige, was man „bloße Skalentransformationen" nennt, für die Frage der Identifizierung von Funktionen irrelevant ist. Es erscheint daher nicht nur als sinnvoll, sondern als zwingend notwendig, Funktionen, die durch derartige Transformationen auseinander hervorgehen, miteinander zu identifizieren.

Technisch gesprochen bedeutet dies, daß man nicht weiterhin mit dem ‚normalen' Kardinalzahloperator „$\| \ \|$" arbeiten kann, sondern daß eine neue Operation „$\| \ \|_{ET}$", etwa „Eichtransformationskardinalität" genannt, eingeführt werden muß. Wenn *PM* wieder die Klasse der Partikelmechaniken bezeichnet, so liefert $\|PM\|_{ET}$ die Anzahl derjenigen Partikelmechaniken, die *nicht* durch Eich- oder Skalentransformationen auseinander hervorgehen. Die obige Teilbestimmung (b') im Begriff der theoriegeleiteten Messung muß also ersetzt werden durch:

(b'') $\|e(z) \cap KPM \cap ZPV(KPM^i)\|_{ET} = 1$.

Damit beenden wir die intuitive Schilderung des Gähdeschen Kriteriums. Wir haben sie als eine bloße Skizze betitelt, einmal deshalb, weil verschiedene dabei benützte Begriffe nur intuitiv erläutert, aber nicht präzise definiert worden sind, und zum anderen deswegen, weil der allgemeine Gedankengang gar nicht losgelöst vom konkreten Beispiel der Theorie *KPM*, sondern an allen entscheidenden Stellen durch Rückgriff auf dieses Beispiel beschrieben worden ist.

Wie bereits in den einleitenden Bemerkungen hervorgehoben wurde, ist dieses Kriterium von nicht zu unterschätzender Bedeutung. Die sich über Jahrzehnte hin erstreckende Diskussion über Theoretizität hat hier erstmals zu einem definitiven Resultat geführt. Grundlegend dafür war die Intuition von SNEED über den auf Theorien zu relativierenden Begriff der Theoretizität. Doch unterscheidet sich das Kriterium in formaler wie in inhaltlicher Hinsicht von demjenigen SNEEDS.

Der *formale* Unterschied besteht darin, daß das Kriterium keinerlei pragmatische Begriffe, wie „existierende Darstellung" oder „bekannte Meßverfahren" verwendet und daher nicht bereits auf präsystematischer Ebene angewendet werden muß, sondern *als ein formal präzises Kriterium* anwendbar ist, vorausgesetzt natürlich, die fragliche Theorie selbst liegt in hinreichend präziser Gestalt vor. Diese Voraussetzung ist z. B. bei der Theorie *KPM* gegeben. Hier läßt sich der Unterschied der beiden Kriterien auch ganz exakt formulieren: Während es bei SNEED eine *Hypothese* bleibt, daß die beiden Größen m und f KPM-theoretisch sind, wird dies bei Zugrundelegung des Kriteriums von GÄHDE eine *beweisbare Tatsache*.

Die *inhaltlichen* Unterschiede sind innerhalb der Skizze bereits zur Sprache gekommen. Wir fassen sie nochmals stichwortartig zusammen:

(1) Bei SNEED bleibt es offen, ob bei einer theoriegeleiteten Messung nur auf das Fundamentalgesetz der Theorie oder auch auf Spezialgesetze zurückgegriffen wird. Bei GÄHDE wird der Rückgriff auf mindestens ein *echtes Spezialgesetz* ausdrücklich gefordert.

(2) Erst in der Darstellung von GÄHDE wird dem Umstand Rechnung getragen, daß die benützten Funktionen in der Messung nur *bis auf Eichtransformationen eindeutig* festgelegt sind.

(3) Der allgemeine Begriff des Spezialgesetzes wird bei GÄHDE mit Hilfe des Einbaues *zulässiger Invarianzen* zu dem des zulässigen Spezialgesetzes verschärft.

(4) Ferner werden nicht mehr, wie bei SNEED, einzelne Funktionen auf Theoretizität hin untersucht. Vielmehr geht es hier darum, *die korrekte Dichotomie* zu ermitteln, welche die Gesamtheit der in einer Theorie vorkommenden Funktionen in die theoretischen und die nicht-theoretischen unterteilt.

(5) Schließlich ist auf die bereits erwähnte Abschwächung hinzuweisen. Sie wird in den Definitionen D6-9 und D6-14 ihren Niederschlag darin finden, daß die Allquantifikation über zulässige Spezialgesetze durch eine entsprechende *Existenzquantifikation* ersetzt ist.

Wir werden auf dieses Kriterium nochmals in (III) zurückkommen und es dort in der Sprache der Meßmodelle exakt formulieren. Die Änderungen in der Darstellungsweise gegenüber derjenigen GÄHDES seien bereits hier kurz angedeutet: (i) Zur Wiedergabe der Eindeutigkeitsforderung werden wir nicht die Operatoren für Kardinalität benützen, sondern uns der Verfahren bedienen, die durch den Begriffsapparat der Meßmodelle und Meßmethoden geliefert werden (vgl. vor allem die definitorische Bestimmung (3) von D6-5(a)). (ii) Die Forderung nach Eindeutigkeit der Skalen bis auf Eichtransformationen soll mittels des Begriffs der Messung mit Skaleninvarianz ausgedrückt werden (vgl. D6-6). (iii) Der Begriff des zulässigen Spezialgesetzes wird durch die Einführung geeigneter Äquivalenzrelationen auf der Menge M_p präzisiert.

Diejenigen Leser, die sich für die genaue Formulierung des Kriteriums in dem hier skizzierten Begriffsapparat interessieren, seien auf die Originalarbeit von GÄHDE, [*T*-Theoretizität], verwiesen.

Bevor wir uns der formalen Präzisierung zuwenden, soll, gleichsam als Einübung in den Formalismus der Meßmodelle, nochmals SNEEDS Kriterium formuliert werden und zwar in derjenigen Sprechweise, deren wir uns im weiteren Verlauf stets bedienen werden.

(II) Das Kriterium von Sneed in der Sprache der i-determinierenden Modelle

Außer dem eben angedeuteten Grund gibt es für uns ein weiteres Motiv dafür, nochmals auf das Kriterium von SNEED zurückzukommen: Wenn wir von jetzt an alles in der Sprache der Meßmodelle formulieren, dann kann im Leser der verständliche Eindruck entstehen, daß eine Reihe von speziellen Annahmen über Meßprozesse in die Darstellung Eingang findet. Dies wäre jedoch ein Irrtum. Alles, was benötigt wird, ist dies, daß im Sinne von D6-5 die i-te Komponente eindeutig festgelegt ist. Den auf Messungen Bezug nehmenden Teilausdruck kann man völlig vergessen. Um dies auch rein sprachlich zu fixieren, nennen wir hier eine mengentheoretische Struktur x, welche die Bedingung von D6-5(b) erfüllt, nicht mehr „globales Meßmodell für $\bar{R}_i$", sondern einfach „i-determinierendes Modell". (Im späteren Verlauf werden wir uns wieder der früher eingeführten Terminologie bedienen, obwohl dies natürlich auch dort nicht notwendig wäre.)

Schließlich werden wir mit Hilfe der folgenden Kurzdarstellung noch einen Nebeneffekt erzielen, der sich auf den historischen Ablauf der Theoretizitätsdiskussion bezieht. Ein wichtiges Zwischenstadium auf dem Wege zu einem rein formalen Kriterium war die Arbeit von BALZER und MOULINES, [Theoreticity]. Darin ist erstmals der Gedanke konzipiert worden, Messungen und Meßmethoden mit Hilfe von Meßmodellen zu explizieren, die als f-determinierende potentielle Modelle rekonstruiert wurden (in einem ähnlichen, aber etwas schwächeren als dem gerade erläuterten Sinn mit f statt R_i). Da die beiden Autoren auf die ursprüngliche Idee von SNEED zurückgriffen, läuft die folgende Formulierung auf eine knappe Schilderung eines wesentlichen Resultates dieser Arbeit hinaus.

Es sei M_p eine Klasse potentieller Modelle, und zwar genauer eine Strukturspecies vom Typ $\vartheta = \langle k; l; \tau_1, \ldots, \tau_m \rangle$, also eine Klasse von mengentheoretischen Strukturen der Gestalt $x = \langle D_1, \ldots, A_l; R_1, \ldots, R_m \rangle$; ferner sei $i \in \{1, \ldots, m\}$. M sei eine Klasse von Modellen für M_p.

Ein $x \in M_p$, welches die Bedingung (b) von D6-5 erfüllt, werde *i-determinierendes potentielles Modell* genannt.

Es sei nun MM eine Klasse, welche die folgenden beiden Bedingungen erfüllt:

(1) $MM \subseteq M_p$;
(2) zu jedem $x \in MM$ gibt es ein j mit $1 \leq j \leq m$, so daß x ein *j-determinierendes potentielles Modell* ist.

Jetzt definieren wir: *Die i-te Komponente von M_p ist theoretisch bezüglich M und MM* gdw für alle x gilt: wenn $x \in MM$ und x ein *i*-determinierendes potentielles Modell ist, dann ist $x \in M$.

MM ist hier eine Klasse von *j*-determinierenden potentiellen Modellen für ein j ≤ m. Das Definiens besagt: Alle zu MM gehörenden *i*-determinierenden potentiellen Modelle sind auch Modelle.

Damit ist die ursprüngliche Idee von SNEED präzisiert, nach der bei jeder Messung einer theoretischen Funktion ‚die Theorie vorausgesetzt wird'. In der

Terminologie der Meßmodelle besagt diese Präzisierung, daß Meßmodelle für die i-te Funktion bereits Modelle sind. Die Voraussetzungsrelation im Sinne von SNEED wird dabei, wie bereits in II/2, als logische Folgebeziehung gedeutet.

Nach dieser Formulierung des Theoretizitätskriteriums kann die Klasse M_{pp} in zwei Schritten wie folgt eingeführt werden:

1. *Schritt*: Definition der Hilfsfunktion $m_{pp}(n)$:
   Für $1 \leq n \leq m$ sei
   $m_{pp}(n) := \{\langle D_1,\ldots,D_k; A_1,\ldots,A_l; R_1,\ldots,R_n\rangle \mid \vee R_{n+1}\ldots \vee R_m(\langle D_1,\ldots,A_l; R_1,\ldots,R_n, R_{n+1},\ldots,R_m\rangle \in M_p)\}$.

2. *Schritt*: Definition von M_{pp}:
   M_{pp} ist *die Klasse aller partiellen potentiellen Modelle für M_p, M und MM im Sinne von* SNEED gdw gilt:
   (1) M ist eine Klasse von Modellen für M_p;
   (2) $MM \subseteq M_p$; und für alle $x \in MM$ gibt es ein $j \leq m$, so daß x ein j-determinierendes potentielles Modell ist;
   (3) es gibt ein n mit $1 \leq n \leq m$, so daß
       (a) für alle j mit $1 \leq j \leq m$: $j > n$ gdw die j-te Komponente von M_p theoretisch bezüglich M und MM ist;
       (b) $M_{pp} := m_{pp}(n)$.

Gemäß dem ersten Schritt ist $m_{pp}(n)$ dasjenige ‚Redukt von M_p', bei dem alle Relationen, deren Index größer ist als n, weggeschnitten werden. Im zweiten Schritt wird die Indexzahl n, oberhalb welcher alle Relationen theoretisch sind, durch die Bestimmung (3) festgelegt. Damit diese Art der Einführung von M_{pp} funktioniert, muß man voraussetzen, daß die in potentiellen Modellen vorkommenden Relationen von Anfang an ‚richtig durchnumeriert' sind, dergestalt nämlich, daß stets die nicht-theoretischen Funktionen zuerst kommen und danach alle theoretischen eingeführt werden.

Abschließend sei noch darauf hingewiesen, daß diese Definition zwar rein formal ist, daß jedoch in jeder konkreten Anwendung die Wahl von *MM nach pragmatischen Gesichtspunkten* erfolgen muß. Wie BALZER und MOULINES a.a.O. gezeigt haben, würden unvernünftige Wahlen von MM inadäquate Resultate zur Folge haben.

(III) Das formale Kriterium von Gähde in der Sprache der Meßmodelle

Wie aus den vorangehenden Betrachtungen hervorgeht, sind nach GÄHDE nicht einzelne Terme, sondern ganze Mengen von Termen simultan auf Theoretizität hin zu untersuchen. Um dies präziser formulieren zu können, müssen wir einige frühere Notationen geeignet verallgemeinern. Wir geben dafür keine formalen Definitionen, sondern begnügen uns wieder mit informellen Erläuterungen, die für unsere Zwecke genügen.

Generell setzen wir für diesen Unterabschnitt voraus, daß $T = \langle K, I \rangle = \langle \langle M_p, M, Q \rangle, I \rangle$ ein verallgemeinertes empirisches Theorie-Element ist, das Modelle vom Typ $\vartheta = \langle k; l; \tau_1, \ldots, \tau_m \rangle$ hat.

Zunächst müssen wir die vor D6-5 eingeführten Notationen x_{-i} und $x_{-i}(t)$ so verallgemeinern, daß sie auf beliebige Teilmengen von $\{R_1,\ldots,R_m\}$ anwendbar werden.

Zunächst nennen wir η einen *Index für T* gdw η ein s-Tupel von Zahlen ist, also $\eta = \langle i_1,\ldots,i_s\rangle$, wobei die folgenden drei Bedingungen erfüllt seien: (1) $0 \leq s \leq m$, (2) $\{i_1,\ldots,i_s\} \subseteq \{1,\ldots,m\}$, (3) $i_1 < \ldots < i_s$.

Wenn $x \in M_p$, $\eta = \langle i_1,\ldots,i_s\rangle$ ein Index für T ist und wenn überdies für $j \in \{i_1,\ldots,i_s\}$ gilt: $R_j \in Pot(\tau_j(D_1^x,\ldots,A_l^x))$, so soll unter $x_{-\eta}$ diejenige mengentheoretische Struktur verstanden werden, die aus x dadurch entsteht, daß man in x die Komponenten $R_{i_1}^x,\ldots,R_{i_s}^x$ wegstreicht (und für jedes dieser R_j^x auch das links von R_j^x stehende Komma entfernt).

$x_{-\eta}(t_{i_1},\ldots,t_{i_s})$ sei diejenige Struktur, die aus x dadurch entsteht, daß man in x die Glieder R_j^x für alle $j \in \{i_1,\ldots,i_s\}$ durch t_j ersetzt.

Damit haben wir bereits die ersten beiden Verallgemeinerungen gewonnen: Ein Index ist nichts weiter als ein Tupel ausgewählter Zahlenindizes aus der Indexmenge $\{1,\ldots,m\}$. Diese Notation vereinfacht die Formulierung der folgenden Betrachtungen, in denen für einen Index $\eta = \langle i_1,\ldots,i_s\rangle$ alle Terme $\bar{R}_i,\ldots,\bar{R}_s$ *simultan auf Theoretizität* hin untersucht werden. $x_{-\eta}(t_{i_1},\ldots,t_{i_s})$ ist die oben angekündigte Verallgemeinerung der Notation $x_{-i}(t)$. Zum Unterschied vom letzten Fall wird darin nicht *eine* Komponente entfernt und durch ein passendes t ersetzt, sondern es werden alle Komponenten, deren Index in einem gegebenen η vorkommt, in der beschriebenen Weise ersetzt.

Ferner benötigen wir die entsprechende Verallgemeinerung von M_{pp}^K, die uns *alle möglichen Kandidaten für partielle Modelle* liefert. Dazu bilden wir für jeden Index η für T die Klasse M_{pp}^η. Diese entsteht dadurch, daß man in potentiellen Modellen diejenigen Komponenten, deren Index in η vorkommt, wegläßt, genauer:

Ist η ein Index für das verallgemeinerte empirische Theorie-Element T, so sei

$$M_{pp}^\eta := \{x_{-\eta} | x \in M_p\}.$$

Man könnte hier von der Menge der η-partiellen Strukturen sprechen.

Schließlich brauchen wir auch noch die Verallgemeinerung für die bei Skaleninvarianzen verwendeten Äquivalenzrelationen (vgl. die unmittelbar vor D6-6 eingeführte Symbolik). Es genügt, den dortigen Fall j=2 (lineare Transformationen) zu betrachten, da dieser den anderen Fall als Spezialfall einschließt. In naheliegender Verallgemeinerung der D6-6 vorangehenden Bestimmung definieren wir die Skalenäquivalenzen $\equiv_2$ auf s verschiedenen Termen $\bar{R}_{i_1},\ldots,\bar{R}_{i_s}$. Sind zwei Elemente R_j und R_j' eines Terms $\bar{R}_j$ reelle oder vektorwertige Funktionen, so sollen zwei solche Funktionen äquivalent sein, wenn sie durch lineare Skalentransformationen auseinander hervorgehen, also wenn $R_j(a) = \alpha \cdot R_j'(a) + v$; andernfalls soll die Äquivalenz nur bei Identität vorliegen. Genauer:

Für $R_j, R_j' \in \bar{R}_j$ soll gelten:
$R_j \equiv_2 R_j'$ gdw erstens $D_1(R_j) = D_1(R_j')$ und wenn eine der folgenden beiden Bedingungen vorliegt:

(a) R_j ist eine Funktion in einen Vektorraum V über einem geordneten Körper K und
$$\bigvee\alpha_{\alpha\in K^+}\bigvee v_{v\in V}\bigwedge a_{a\in D_1(R_j)}(R_j(a)=\alpha\cdot R_j'(a)+v)$$
oder
(b) R_j ist keine Funktion in einen Vektorraum V über einem geordneten Körper K und $R_j=R_j'$.

Nun sind wir in der Lage, die Skalenäquivalenzen auf Tupel von Funktionen auszudehnen. Und zwar sollen zwei Tupel $\langle R_{i_1},\ldots,R_{i_s}\rangle$ und $\langle R_{i_1}',\ldots,R_{i_s}'\rangle$ durch die ‚generalisierte' Skalentransformation $\approx_\eta$ auseinander hervorgehen, wenn dies für jedes Paar $\langle R_j,R_j'\rangle$ mit $j\in\{i_1,\ldots,i_s\}$ bezüglich $\equiv_2$ der Fall ist. Genauer also:

Wenn $\eta=\langle i_1,\ldots,i_s\rangle$ ein Index für T ist und $R_j,R_j'\in\bar{\bar{R}}_j$ für alle $j\in\{i_1,\ldots,i_s\}$, so soll gelten:

$\langle R_{i_1},\ldots,R_{i_s}\rangle\approx_\eta\langle R_{i_1}',\ldots,R_{i_s}'\rangle$ gdw für alle $j\in\{i_1,\ldots,i_s\}$: $R_j\equiv_2 R_j'$.

Der erste unter den entscheidenden neuen Schritten besteht in der Einführung eines verallgemeinerten Begriffs der *globalen Meßmethode mit Skaleninvarianz*, die nicht bloß der Bestimmung einer einzigen Funktion, sondern simultan eines ganzen, zu einem Index η gehörenden *Tupels* $\langle R_{i_1},\ldots,R_{i_s}\rangle$ dient.

D6-7 Es sei $\eta=\langle i_1,\ldots,i_s\rangle$ ein Index für T. Y ist eine *(globale) η-Meßmethode mit Skaleninvarianz* gdw
(1) $Y\subseteq M_p$;
(2) Y ist eine Strukturspecies;
(3) $\wedge x\wedge R_{i_1}\ldots R_{i_s}\wedge R_{i_1}'\ldots R_{i_s}'(x_{-\eta}(R_{i_1},\ldots,R_{i_s})\in Y\wedge$
$\wedge x_{-\eta}(R_{i_1}',\ldots,R_{i_s}')\in Y\rightarrow\langle R_{i_1},\ldots,R_{i_s}\rangle\approx_\eta\langle R_{i_1}',\ldots,R_{i_s}'\rangle)$;
(4) $\bigvee x\bigvee y[x\in Y\wedge y\subset Y\wedge\neg(\langle R_{i_1}^x,\ldots,R_{i_s}^x\rangle\approx_\eta\langle R_{i_1}^y,\ldots,R_{i_s}^y\rangle)]$.

Die Definitionsbestandteile (3) und (4) sind die formalen Entsprechungen zu den Bestimmungen (3) und (4) in D6-5(a) bzw. (5) und (6) in D6-6(a); daher gelten mutatis mutandis auch die analogen Erläuterungen. Nach D6-7(3) sollen also in jedem Element x der Strukturspezies Y die durch η festgelegten Komponenten $R_{i_1}^x,\ldots,R_{i_s}^x$ bis auf Skalenäquivalenz $\approx_\eta$ eindeutig bestimmt sein. Und (4) verlangt auch diesmal, daß die Relationen $R_{i_1}^x,\ldots,R_{i_s}^x$ von den restlichen Komponenten in x echt abhängen.

Der Leser übersehe hier und im folgenden nicht die systematische Doppeldeutigkeit des Ausdrucks „Invarianz". Dasjenige, worum es hier ging, war die Invarianz von *Skalen* (also dasselbe, was in der Formulierung von GÄHDE als *Invarianz in bezug auf Eichtransformationen* bezeichnet wird). In der nächsten Definition geht es demgegenüber um die für *Spezialgesetze* geltenden Invarianzen. In vielen Theorien gibt es nämlich derartige ausgezeichnete Invarianzen (wie z. B. die Galilei-Invarianz in der klassischen Mechanik oder die Lorentz-Invarianz in der speziellen Relativitätstheorie), weshalb nur solche Spezialgesetze zugelassen werden, die der fraglichen Invarianz genügen. Für das

Verständnis der folgenden Definition ist zweierlei zu beachten: erstens, daß ein Spezialgesetz als eine solche Teilklasse der Klasse der Modelle deutbar ist, die wieder eine Strukturspecies bildet; zweitens, daß eine Invarianz von der zuletzt erwähnten Art eine Äquivalenzrelation auf M_p ist.

D6-8 Es sei $\sim$ eine Äquivalenzrelation auf M_p. G heißt *ein bezüglich $\sim$ zulässiges Spezialgesetz für T* (abgek.: $G \in Zul(T, \sim)$) gdw
(1) $G \subseteq M$;
(2) G ist eine Strukturspecies;
(3) $\wedge x \wedge y (x \in G \wedge x \sim y \to y \in G)$.

Die Invarianz in bezug auf $\sim$ wird offenbar durch die Bedingung (3) ausgedrückt: Für $x \in G$ soll auch jede mit y äquivalente mengentheoretische Struktur ($x \sim y$) zu G gehören. Dies besagt gerade, daß G invariant ist unter Ersetzung von x durch $\sim$-äquivalente Strukturen.

(In dem von GÄHDE genauer untersuchten Spezialfall der Theorie KPM ist $\sim$ die durch Galilei-Transformationen erzeugte Äquivalenzrelation, etwa durch $\sim_{ga}$ bezeichnet; für zwei Ortsfunktionen $s(p, t)$ und $s'(p, t)$ gilt $s(p, t) \sim_{ga} s'(p, t)$, wenn die zweite dieser Funktionen die Gestalt hat: $s'(p, t) = s(p, t) + v_0 t + s$.)

Jetzt kann bereits das Theoretizitätskriterium selbst formuliert werden. Wir geben die erforderlichen inhaltlichen Erläuterungen unmittelbar nach der Definition.

D6-9 (Theoretizitätskriterium) Es sei $1 \leq i \leq m$; ferner sei $\sim$ eine Äquivalenzrelation auf M_p. Der Term $\bar{R}_i$ ist *T-theoretisch relativ zu $\sim$* gdw es ein η gibt, so daß
(1) $\eta = \langle i_1, \ldots, i_s \rangle$ ist ein Index für T;
(2) $i \in \{i_1, \ldots, i_s\}$;
(3) $\wedge z_{z \in M_{pp}^\eta} [\vee x(x \in M \wedge x_{-\eta} = z) \to$
$\vee x \vee y(x, y \in M \wedge x_{-\eta} = z = y_{-\eta} \wedge \neg (\langle R_{i_1}^x, \ldots, R_{i_s}^x \rangle \approx_\eta \langle R_{i_1}^y, \ldots, R_{i_s}^y \rangle))]$;
(4) es gibt ein $z \in M_{pp}^\eta$ sowie ein G und ein x, so daß
 (a) $G \in Zul(T, \sim)$,
 (b) G ist eine η-Meßmethode mit Skaleninvarianz,
 (c) $x \in G$ und $x_{-\eta} = z$.

η kann einen, keinen oder mehrere Indizes enthalten. Genau die Terme $\bar{R}_{i_1}, \ldots, \bar{R}_{i_s}$ mit den Indizes aus $\eta = \langle i_1, \ldots, i_s \rangle$ sind T-theoretisch; alle Terme $\bar{R}_j$ mit $j \notin \{i_1, \ldots, i_s\}$ sind T-nicht-theoretisch. Es kann allerdings verschiedene η geben, welche diese Definition erfüllen. Dann sind genau diejenigen Terme $\bar{R}_j$ T-theoretisch, deren Index j in einem dieser η vorkommt; die restlichen sind T-nicht-theoretisch.

Die Bedingung (3) enthält die negative Aussage, daß ‚die Theorie allein', nämlich M, keine η-Meßmethode mit Skaleninvarianz ist. Zunächst zum Vorderglied: Dieses beschränkt die Aussage auf solche η-partielle Strukturen z aus M_{pp}^η, die sich überhaupt zu einem Modell ergänzen lassen. Es sei im folgenden stets als erfüllt vorausgesetzt.

Die Restaussage von (3) beinhaltet dann, daß es zu jeder derartigen partiellen Struktur zwei ‚Modellergänzungen', also $x, y \in M$ mit $x_{-\eta} = y_{-\eta} = z$, gibt, so daß die beiden in x und y als Ergänzungen hinzutretenden Komponenten $\langle R^x_{i_1}, \ldots, R^x_{i_s} \rangle$ und $\langle R^y_{i_1}, \ldots, R^y_{i_s} \rangle$ nicht η- äquivalent sind. Daß dies auf eine Verschärfung der Behauptung hinausläuft, daß M keine η-Meßmethode mit Skaleninvarianz ist, kann man rein formal nachprüfen. Wenn wir (3) – wieder unter Nichtberücksichtigung des Vordergliedes – negieren, so erhalten wir:

$$\bigvee z_{z \in M^\eta_{pp}} \wedge x, y (x, y \in M \wedge x_{-\eta} = z = y_{-\eta} \to \langle R^x_{i_1}, \ldots, R^x_{i_s} \rangle \approx_\eta \langle R^y_{i_1}, \ldots, R^y_{i_s} \rangle).$$

Wegen des Konjunktionsgliedes $x_{-\eta} = z = y_{-\eta}$ im Antecendens ist dies logisch äquivalent mit:

(*) $\bigvee x \wedge R_{i_1}, \ldots, R_{i_s} \wedge R'_{i_1}, \ldots, R'_{i_s} (x_{-\eta}(R_{i_1}, \ldots, R_{i_s}) \in M \wedge$
$x_{-\eta}(R'_{i_1}, \ldots, R'_{i_s}) \in M \to \langle R_{i_1}, \ldots, R_{i_s} \rangle \approx_\eta \langle R'_{i_1}, \ldots, R'_{i_s} \rangle).$

Ein Vergleich mit D6-7 (3) lehrt, daß nach dortiger Einsetzung von M für Y ein Unterschied nur im ersten Quantor besteht: in (*) steht „$\bigvee x$", wo in D6-7 (3) „$\wedge x$" steht. Wenn wir die zusätzliche Annahme $M \neq \emptyset$ machen (die ja für konsistentes T immer gilt), so ist (*) eine logische Folge von D6-7 (3). Also folgt non-(D6-7 (3)) aus non-(*). Die Negation von D6-7 (3) aber besagt gerade, *daß M keine η-Meßmethode mit Skaleninvarianz ist*. Die Negation von (*) und damit wieder der ‚Hauptteil' von D6-9 (3), ist also tatsächlich eine Verschärfung dieser Feststellung. Wir können die Art der Verschärfung sogar ganz genau beschreiben: M gestattet danach nicht nur bei mindestens einem Modell keine eindeutige Bestimmung der Funktionen $R_{i_1}, \ldots, R_{i_s}$, sondern gestattet bei *keinem* Modell eine derartige Bestimmung.

Die wichtigste Bedingung in der Theoretizitätsdefinition ist D6-9 (4). Danach gibt es eine η-partielle Struktur und ein zulässiges, also $\sim$-invariantes, Spezialgesetz G für T, so daß dieses G eine η-Meßmethode ist, die ein Meßmodell x mit $x_{-\eta} = z$ enthält. Wegen der obigen Betrachtungen zu (3) muß G sogar ein echtes, von M verschiedenes Spezialgesetz sein. (Letzteres ist keine Selbstverständlichkeit, da in D6-8 der Fall $G = M$ nicht ausgeschlossen wird!) Aus D6-7 folgt, daß die in x zu z hinzugetretenen Funktionen $R^x_{i_1}, \ldots, R^x_{i_s}$ durch das Spezialgesetz G bis auf Skaleninvarianz eindeutig bestimmt sind.

Man kann dies auch so ausdrücken: Es existiert eine partielle Struktur z sowie ein zulässiges echtes Spezialgesetz G, so daß in dem durch z erfaßten realen System die in z noch fehlenden restlichen Komponenten $R_{i_1}, \ldots, R_{i_s}$ durch G gemessen werden können.

6.5 Die Modifikation des Gähdeschen Kriteriums durch W. Balzer

BALZER knüpft an das Kriterium von GÄHDE an, nimmt darin aber die folgenden Änderungen vor:
Angesichts der Tatsache, daß es zumindest bestimmte Theorien gibt, in denen dem intuitiven Vorverständnis nach theoretische Terme auftreten, die

man bereits in gewissen Modellen der Theorie messen kann, wird *erstens* die Forderung (3) von D6-9, bzw. das Analogon dazu, fallen gelassen. Es wird also nicht mehr verlangt, daß für die theoriegeleitete Messung außer dem Fundamentalgesetz der Theorie noch mindestens ein Spezialgesetz herangezogen werden muß.

Zweitens wird die Relativierung des Kriteriums auf eine vorgegebene Gesetzesinvarianz, die sich in D6-9 (4) (a) findet, eliminiert. Dies geschieht aber natürlich nicht in der Form eines Rückfalls in die frühere Denkweise, wo derartige Invarianzen unberücksichtigt blieben. Vielmehr erfolgt diese Elimination dadurch, daß statt einer *gegebenen* Invarianz von vornherein *alle überhaupt möglichen Invarianzen* berücksichtigt werden, die in der Theorie auftreten. Das geschieht mittels des technischen Kunstgriffes, eine solche mögliche Invarianz als den *Spielraum* zu definieren, den eine Funktion R_i innerhalb der Klasse der Modelle hat, wenn sowohl die Basismengen als auch die übrigen Funktionen festgehalten werden.

Gestützt auf die Analyse konkreter Beispiele wird *drittens* das Kriterium, analog wie das ursprüngliche Sneedsche, wieder für einzelne Terme definiert und nicht, wie in D6-9 (4), für eine ganze Menge von Termen. Den inhaltlichen Unterschied kann man sich am besten dadurch klarmachen, daß man sich überlegt, wie die Bestimmung (4) von D6-9 zu ändern ist. In der dortigen Bestimmung (4) erfaßt der Index η genau die theoretischen Funktionen. Das partiale Modell z enthält lauter nicht-theoretische Funktionen. Und bei der Ergänzung von z zu demjenigen x, welches ein Meßmodell ist, werden gleichzeitig *alle* theoretischen Funktionen ergänzt. Die Bestimmung (4) von D6-9 verlangt somit, daß es möglich sei, *sämtliche* theoretischen Funktionen in einem *einzigen* Meßmodell simultan zu messen. Angenommen nun, man modifiziert diese Bestimmung (4) in der Weise, daß nur mehr von *einem* Term die Rede ist. Dann bleibt allein die Forderung übrig, daß *diese eine* theoretische Funktion meßbar sein soll, *wobei mögliche andere theoretische Funktionen bei der Messung als gegeben vorausgesetzt werden können*. Dies ist eine schwächere Forderung als die ursprüngliche. Denn es kann der Fall eintreten, daß man zwar jeden einzelnen theoretischen Term unter der Voraussetzung der übrigen theoretischen Terme messen kann, daß es jedoch nicht möglich ist, alle theoretischen Terme simultan zu messen unter der Voraussetzung bloß der nicht-theoretischen Terme. Wenn man die Beurteilung der Situation vom Standpunkt des nicht-theoretischen Teils einer Theorie als „absoluten Gesichtspunkt" bezeichnet, so läßt sich dies so ausdrücken: Unter absolutem Gesichtspunkt allein braucht eine Bestimmung der theoretischen Terme in einer Theorie überhaupt nicht möglich zu sein. Trotzdem ist in der fraglichen Theorie, sofern die obige Situation für sie gegeben ist, eine *wechselseitige* Messung theoretischer Terme durch nicht-theoretische *und andere theoretische Terme* möglich. In technischer Hinsicht bedeutet die Rückkehr zu einzelnen Termen eine Vereinfachung, da der gesamte zusätzliche Begriffsapparat, der mit „Index η für eine Theorie" und „M_{pp}^{η}" beginnt, jetzt überflüssig wird.

Die *vierte* Modifikation betrifft einen rein technischen Aspekt, nämlich die Folge der Quantoren in D6-9(4). Genauer gesprochen sind es drei Existenzquantoren, mit denen diese Aussage beginnt, nämlich: „*es gibt* eine η-partielle Struktur z, *es gibt* ferner eine η-Meßmethode G und *es gibt* ein x, so daß ...". Diese drei Quantoren lassen sich wie folgt auf einen einzigen reduzieren: Da G eine Meßmethode für die in x ergänzten Funktionen darstellt, ist x durch z und G bis auf Skaleninvarianz eindeutig festgelegt und braucht daher nicht eigens erwähnt zu werden. Dies ist die erste Reduktion. Ferner sind in jedem $y \in G$ die ergänzten Funktionen eindeutig durch den zu ersetzenden Teil $z' \in M_{pp}^\eta$ von y ($y_{-\eta} = z'$) und durch G bestimmt, weil ja G eine Meß*methode* ist. Wenn somit G gegeben ist, dann existiert nicht nur *ein* z, wie dies in (4) von D6-9 gefordert wird, sondern diese Bedingung ist für *alle* zu Meßmodellen von G ergänzbaren partiellen Strukturen erfüllt. (In der technischen Sprache der Teilstrukturen lautet dies: Die Bedingung gilt für alle ‚Redukte' z mit $\vee y \in G(z \sqsubset y)$.) Auch die Existenzbehauptung bezüglich z ist also überflüssig und die ganze Aussage kann mit der Wendung beginnen: „es gibt ein G, so daß G ein zulässiges Spezialgesetz und eine η-Meßmethode ist".

In der folgenden Definition wird in einer prima facie abstrakten Weise der oben (in Zusammenhang mit der zweiten Modifikation) erwähnte Spielraum, den die Funktion R_i^y in einem Modell $y \in M$ hat, definiert. Die im Teil (a) der Definition eingeführte Relation $x \simeq_i y$ läßt sich so verdeutlichen: Gegeben sei ein Modell y, in welchem an i-ter Stelle die Komponente R_i^y vorkommt. Dieses Glied werde durch R_i^x ersetzt, wobei diese Variation aber nur zulässig ist, wenn man dadurch nicht aus der Modellklasse herauskommt, d. h. wenn das Resultat der Ersetzung wieder ein Modell x ist. Dann und nur dann ist x M-i-äquivalent mit y. Im Teil (b) wird dann für $x \in M$ die Klasse $(x)_i$ der mit x M-i-äquivalenten Modelle eingeführt (ausführlicher könnte man das so umschreiben: „die Klasse der mit dem Modell x in bezug auf die i-te Komponente modelläquivalenten Varianten"; der Ausdruck „modelläquivalent" ist dabei als ein Hinweis darauf gedacht, daß alle Varianten selbst wieder Modelle sein sollen). $(x)_i$ erfaßt im folgenden Sinn für ein Modell $x \in M$ den Spielraum, den $\bar{R}_i$ in x hat: $(x)_i$ schließt genau alle Möglichkeiten ein, R_i^x so abzuändern, daß das Resultat wieder ein Modell ist.

D6-10 (a) $\simeq_i \subseteq M \times M$ ist definiert durch:
$x \simeq_i y$ (lies: „x ist M-i-äquivalent mit y") gdw $x = y_{-i}(R_i^x)$
(b) für $x \in M$ ist $(x)_i$ (lies: „*die Klasse der mit x M-i-äquivalenten Modelle*") definiert durch:
$(x)_i := \{y \in M | y \simeq_i x\}$.

Es gilt:

Th.6-1 $\simeq_i$ *ist eine Äquivalenzrelation auf M.*

Für den *Beweis* ist zu beachten, daß Reflexivität und Symmetrie trivial sind und daß die Transitivität nach D6-10(a) folgt.

Zum besseren Verständnis der folgenden Definition beachte man, daß die dortige Menge B potentieller Modelle in den praktischen Anwendungen ein (echtes oder unechtes) Spezialgesetz ist. Ein solches wird *M-i-invariant* genannt, wenn es invariant ist unter den in D6-10 präzise beschriebenen (und weiter oben erläuterten) Ersetzungen. Genauer gesprochen interessiert uns derjenige Teil von B, der Modelle enthält, also $M \cap B$. Jedes Element dieses Durchschnitts soll nach Ersetzung seiner i-ten Funktion durch eine andere, welche die $\simeq_i$-Äquivalenz erhält, in ein noch immer zu B gehörendes Element übergehen.

D6-11 Es sei $B \subseteq M_p$.
B heißt *M-i-invariant* gdw
$\wedge x (x \in M \cap B \rightarrow (x)_i \subseteq B)$.

In knapper umgangssprachlicher Formulierung: „Diejenigen $\simeq_i$-Äquivalenzklassen der Elemente von B, die außerdem Modelle sind, liegen ganz in B." Wenn B ein Spezialgesetz ist, so wird durch diese Definition der weiter oben beschriebene Gedanke präzisiert, daß B ‚allen erdenklichen Invarianzen' genügt.

Die Klasse $(x)_i$ der mit x M-i-äquivalenten Modelle ist der maximale Spielraum, den der Term $\bar{R}_i$ innerhalb der Theorie besitzt, wenn man die Theorie durch die Menge M repräsentiert. Nehmen wir die unten präzisierte Idee einer Meßmethode, formal dargestellt durch ein Spezialgesetz, vorweg, so besagt die Forderung der *M-i*-Invarianz eines Spezialgesetzes B folgendes: Der i-te Term, um dessen Bestimmung es geht, hat in dieser Meßmethode B denselben Spielraum wie M selbst, nämlich den *maximalen*, nicht aus M herausführenden Spielraum. Durch die Aufnahme dieser Forderung wird in D6-14 unten die Klasse der für die Bestimmung des i-ten Terms zulässigen Spezialgesetze in entscheidender Weise eingeschränkt.

Es gilt das trivial beweisbare Theorem

Th. 6-2 M ist *M-i-invariant*.

D6-12 G ist ein für $\bar{R}_i$ *zulässiges Spezialgesetz* (abgekürzt: $G \in Zul(M, i)$) gdw
(1) $G \subseteq M$;
(2) G ist eine Strukturspecies;
(3) G ist *M-i-invariant*.

Die Bestimmung (3) enthält die angekündigte Berücksichtigung aller Invarianzen. Es möge beachtet werden, daß das G dieser Definition kein echtes Spezialgesetz zu sein braucht, da M alle drei Bedingungen der Definition erfüllt.

In der folgenden Definition wird ein Gesetz als Meßmethode für den i-ten Term durch Fallunterscheidung eingeführt:

D6-13 G ist *eine Meßmethode* für $\bar{R}_i$ (abgek.: $G \in MM(i)$) gdw entweder
(a) jedes Element von $\bar{R}_i$ ist eine Funktion in einen Vektorraum V über einem geordneten Körper K, und G ist eine globale Meßmethode mit Skaleninvarianz für $\bar{R}_i$ (im Sinn von D6-6)

oder

(b) $\bar{R}_i$ enthält Elemente, die keine Funktion in einen Vektorraum V über einem geordneten Körper K sind, und G ist eine globale Meßmethode für $\bar{R}_i$ (im Sinn von D6-5).

Nach der folgenden Definition wird der Term $\bar{R}_i$ *T-theoretisch* genannt gdw es ein zulässiges, echtes oder unechtes Spezialgesetz in T gibt, welches eine Meßmethode für $\bar{R}_i$ ist, oder noch kürzer: wenn es in T eine zulässige Meßmethode für $\bar{R}_i$ gibt. „Zulässig" heißt dabei nach D6-11 und D6-12, daß die Meßmethode invariant ist unter denjenigen Ersetzungen oder Transformationen von $\bar{R}_i$, die nicht aus der Klasse der Modelle hinausführen.

D6-14 (Theoretizitätskriterium)[4]

(a) $\bar{R}_i$ ist *T-theoretisch* gdw
$\vee G\,(G \in Zul(M, i) \wedge G \in MM(i))$
(b) $\bar{R}_i$ ist *T-nicht-theoretisch* gdw $\bar{R}_i$ nicht *T*-theoretisch ist.

Der Term $\bar{R}_i$ ist also genau dann *T*-theoretisch im Sinne dieses Kriteriums, *wenn es ein für diesen Term zulässiges, echtes oder unechtes Spezialgesetz* (im Sinne von D6-12) *gibt, das zugleich eine Meßmethode* (im Sinne von D6-13) *für diesen Term bildet.* Für die präzise Deutung dieser Begriffsbestimmung braucht der Leser gegebenenfalls nur nochmals auf die inhaltlichen Erläuterungen zu den Ausdrücken „*M-i*-äquivalent", „$(x)_i$" (D6-10) und „*M-i*-invariant" zurückzugreifen.

Die Abschwächung des ursprünglichen Sneedschen Kriteriums für *T*-Theoretizität kommt auch diesmal dadurch zur Geltung, daß die mit „alle Meßmethoden für den i-ten Term" beginnende Wendung durch „es gibt eine Meßmethode für den i-ten Term" ersetzt wird, also durch den Übergang von der Allquantifikation zu der entsprechenden Existenzquantifikation.

6.6 Diskussion

Beide geschilderten Kriterien, das von GÄHDE sowie das von BALZER, stellen interessante Fortschritte gegenüber früheren Versuchen dar. Sie weichen jedoch erheblich voneinander ab. Die Frage stellen, welchem von beiden der Vorzug gegeben werden soll, heißt *das Problem der Adäquatheit von Kriterien für T-Theoretizität aufwerfen.*

Zunächst könnte man daran denken, sich mit der in [View], § 7, hervorgehobenen Unterscheidung zwischen allgemeiner und spezieller Wissenschaftstheorie zu behelfen. In der letzteren werden ausgewählte, spezielle Theorien analysiert, während die erstere über Theorien im allgemeinen spricht. (Die

---

4 Diese Fassung findet sich auch in W. BALZER, [Measurement], S. 22, D9, in etwas anderer Terminologie.

Grenze ist allerdings fließend, da man sich auf Theorien *bestimmter Arten* beziehen kann, wobei es bezüglich dieser Arten wiederum verschiedene Allgemeinheitsstufen gibt.)

Man könnte nun die Auffassung vertreten, daß man sich in der allgemeinen Wissenschaftstheorie darauf beschränken müsse, ein allgemeines Rahmenkriterium zu formulieren, welches dann in der speziellen Wissenschaftstheorie, unter Berücksichtigung der Besonderheiten der dort studierten Theorien, entsprechend zu modifizieren wäre. Unter Zugrundelegung dieses Gesichtspunktes läge es nahe, das von BALZER entwickelte Kriterium als ein zur allgemeinen Wissenschaftstheorie gehörendes *Rahmenkriterium* aufzufassen, das von GÄHDE formulierte Kriterium hingegen als ein *auf die Theorie KPM und verwandte Theorien zugeschnittenes spezielles Kriterium* zu interpretieren.

Diese schematische Gegenüberstellung von allgemeiner und spezieller Wissenschaftstheorie bildet jedoch nur ein Provisorium, das schließlich durch eine endgültige Klärung der Natur der T-Theoretizität abgelöst werden sollte. Wir wollen im folgenden einige prinzipielle, durch U. GÄHDE angeregte Betrachtungen anstellen, die es ermöglichen sollen, auch im allgemeinen Fall eine Entscheidung zugunsten einer ganz bestimmten Alternative herbeizuführen.

Unangefochten bestehen bleiben soll bei all diesen Betrachtungen die Sneedsche Grundintuition, gemäß welcher T-theoretische Größen solche sind, die in wesentlich T-abhängiger Weise gemessen werden. Diese Grundintuition, im folgenden gelegentlich auch als „Sneed-Intuition" bezeichnet, steckt für uns den allgemeinen Rahmen ab, innerhalb dessen die Diskussion erfolgen und zur Formulierung genauerer Forderungen gelangen soll. Daß sie auch *nur* einen solchen allgemeinen Rahmen festlegt, innerhalb dessen wir noch auf einen relativ großen Unbestimmtheitsspielraum stoßen, kann man sich folgendermaßen klarmachen: Erstens wird in der Sneed-Intuition vom präsystematischen Begriff der Theorie Gebrauch gemacht. Wie wir wissen, entsprechen diesem Begriff verschiedene systematische Gegenstücke. Je nachdem, welches davon man wählt, erhält man u. U. ein anderes Ergebnis. Wird „Theorie" z. B. im Sinn von „Basiselement" gedeutet, so greift man in dem Kriterium nur auf die Grundgesetze zurück. Versteht man darin dagegen „Theorie" im Sinne von „Theoriennetz", so liegt es nahe, den Begriff der T-abhängigen Messung so zu deuten, daß darin auch auf Spezialgesetze Bezug genommen wird. Zweitens läßt es das Kriterium, zumindest prima facie, offen, welche möglichen Abhängigkeitsverhältnisse zwischen T-theoretischen und T-nicht-theoretischen Größen bestehen können. Wir werden zunächst bei diesem zweiten Punkt ansetzen und hier den durch das intuitive Kriterium belassenen Spielraum einzuengen versuchen.

(I) Die Nichtdefinierbarkeitsforderung

Die schärfste Form von Abhängigkeitsverhältnis eines Begriffs einer Theorie von den restlichen Begriffen dieser Theorie liegt dann vor, wenn der erstere durch die letzteren eindeutig bestimmt wird. Nach allem, was bisher über den Unterschied zwischen T-Theoretizität und T-nicht-Theoretizität gesagt worden ist, wird man von vornherein erwarten, *daß die T-theoretischen Terme nicht durch T-nicht-theoretische eindeutig bestimmt sind.* Wir nennen dies die *Nichtdefinierbarkeitsbedingung* oder *Nichtdefinierbarkeitsforderung*.

Man kann dieser Forderung eine starke und eine schwache Fassung geben. Die *starke* Version besagt: „Die T-theoretischen Terme einer vorgelegten Theorie T dürfen in bezug auf jedes Modell von T nicht durch die T-nicht-theoretischen Terme mit Hilfe der Axiome von T eindeutig bestimmt sein." Die schwache Fassung entsteht daraus dadurch, daß man die Wendung „in bezug auf jedes Modell" ersetzt durch „in bezug auf mindestens ein Modell". Sie lautet also: „Die T-theoretischen Terme einer vorgelegten Theorie T dürfen in bezug auf mindestens ein Modell von T nicht durch die T-nicht-theoretischen Terme mit Hilfe der Axiome von T eindeutig bestimmt sein."

Die Rechtfertigung für die Bezeichnung „Nichtdefinierbarkeitsforderung" liegt darin, daß die schwache Fassung mit der Forderung der Nichtdefinierbarkeit im streng logischen Sinn gleichwertig ist, während die starke Fassung die Nichtdefinierbarkeit im streng logischen Sinn zur Folge hat.

Wenn wir das Tupel aller theoretischen Funktionen (im augenblicklichen Kontext) durch „t^*" abkürzen, so läßt sich die starke Fassung unter Verwendung des in 6.3 eingeführten Symbolismus folgendermaßen formalisieren:

$$\wedge x \in M : \neg \wedge y (y \in M \wedge x_{-t^*} = y_{-t^*} \rightarrow x = y), \text{ d.h.}$$
$$\wedge x \in M \vee y \in M (x_{-t^*} = y_{-t^*} \wedge x \neq y)$$

(umgangssprachlich: „in keinem Modell von T sind die T-theoretischen Terme durch die T-nicht-theoretischen eindeutig festgelegt"). In der schwachen Version ist der Allquantor „$\wedge x$" einfach durch den entsprechenden Existenzquantor „$\vee x$" zu ersetzen.

Für die folgenden Überlegungen werden wir *die starke Fassung* verwenden, und zwar aus zwei Gründen. Erstens ist es nur die starke Fassung, welche die uns im folgenden besonders interessierenden ‚holistischen Züge' garantiert. Zweitens ist die schwache Fassung damit verträglich, daß in besonders gelagerten speziellen Fällen sukzessive eine eindeutige Bestimmung theoretischer Funktionen durch die nicht-theoretischen erfolgt, nämlich über schrittweise Erweiterungen der intendierten Anwendungen und bei Heranziehung geeigneter Querverbindungen. (Dieser soeben angedeutete Aspekt harrt noch einer genaueren systematischen Untersuchung.)

Diejenige Fassung, auf welche wir im folgenden stets zurückgreifen werden, schreiben wir nochmals ausdrücklich an:

(ND) *Die T-theoretischen Terme einer vorgegebenen Theorie T sind in keinem Modell von T durch die T-nicht-theoretischen Terme von T eindeutig festgelegt*, formal:

$$\wedge x \in M : \neg \wedge y\, (y \in M \wedge x_{-t^*} = y_{-t^*} \rightarrow x = y).$$

Wir kommen nun auf die inhaltlichen Argumente zugunsten von (**ND**) zu sprechen:

(1) Angenommen, mindestens ein theoretischer Term könnte in bezug auf mindestens eine Anwendung durch die nicht-theoretischen Terme mittels der Axiome eindeutig bestimmt werden. Dann ergäbe sich ein Widerspruch zur Sneed-Intuition. Das läßt sich am besten über *das Problem der theoretischen Terme* einsehen. Dieses Problem ist, wie wir wissen, eine unmittelbare Folge des intuitiven Kriteriums für T-Theoretizität: Bei jeder Bestimmung der Funktionswerte einer T-theoretischen Funktion müssen die Axiome von T als gültig vorausgesetzt werden. Könnte der T-theoretische Term t mittels der Axiome von T durch die T-nicht-theoretischen Funktionen eindeutig bestimmt werden, so würde dies bedeuten, daß man aus den Axiomen von T die entsprechende Definitionsgleichung für t ableiten könnte. Das Problem der theoretischen Terme würde dann, in Anwendung auf t, in die Frage transformiert, ob es zweckmäßig sei, diese Definition zu akzeptieren.

Das widerspricht offensichtlich der Fassung dieses Problems bei SNEED. Mit dem Problem der theoretischen Terme sollte ein echtes und schwieriges Problem angedeutet werden, nicht jedoch eine triviale Frage von der Art, ob es zweckmäßig sei, eine bestimmte Nominaldefinition anzunehmen oder nicht.

(2) Man kann die Begründung auch von der Seite der *Lösung* des Problems der theoretischen Terme her ansehen, also vom Ramsey-Sneed-Satz aus. An früherer Stelle gelangten wir zu der Feststellung, daß dies die einzige heute bekannte Lösung dieses Problems ist. Auf diese Lösung, nämlich die Ersetzung der theoretischen Terme durch existentiell quantifizierte Variable, könnte man jedoch vollkommen verzichten, wenn die theoretischen Terme durch die nicht-theoretischen eindeutig bestimmt wären. Wir hätten nichts anderes zu tun als jeden theoretischen Term an allen Stellen seines Vorkommens durch sein nicht-theoretisches Äquivalent zu ersetzen. Die empirische Behauptung einer Theorie könnte also trotz des Auftretens theoretischer Terme ohne zusätzliche Existenzquantifikation auf rein nicht-theoretischer Ebene formuliert werden. Oder anders formuliert: Man könnte den Gehalt des Ramsey-Sneed-Satzes ohne Verlust an empirischer Information auf eine nicht-theoretische Aussage ohne Existenzquantifikation ‚zurückspielen'.

Eines derjenigen Probleme, welches man in jedem konkreten Fall vermutlich nicht ohne formalsprachliche Methoden erörtern kann, ist das Problem der Ramsey-Eliminierbarkeit. Für SNEED ist dies ein schwieriges und meist ungelöstes Problem. Mit der eindeutigen Bestimmbarkeit theoretischer Terme durch nicht-theoretische hätten wir jedoch unmittelbar eine triviale positive Lösung dieses Problems gewonnen.

Die beiden in (1) und (2) angestellten Überlegungen zeigen nur, daß die Nichtdefinierbarkeitsforderung eine *notwendige* Bedingung für Theoretizität ist. (Daß sie auch eine hinreichende Bedingung liefert, war von vornherein nicht zu erwarten; es wäre ja eine ganz unplausible Annahme, (ND) als eine Aussage zu verwenden, die mit dem Theoretizitätskriterium gleichwertig wäre!)

Bevor wir ein letztes Argument vorbringen, welches von völlig anderer Natur ist als die beiden bisher angeführten, machen wir uns klar, welche Folgerung aus (ND) zu ziehen ist. Dazu eine kurze Vorbemerkung.

Die Nichtdefinierbarkeitsforderung darf *nicht* in der folgenden Weise gedeutet werden:

(ND*) *Die T-theoretischen Terme einer vorgegebenen Theorie T dürfen in keiner Anwendung von T durch die übrigen Terme von T mit Hilfe der Axiome von T eindeutig bestimmt sein.*

Als Begründung dafür betrachte man die Massenfunktion m von *KPM* in solchen Anwendungen, in denen die Beschleunigung für kein Objekt des Gegenstandsbereiches stets gleich Null ist. Bezüglich dieser Anwendungen ist m durch die (nicht-theoretische) Ortsfunktion sowie die (theoretische) Kraftfunktion mit Hilfe des zweiten Newtonschen Axioms eindeutig bestimmbar. Dieses Resultat zeigt, daß die Annahme der Forderung (ND*) zu einer zu starken Einengung des Begriffs der T-Theoretizität führen würde. Denn die Massenfunktion wäre danach, da sie diese neue notwendige Bedingung für Theoretizität nicht erfüllt, eine *KPM*-nicht-theoretische Funktion.

Insgesamt hat die bisherige Diskussion also folgendes ergeben:

(a) Der Verzicht auf (ND) würde zu einem *viel zu liberalen* Begriff des theoretischen Terms führen (nämlich zum Einschluß von solchen Termen in die Klasse der theoretischen, die durch die nicht-theoretischen eindeutig bestimmbar wären). Die Annahme von (ND*) hingegen würde zu einer *viel zu starken Einschränkung* des Begriffs des theoretischen Terms führen (wie das eben gebrachte Beispiel zeigt).

Die Ausschaltung der Nichtdefinierbarkeitsforderung in der Form (ND*) als zu stark legt es nahe, bei der Suche nach denjenigen Funktionen, die als T-theoretisch auszuzeichnen sind, *nicht* so zu verfahren, daß man jede in T *einzeln* auftretende Funktion hinsichtlich ihrer Definierbarkeit durch die restlichen Funktionen mit Hilfe der Axiome überprüft. Als einzige Alternative dazu bietet sich ein Verfahren an, welches man *die Methode der simultanen Suche nach den theoretischen Funktionen* nennen könnte. Wir halten es in der folgenden Aussage fest:

(i) Es sei $F = \{f_1, \ldots, f_s\}$ die Klasse der in T vorkommenden Relationen. Es sind sämtliche möglichen, erschöpfenden Zerlegungen von F in zwei disjunkte Teilklassen F_1 und F_2 zu betrachten (also $F = F_1 \cup F_2$ und $F_1 \cap F_2 = \emptyset$). Diejenigen unter diesen Zerlegungen, bei denen die Relationen aus F_2 durch die Relationen aus F_1 mittels der Axiome definierbar sind, kommen nicht als Zerlegungen in die Klasse der T-theoretischen Funktionen F_2 und die Klasse der T-nicht-theoretischen Funktionen F_1 in Frage.

Hier wird also gewissen denkbaren Zerlegungen eine Kandidatur dafür, die korrekte theoretisch – nicht-theoretisch – Dichotomie zu liefern, abgesprochen.

Das Funktionieren des Kriteriums (**ND**) am Beispielsfall *KPM* kann man durch die Konstruktion einer Tabelle veranschaulichen, deren Spalten alle denkbaren Zerlegungen der Klasse $F^* = \{s, m, f\}$ enthält und in der überdies diejenigen Fälle durchgestrichen sind, die durch (**ND**) ausgeschlossen werden:

nicht-theoretisch	$\emptyset$	s	m	f	s,m	~~s,f~~	m,f	s,m,f
theoretisch	s,m,f	m,f	s,f	s,m	f	~~m~~	s	$\emptyset$

Tatsächlich wird hier nur ein einziger Fall eliminiert, nämlich der sechste, für den angenommen wurde, m sei *KPM*-theoretisch, s und f hingegen seien *KPM*-nicht-theoretisch. Die Begründung dafür haben wir weiter oben gegeben: In denjenigen Anwendungen, in welchen für kein Objekt die Beschleunigungen verschwinden, ist m durch s und f mit Hilfe des zweiten Newtonschen Axioms eindeutig bestimmt. Alle anderen Kombinationen bleiben weiterhin mögliche Kandidaten der Unterteilung; denn in allen diesen Fällen sind die im unteren Teil einer Spalte angegebenen Funktionen nicht durch die in der oberen Zeile dieser Spalte angeführten Funktionen eindeutig bestimmbar.

Das Beispiel liefert zugleich eine Illustration dafür, daß die Bedingung (**ND**) nur ein *negatives* Kriterium zur Ausschaltung potentieller Kandidaten für die Dichotomie bildet.

Wir können die vorangehenden Betrachtungen wie folgt zusammenfassen: Bei dem Versuch, die Sneed-Intuition zu präzisieren, sind wir auf die Nichtdefinierbarkeitsforderung (**ND**) der theoretischen durch die nicht-theoretischen Terme gestoßen. Dies sowie die zusätzliche Überlegung, wonach die Nichtdefinierbarkeitsforderung nicht in der Gestalt (**ND***) formuliert werden darf, bildete nur ein Mittel für den speziellen Zweck, die Methode der simultanen Suche nach den theoretischen Funktionen in Gestalt der Aussage (**i**) nahezulegen und zu präzisieren.

(3) Schließlich tragen wir noch ein drittes Argument zugunsten der Nichtdefinierbarkeitsforderung nach. Als zusätzliche Prämisse wird hier die Annahme benötigt, daß es einen *holistischen Aspekt von Theorien* gibt, der einer Erklärung bedarf. Der fragliche Aspekt besteht in den von DUHEM und QUINE betonten alternativen Revisionsmöglichkeiten im Falle eines Konfliktes zwischen Theorie und Erfahrung. Dieser Sachverhalt soll in Kap. 7 genauer analysiert werden. Wie dort gezeigt werden wird, beruht die Möglichkeit alternativer Revisionen darauf, daß die theoretischen Funktionen bei vorgegebenen nicht-theoretischen Funktionen durch die Axiome nicht eindeutig festgelegt werden. Vielmehr lassen die Axiome einen Spielraum offen, der durch die einzelnen Revisionsalternativen in verschiedener Weise ausgeschöpft wird,

so daß diesen Alternativen extensional verschiedene theoretische Funktionen entsprechen.

(II) Die Rolle der Spezialgesetze

Wir wenden uns jetzt der Klärung der ersten zu Beginn dieses Unterabschnittes angeführten Frage zu, die sich aus dem präsystematischen Gebrauch von „Theorie" in der intuitiven Fassung des Sneedschen Kriteriums ergab, nämlich der Frage, ob *Spezialgesetze* in die Formulierung des Kriteriums für *T*-Theoretizität einbezogen werden sollen. Die vorangestellte ausführliche Diskussion der Nichtdefinierbarkeitsforderung wird, wie wir sofort erkennen werden, die Erörterung dieses Problems wesentlich abkürzen und vereinfachen. Tatsächlich werden wir für die Gewinnung einer Konklusion nur zwei Prämissen benötigen.

Die *erste Prämisse* besteht in einem bereits in (I) gewonnenen Resultat, nämlich in der Nichtdefinierbarkeitsforderung, wonach die theoretischen Funktionen bei Vorgabe der nicht-theoretischen aufgrund der Axiome nicht eindeutig festgelegt sind.

Die *zweite Prämisse* greift den Gedanken auf, den PUTNAM in eindrucksvoller Bildsprache so formuliert hat, daß die *T*-theoretischen Funktionen ‚*von der Theorie T herkommen*' sollen. Nach Übersetzung in den strukturalistischen Apparat beinhaltet dieser Gedanke: Die *T*-theoretischen Funktionen sollen, wenn auch nicht unter Voraussetzung der Axiome allein, so doch unter Voraussetzung der Axiome sowie weiterer einschränkender Bedingungen bei Vorgabe der nicht-theoretischen Funktionen eindeutig bestimmbar sein. Solche weitere einschränkende Bedingungen werden bei Benützung des quasilinguistischen Vorgehens, d.h. der Methode der mengentheoretischen Prädikate, dadurch gewonnen, daß man vom Grundprädikat der Theorie zu einer geeigneten *Prädikatverschärfung* übergeht. Dies aber bedeutet nichts anderes als die Einbeziehung von Spezialgesetzen. Aus den früher angegebenen Gründen kommen dabei nur *zulässige* Prädikatverschärfungen in Frage, d.h. solche, welche die mit der Theorie verbundenen Invarianzforderungen erfüllen.

Die Bedingung, daß die *T*-theoretischen Funktionen von der Theorie *T* herkommen sollen, läuft somit auf die Forderung hinaus, daß *echte* Spezialgesetze von *T*, welche die einschlägigen Invarianzforderungen erfüllen, gefunden werden können, durch die im Verein mit den Axiomen der Theorie *T* die theoretischen Funktionen bei Vorgabe der nicht-theoretischen eindeutig bestimmt sind. Daß für die Bestimmung der theoretischen Funktionen außer den Axiomen (und grundlegenden Querverbindungen) zusätzlich Spezialgesetze benötigt werden, ist somit eine Folge dessen, daß erstens die theoretischen Terme durch die Axiome allein nicht eindeutig bestimmt werden und daß zweitens dennoch die theoretischen Funktionen in dem Sinn ‚von der Theorie herkommen', daß die Theorie bei ihrer Bestimmung eine unverzichtbare Rolle spielt. Wenn diese unverzichtbare Rolle nicht in den Grundgesetzen und allgemeinen

Constraints allein zur Geltung gelangen kann, muß sie dadurch zur Geltung kommen, daß zusätzlich zu den Grundgesetzen und allgemeinen Querverbindungen Spezialgesetze mit herangezogen werden. Wir halten dies in der folgenden These fest:

(ii) Da die unverzichtbare Rolle einer Theorie bei der Bestimmung der theoretischen Funktionen nicht darin bestehen kann, daß die Axiome und allgemeinen Constraints die theoretischen Relationen bei der Vorgabe der nicht-theoretischen eindeutig bestimmen, muß sie darin bestehen, daß diese eindeutige Bestimmung durch die zusätzliche Heranziehung geeigneter, die einschlägigen Invarianzen erfüllender Spezialgesetze erfolgt.

Zusammenfassend können wir folgendes feststellen: Die beiden Hauptresultate unserer Überlegungen sind in den beiden Sätzen (i) und (ii) festgehalten. Während für (ii) eine vollständige Begründung gegeben worden ist, genügte die Nichtdefinierbarkeitsforderung (ND) nicht, um (i) zwingend zu begründen, sondern allein dafür, diese Annahme nahezulegen. Akzeptiert man diese beiden Thesen, so ist bei der Ermittlung der Theoretizität von Funktionen zum einen die Methode der simultanen Suche nach den theoretischen Funktionen anzuwenden und zum anderen besteht bei dieser Suche der Zwang zur Einbeziehung von Spezialgesetzen.

Damit dürfte auch auf philosophischer Ebene und für den allgemeinen Fall ein wichtiger Beitrag zur Präzisierung der Sneed-Intuition geleistet worden sein. Als wichtiges Nebenresultat haben wir dabei die Erkenntnis gewonnen, daß die mit der Theorie T assoziierten Invarianzen in die Definition der T-Theoretizität Eingang finden; denn nur solche Spezialgesetze sind zulässig, die diese Invarianzen erfüllen.

Da die in diesem Kapitel angestellten Überlegungen zwar zusätzliche Klarheit brachten, jedoch zu keinem in jeder Hinsicht zwingenden Resultat führten, ist auch unsere Wahl in den noch folgenden Anwendungen des Theoretizitätskriteriums nicht von vornherein eindeutig festgelegt. Eine solche Wahl wird an zwei Stellen erforderlich werden: in dem unmittelbar folgenden Kapitel 7 sowie im Kapitel 14 bei der Behandlung verschiedener nichtphysikalischer Beispiele. Dabei soll die folgende Strategie zur Anwendung gelangen: In Kap. 7 werden im Anschluß an die Untersuchung von GÄHDE die holistischen Konsequenzen der Theoretizität von Massen- und Kraftfunktion in der klassischen Partikelmechanik untersucht. Da für diesen Fall die Adäquatheit des Gähdeschen Kriteriums außer Zweifel zu stehen scheint und GÄHDE selbst den strengen Nachweis der KPM-Theoretizität der Funktionen m und f erbracht hat, legen wir hier das *Gähdesche Kriterium* zugrunde. Bezüglich der neuen Anwendungen von Kap. 14 machen wir die folgende Unterteilung: In denjenigen Fällen, wie etwa dem literaturwissenschaftlichen Beispiel, in denen kein für die Anwendung eines formalen Kriteriums erforderlicher Präzisionsgrad erzielbar ist, werden wir stets auf *die ursprüngliche Sneed-Intuition* zurückgreifen. Und in den übrigen Fällen soll dort das *Kriterium von* BALZER benützt werden. Die

Begründung dafür ist die folgende: In diesen und vermutlich in vielen analogen Fällen wird es bereits durch die fachwissenschaftlichen Untersuchungen nahegelegt, bestimmte Relationen oder Funktionen als theoretisch auszuzeichnen. Es geht dann nur mehr darum, diese Vermutung durch einen formalen Nachweis zu untermauern. Häufig kommt sogar von vornherein nur eine einzige, bestimmte Funktion als möglicher Kandidat für Theoretizität in Frage. In diesen Fällen führt das Kriterium von BALZER viel rascher zum Ziel, da es wesentlich leichter zu handhaben ist als das Kriterium von GÄHDE. Es sind also rein praktische Erwägungen, welche im letzten Kapitel dieses Buches den Ausschlag zugunsten einer bestimmten Variante des Theoretizitätskriteriums geben werden.

Literatur

BALZER, W. [Empirical Claims], "Empirical Claims in Exchange Economics", in: W. STEGMÜLLER, W. BALZER und W. SPOHN (Hrsg.), *Philosophy of Economics*, Berlin-Heidelberg-New York 1982, S. 16–40.

BALZER, W. [Messung], *Messung im strukturalistischen Theorienkonzept*, Habilitationsschrift, München 1982 (erscheint unter dem Titel *Theorie und Messung* bei Springer).

BALZER, W. [Measurement], "Theory and Measurement", *Erkenntnis* 19 (1983), S. 3–25.

BALZER, W. "On a New Definition of Theoreticity", erscheint in *Dialectica* 1985.

BALZER, W. und C.U. MOULINES [Theoreticity], "On Theoreticity", *Synthese* 44 (1980), S. 467–494.

GÄHDE, U. [*T*-Theoretizität], *T-Theoretizität und Holismus*, Frankfurt a.M.-Bern 1983.

KAMLAH, A. [Definition], "An Improved Definition of 'Theoretical in a Given Theory'", *Erkenntnis* 10 (1976), S. 349–359.

LANG, S. *Algebra*, Reading, Mass., 1971.

PEARCE, D. "Comments on a New Criterion of Theoreticity", *Synthese* 48 (1981), S. 77–86.

TUOMELA, R. [Theoretical], *Theoretical Concepts*, Wien-New York 1973.

Kapitel 7
T-Theoretizität und Holismus. Eine Präzisierung und Begründung der Duhem-Quine-These

7.1 Begründung für die Wiederaufnahme der Fragestellung

Eine neuartige Beschäftigung mit dem Holismus in Gestalt der ‚Duhem-Quine-These‘, wie LAKATOS diesen nannte, wurde bereits in II/2, IX,8 angebahnt. In den früheren Diskussionen zum Thema „Holismus" stand fast immer der *Bestätigungsaspekt* im Vordergrund. Die holistische These selbst wurde häufig etwa in folgender Gestalt formuliert: „Isolierte naturwissenschaftliche Hypothesen sind überhaupt nicht nachprüfbar. Was empirisch getestet werden kann, ist zu jedem historischen Zeitpunkt nur die Totalität aller zu diesem Zeitpunkt akzeptierten Hypothesen." Und die Gegner des holistischen Standpunktes, ‚Induktivisten‘ wie ‚Deduktivisten‘, waren darum bemüht, nachzuweisen, daß und unter welchen genaueren Bedingungen dennoch *einzelne* Hypothesen aus dem Gesamtkomplex unseres provisorischen Wissens isoliert und einer gesonderten Nachprüfung unterzogen werden könnten.

Diese Meinungsverschiedenheit zwischen Holisten und ihren ‚atomistischen‘ Gegnern beruht auf der Voraussetzung, daß zwischen einer individuellen Hypothese einerseits und der Totalität des empirischen Wissens andererseits ein Unterschied besteht. In dieser allgemeinen Formulierung läßt sich die Voraussetzung auch kaum bestreiten. Die Situation ändert sich jedoch grundlegend, sobald wir die Totalität des Wissens einschränken auf die Gesamtheit *des durch eine Theorie T vermittelten Wissens*, das Wort „Theorie" wieder in dem globalen Sinn verstanden, in welchem es in diesem Buch durchgehend und ausschließlich benutzt worden ist. Denn dann muß wegen des Vorkommens T-theoretischer Terme dieses empirische Gesamtwissen durch eine einzige unzerlegbare Aussage, nämlich durch den dem jeweiligen Zustand der Theorie – repräsentiert durch einen erweiterten Strukturkern oder ein Netz von Theorie-Elementen – entsprechenden zentralen empirischen Satz oder Ramsey-Sneed-Satz der Theorie ausgedrückt werden. Die einzige Vorsichtsklausel, die man hier einschieben müßte, wäre: „solange keine von dem Ramsey-Verfahren grundsätzlich verschiedene Lösung des Problems der theoretischen Terme bekannt ist." Diese Klausel setzen wir im folgenden stets stillschweigend voraus.

Damit ist aber den herkömmlichen Einwänden gegen den Holismus von vornherein das Wasser abgegraben, und der Holist braucht bei den zweifellos recht diffizilen Auseinandersetzungen innerhalb der Bestätigungsproblematik überhaupt keine Stellung zu beziehen. Er *darf* davon ausgehen, *daß die Wissenschaft ‚holistisch fortschreitet'*, ganz gleichgültig, wie der Streit zwischen Vertretern eines ‚deduktivistischen Bewährungskonzeptes' und ‚Induktivisten' ausgehen mag und natürlich auch, welchen *speziellen* Trend innerhalb des Induktivismus man gegebenenfalls vorziehen sollte, wie z.B. ‚Bayesianismus', ‚induktive Logik', ‚entscheidungstheoretische Rekonstruktion rationaler Hypothesenwahl' usw.

Darin also besteht die eingangs angesprochene *Neuartigkeit* der Beschäftigung mit dem Holismus; sie betrifft sowohl die Explikation dieses Konzeptes als auch seine Begründung. Keineswegs soll damit behauptet werden, daß sich wegen dieser völligen Unabhängigkeit von der Bestätigungsproblematik eine weitere und detailliertere Beschäftigung mit dieser Thematik erübrigt. Ganz im Gegenteil! Mit Absicht war in II/2, IX,8 im Zusammenhang mit der Klärung des Begriffs des Holismus nur von ‚ersten Schritten' die Rede. Zwar betraf die dort so genannte Entmythologisierung – oder vielleicht besser: ‚Ent-Irrationalisierung' – hauptsächlich die Verschärfung und Radikalisierung der holistischen Position durch die beiden Thesen von KUHN und FEYERABEND. Und der bereits gegebenen Kommentierung dieser Verschärfung haben wir hier nichts hinzuzufügen. Doch war an jener früheren Stelle die vorsichtige Formulierung auch deshalb erwähnt worden, um die Möglichkeit weiterer Fortschritte in der Klärung der holistischen Position offen zu lassen, sofern sich hier neue Gesichtspunkte ergeben. Damit sind wir auf die Frage zurückverwiesen, ob wir berechtigt sind, bereits heute von solchen neuen Gesichtspunkten zu sprechen.

Dies ist tatsächlich der Fall. Den Ausgangspunkt kann die pauschale Feststellung bilden, daß der Holismus der empirischen Behauptungen wegen des neuen Theoretizitätskonzeptes trivial richtig ist. Darin liegt bereits die Vermutung beschlossen, daß eine erfolgreiche Präzisierung des Begriffs der *T*-Theoretizität eine vertiefte Einsicht in die Natur dieses Holismus vermittelt. Nun haben wir in Kap. 6 festgestellt, daß mit dem Übergang vom ‚präsystematischen', auf pragmatische Begriffe relativierten Konzept der *T*-Theoretizität von SNEED zu der ‚innersystematischen', von jeder pragmatischen Relativierung befreiten Fassung in der Gestalt des Gähdeschen Kriteriums ein bedeutsamer Fortschritt erzielt worden ist. Es ist daher von vornherein zu erwarten, daß dieser Fortschritt auf das Thema „Holismus" ausstrahlt.

Die Erwartung hat sich erfüllt. Sowohl in bezug auf den Inhalt der holistischen These als auch in bezug auf deren Genauigkeitsgrad sind die dabei erzielten Ergebnisse zum Teil überraschend. Wir werden im folgenden darüber berichten.

7.2 Die realistische Miniaturtheorie T*

GÄHDE hat in [T-Theoretizität], Kap. 6, für den Zweck einer genaueren Analyse der Konsequenzen seines Kriteriums für T-Theoretizität eine Miniaturtheorie T^* entworfen. Zunächst eine Vorbemerkung zu diesem Term „Miniaturtheorie".

Wenn Wissenschaftsphilosophen diesen Ausdruck verwenden, so verstehen sie darunter gewöhnlich entweder ein stark vereinfachtes Beispiel aus dem vorwissenschaftlichen Alltag oder ein ‚fiktives' abstraktes Beispiel, das nicht im Sinne einer ‚wirklichen wissenschaftlichen Theorie' deutbar ist. Von dieser letzten Art war auch die in II/2, VIII,2b eingeführte Miniaturtheorie m, die mehrmals für Illustrationszwecke herangezogen worden ist. (Den anschaulichen Hintergrund von m bildet zwar die in Kap. 1 geschilderte *archimedische Statik*. Doch ist diese nach heutiger Überzeugung *keine ernstzunehmende* Theorie mehr, es sei denn, man deutet den in ihr vorkommenden Term „Gewicht" als „Masse". Dann hört sie aber auf, eine *eigenständige* Theorie zu sein.)

Zum Unterschied von allen solchen Fällen ist die Theorie T^* in bezug auf ihr theoretisches Gerüst, also ihren Kern, eine *echte naturwissenschaftliche Theorie*, und zwar die klassische Partikelmechanik (vgl. II/2, D1 bis D3 auf S. 108–110, oder hier: D8-16 und D8-17), zusammen mit zwei Spezialgesetzen. Der Miniaturcharakter von T^* tritt erst bei der Wahl der intendierten Anwendungen zutage: Es wird eine sehr begrenzte Zahl von Anwendungen mit einer ebenfalls stark begrenzten Anzahl von Objekten (Partikeln) zugrunde gelegt. Diese Konstruktion wird sich im vorliegenden Fall als äußerst nützlich erweisen, und zwar aus folgendem Grund: Reale empirische Theorien sind für Beispielsanalysen nicht deshalb schwer zu gebrauchen, weil ihre Gesetzmäßigkeiten zu kompliziert sind, sondern weil ihre Anwendungsklassen außerordentlich groß sind und sich die einzelnen Anwendungen überdies meist in komplizierter Weise überlappen. Insbesondere gibt es dann u. U. unüberschaubar viele Möglichkeiten, bei Scheitern des zentralen empirischen Satzes der Theorie (wegen seines Konflikts mit den erzielten Meßdaten) solche Änderungen vorzunehmen, die den Konflikt zwischen empirischer Behauptung und Meßdaten zum Verschwinden bringen. Wenn man dagegen die Anwendungsklasse, wie im Fall von T^*, stark limitiert, dann lassen sich die den Konflikt beseitigenden Möglichkeiten der Abänderung im Detail verfolgen.

Anmerkung. Im Grunde ist damit ganz allgemein ein weiterer Vorzug des Sneedschen Formalismus aufgezeigt worden. Durch die Darstellung als Paar $\langle K, I \rangle$ mit ‚theoretischem' Teil K und ‚Anwendungsteil' I wird es möglich, Miniaturtheorien zu konstruieren, deren K aus der ‚wirklichen' Naturwissenschaft stammt, deren I hingegen im Vergleich zur realen Situation künstlich stark eingeschränkt wird, um die erwähnte Überschaubarkeit zu gewährleisten. Es ist zu hoffen, daß unter diesem Gesichtspunkt konstruierte Theorien auch in Zukunft zur Gewinnung neuer wissenschaftstheoretischer Einsichten dienen werden.

Wir bezeichnen die nach diesem Schema gebildete Theorie T^* als eine *realistische* Miniaturtheorie, weil ihr theoretischer Aufbau zur Gänze aus einer echten physikalischen Theorie, nämlich der Newtonschen Physik, entnommen worden ist.

Bei der Schilderung von T^* soll an die ursprüngliche, in II/2, VIII,7 gewählte Darstellung angeknüpft werden. Daß wir die dortige ‚Methode der erweiterten Strukturkerne' in Kap. 1 und 2 zugunsten der ‚Methode der Theoriennetze' preisgaben, hatte einen vorwiegend praktischen Grund, der *allgemeine* Untersuchungen und die Beweise ihrer Resultate betraf: Die komplizierte ‚Zuordnungsrelation' α im Sinn von II/2, D9,(5) auf S. 191, welche mit jedem Spezialgesetz die ihm zugedachten intendierten Anwendungen assoziiert, erwies sich für solche Zwecke als ein lästiges Hindernis. Dieses Motiv dafür, nicht mehr mit dem alten Begriffsapparat zu arbeiten, fällt in dem Augenblick fort, wo wir es mit einem konkreten Fall zu tun haben, in welchem sowohl die Zahl der Spezialgesetze als auch die Zahl der Anwendungen sehr gering und daher gut überschaubar ist. Diese Bedingungen sind für die Theorie T^* erfüllt. Wir werden die Konkretisierung der Relation α (D9,(f), S. 191 von II/2) für diesen Fall ohne Mühe anschreiben können.

Damit gehen wir zur Beschreibung von T^* über. Dabei werden wir uns der Suppesschen Methode der mengentheoretischen Prädikate bedienen. Zwecks Vereinfachung der Darstellung begnügen wir uns für diejenigen Prädikate, die bereits an früherer Stelle eingeführt worden sind, mit einem einfachen Rückverweis; und einige benötigte neue Prädikate sollen im technischen Anhang 7.7 definiert werden.

Die Menge der *partiellen potentiellen Modelle* von T^* ist die Extension des Prädikats „PK" (für „ist eine Partikelkinematik") von II/2, D1, S. 108. Wir sollten eigentlich im Einklang mit dem sonst benützten mengentheoretischen Symbolismus „M_{pp}^*" schreiben; und analog in den übrigen Fällen. Doch könnten wir diese Vereinfachungsmethode nicht immer benützen, da wir z.B. bei Spezialgesetzen keine derartige Notation zur Verfügung haben. Um in solchen Fällen nicht immer wieder neue Bezeichnungen verwenden oder, als Alternative, die umständliche Redeweise einführen zu müssen „die Extension des Prädikats Sowieso", beschließen wir, alle (bereits eingeführten wie noch einzuführenden) Prädikate syntaktisch umzudeuten in *Namen* der Extensionen jener Prädikate, also in Mengenbezeichnungen. Im obigen Fall werden wir also statt von der Extension des Prädikates „PK" von (der Menge) PK sprechen und können damit z.B. die umständliche Aussage „x ist ein Element der Extension des Prädikates ‚PK'" in der üblichen mengentheoretischen Sprechweise durch „$x \in PK$" wiedergeben.

Gemäß dieser Vereinbarung können wir dann sagen, daß die Menge der potentiellen Modelle die Menge PM (also die Extension von „ist eine Partikelmechanik") von II/2, D2, S. 109, sein soll und die Menge der *Modelle* die Menge KPM von II/2, D3, S. 110, d.h. die Extension von „ist eine klassische Partikelmechanik". (Wir erinnern kurz daran, daß diejenigen Entitäten Elemente von KPM sind, die zu PM gehören und überdies das zweite Gesetz von NEWTON, in der Fassung (2) von D3 auf S. 110, erfüllen. Es genügt, hier D8-16 und D8-17 zu vergleichen).

Gemäß dem Vorgehen in II/2, VIII,7 nehmen wir auch die Restriktionsoperation in den Strukturkern K^* der Theorie T^* auf. Wahlweise bezeichnen wir sie entweder mit „r" oder genauer mit „$r_{\{m,f\}}$", um auszudrücken, daß durch sie die beiden theoretischen Terme m (*Masse*) und f (*Kraft*) ‚weggeschnitten' werden. Ihre genaue Definition kann z. B. so angeschrieben werden:

$r_{\{m,f\}}: PM \to PK$
$\wedge x(x = \langle P, T, s, m, f \rangle \in PM \to r_{\{m,f\}}(x) = \langle P, T, s \rangle).$

Schließlich müssen wir noch zwei Querverbindungen für die Massenfunktion mit einbeziehen. Bei der ersten Querverbindung handelt es sich um die Forderung, daß ein und derselben Partikel in jeder Anwendung der klassischen Mechanik, in der sie auftritt, die gleiche träge Masse zugeordnet wird, und bei der zweiten Querverbindung um die Extensivitätsforderung. Wir benutzen dabei hier das Symbol „C" (für „Constraint") und treffen die folgende zusätzliche Vereinbarung: Wenn x bzw. y ein Element von PM ist, so sollen die zugehörigen Komponenten „x" bzw. „y" als untere Indizes tragen. Die Menge der Partikel der Partikelmechanik x werde also mit „P_x" bezeichnet, die Massenfunktion von y mit „m_y" usw. Für die beiden Querverbindungen wählen wir, wiederum analog zu GÄHDE, die suggestiven Bezeichnungen „$C_m^{\langle \approx, = \rangle}$" und „$C_m^{\langle \circ, + \rangle}$". Der untere Index gibt an, um welche Funktion es sich handelt, nämlich um die Massenfunktion; und der obere Index symbolisiert die Art der Querverbindungen. (Für inhaltliche Erläuterungen vgl. II/2, S. 81f., S. 95f. und S. 111.) Wir können auch diese Begriffe als Mengenterme einführen, und zwar in der folgenden Weise:

$C_m^{\langle \approx, = \rangle} := \{X | X \in Pot(PM) \wedge \wedge x, y \in X \wedge p(p \in P_x \cap P_y \to m_x(p) = m_y(p))\}.$
$C_m^{\langle \circ, + \rangle} := \{X | X \in Pot(PM) \wedge \wedge x, y, z \in X \wedge p_i, p_j, p_k (p_i \in P_x \wedge p_j \in P_y$
$\wedge p_k \in P_z \wedge p_k = p_i \circ p_j \to m_z(p_k) = m_x(p_i) + m_y(p_j))\}.$

In beiden Fällen sind, entsprechend unserer seinerzeitigen Überlegung, die Elemente der Querverbindungen *Teilmengen X von PM*. Im ersten Fall wird verlangt: Wenn x und y zwei Elemente eines solchen X sind, so wird jedem Objekt p, das zu den Gegenstandsbereichen von beiden gehört, also jedem $p \in P_x \cap P_y$, *derselbe* Funktionswert der Massenfunktion zugeordnet. (Man könnte daher das zweite Konjunktionsglied der die Gesamtmenge definierenden Bedingung von $C_m^{\langle \approx, = \rangle}$ auch eleganter als

„$\bigcup_{x \in X} m_x$ ist eine Funktion"

anschreiben.)

Bezüglich der Extensivitätsforderung sind folgende Punkte zu beachten: (1) es ist in der definierenden Bestimmung von X wesentlich, daß das ‚dritte' Objekt p_k, welches zum Gegenstandsbereich P_z des ‚dritten' Elementes z aus X gehört, durch Konkatenation zweier Objekte p_i und p_j aus den Bereichen *der beiden anderen* Elemente x und y von X gewonnen wurde. Diesem so erzeugten Objekt soll also als Masse in z die Summe der Werte der Massen von p_i in x und p_j in y zugeordnet werden. (2) Sollte in der Vereinigung $\bigcup_{x \in X} P_x$ der Individuenbereiche aller Partikelmechaniken aus X überhaupt *kein* Objekt auftreten, das durch Konkatenation zweier anderer Objekte aus dieser Klasse gebildet wurde, so wird die Querverbindung $C_m^{\langle \circ, + \rangle}$ durch dieses X trivial erfüllt (weil dann der Wenn-Satz stets falsch und das ganze im Definiens stehende Konditional daher stets wahr ist). Dieser triviale Fall wird in unserer Miniaturtheorie nicht gegeben sein, denn eine bestimmte intendierte Anwendung wird dort genau ein Objekt enthalten, welches durch Konkatenation von Objekten anderer Anwendungen gebildet worden ist. (3) Es wird *nicht* gefordert, daß p_i und p_j ‚einfache' Objekte sind; vielmehr können sie ihrerseits selbst bereits durch Konkatenation anderer Objekte gebildet worden sein. Iterierte Anwendung von o ist also zugelassen.

Wir haben jetzt alles Material beisammen, um den Strukturkern K^* (im Sinne von II/2, D6, S. 128) unserer Theorie T^* explizit anschreiben zu können, nämlich:

$$K^* := \langle PM, PK, r_{\{m,f\}}, KPM, C_m^{\langle \approx, = \rangle} \cap C_m^{\langle \circ, + \rangle} \rangle.$$

Wir kommen nun zur Menge I^* der intendierten Anwendungen! Wie bereits angedeutet, soll der *Miniaturcharakter* von T^* erst in dieser Menge zur Geltung gelangen. Wir wollen annehmen, daß I^* aus fünf konkreten kinematischen Systemen $z_1, \ldots, z_5$ besteht, also: $z_i = \langle P_i, T_i, s_i \rangle$ ($1 \leq i \leq 5$), wobei die Mengen P_i folgendermaßen durch Partikel p_j beschreibbar sind:

$$P_1 = \{p_1, p_2\} \quad P_2 = \{p_2, p_3\} \quad P_3 = \{p_1\} \quad P_4 = \{p_2\} \quad P_5 = \{p_2 \circ p_3\}.$$

Mit

$$I^* = \{z_1, z_2, z_3, z_4, z_5\}$$

können wir unsere Miniaturtheorie als geordnetes Paar

$$T^* = \langle K^*, I^* \rangle$$

anschreiben. (Da wir hier „Anwendung" im Sinne von „individuelle Anwendung" verstehen, ist die Gültigkeit von $I^* \subseteq PK$ hinzuzudenken, d.h. jedes z_i ist eine Partikelkinematik.)

In der modifizierten Terminologie von Kap. 2 ausgedrückt, ist dies noch nicht ganz korrekt. Was wir bislang getan haben, erfüllt nur die bescheidenere Aufgabe, das *Basiselement* unserer Miniaturtheorie zu beschreiben. Unsere Miniaturtheorie soll sich aber nicht in diesem Basiselement erschöpfen, sondern sie soll außerdem *zwei Spezialgesetze* enthalten, von denen das eine in zwei und das andere in den restlichen drei Elementen von I^* gelten soll. An dieser Stelle wird sich allerdings der Rückgriff auf die ursprüngliche Methode bemerkbar machen: Wir werden diese beiden Gesetze nicht als Theorie-Elemente rekonstruieren, sondern sie unmittelbar über geeignete Verschärfungen des Grundprädikates „KPM" einführen, um sie dann im weiteren Verlauf ebenfalls als Mengenterme aufzufassen.

Methodisch gehen wir dabei so vor, daß wir in einem ersten Schritt die beiden Mengen intendierter Anwendungen (also Teilmengen von I^*), in denen jeweils eines dieser Spezialgesetze gilt, sowohl explizit angeben als auch durch Prädikatverschärfungen von PK präzise beschreiben. Und zwar sollen $z_1, z_2 \in I^*$

inelastische Stoßprozesse sein, so daß sie das Prädikat „IC" (für „inelastic collision") erfüllen (vgl. unten 7.7). Demgegenüber sollen $z_3, z_4, z_5 \in I^*$ harmonische Oszillatoren sein, die das Prädikat „HO" erfüllen (vgl. ebenfalls 7.7). In unserer mengentheoretischen Notation gilt also: $z_1, z_2 \in IC$; $z_3, z_4, z_5 \in HO$.

Dasjenige Spezialgesetz, für das die Elemente aus IC intendierte Anwendungen darstellen sollen, werde KPM^{IC} genannt. Es läuft auf die Forderung hinaus, daß die einzige nichtverschwindende Kraftart außer dem zweiten Newtonschen Gesetz auch noch das *actio-reactio-Prinzip*, also die erste Hälfte des dritten Newtonschen Gesetzes erfüllt.[1] Der Teilmenge $I^* \cap HO$ ist das Spezialgesetz KPM^{HO} zugedacht, welches zusätzlich zu KPM fordert, *daß die einzige nichtverschwindende Kraftart dem Hookeschen Gesetz genügt*. (Für präzise Definitionen von KPM^{IC} und KPM^{HO} vgl. wiederum 7.7). Die leitende Idee dabei ist die, daß diese Gesetze ‚erklärende Modelle' für die Elemente der beiden angegebenen Anwendungsmengen IC und HO liefern sollen (im Sinne des theoretischen Erklärungsbegriffs von II/2, VIII, 6c, S. 113).

Damit dürfte auch klar geworden sein, warum wir T^* eine *realistische* Miniaturtheorie nannten.

Wir haben jetzt mit einer Ausnahme alles beisammen, um die restlichen Komponenten des erweiterten Strukturkerns anzugeben und auch den zugehörigen Ramsey-Sneed-Satz formulieren zu können. Die restlichen Komponenten charakterisieren wir wieder durch einen oberen Stern.

Zunächst erhalten wir die Klasse G^* der Gesetze, in die wir vollständigkeitshalber das Fundamentalgesetz mit aufnehmen:

$$G^* := \{KPM, KPM^{IC}, KPM^{HO}\}.$$

Als nächstes schließen wir die einzige noch bestehende Lücke. Zusätzlich zu dem Gesetz KPM^{HO}, das der ‚Erklärung der Vorgänge in HO' dienen soll, wird eine spezielle Querverbindung (ein ‚Gesetzesconstraint') gewählt, der die Identität der Hookeschen Konstanten in den Modellen von KPM^{HO} verlangt, nämlich:

$$C_G^* := \{X | X \in Pot(KPM) \wedge \wedge x, x'(x, x' \in X \cap KPM^{HO} \to k_x = k_{x'})\}.$$

(Dabei sind k_x und $k_{x'}$ die in den Modellen x und x' vorkommenden Hookeschen Konstanten; für Details vgl. das Prädikat in 7.7, (IV).)

Die Anwendungsrelation α^* ist im vorliegenden Fall sogar eine Funktion. Sie kann folgendermaßen definiert werden:

α^* ist eine Funktion, so daß
(1) $D_I(\alpha^*) = PK$;
(2) $D_{II}(\alpha^*) = G^*$, wobei
$\wedge z((z \in IC \to \alpha^*(z) = KPM^{IC}) \wedge$
$(z \in HO \to \alpha^*(z) = KPM^{HO}) \wedge$
$(z \in PK \setminus (IC \cup HO) \to \alpha^*(z) = KPM))$.

---

1 Für eine Erläuterung der Wendung „erste Hälfte des dritten Newtonschen Gesetzes" vgl. II/2, Formel (a) auf S. 114.

Damit sind den speziellen Anwendungen tatsächlich die ‚zugedachten' Spezialgesetze zugeordnet worden.

Unter Benützung des bereits früher eingeführten Strukturkerns K^* können wir den erweiterten Strukturkern angeben, nämlich:

$$E^* := \langle PM, PK, r_{\{m,f\}}, KPM, C_m^{\langle \approx, = \rangle} \cap C_m^{\langle o, + \rangle}, G^*, C_G^*, \alpha^* \rangle.$$

Jetzt sind wir auch in der Lage, die Klasse $\mathbb{A}(K^*)$ der möglichen intendierten Anwendungsmengen des Strukturkerns K^* sowie die analoge Klasse $\mathbb{A}_e(E^*)$ des erweiterten Strukturkernes anzugeben. Dazu brauchen wir nur auf die beiden Definitionen D10a und D10b von II/2, S. 133 zurückzugreifen und für alle dortigen Argumente die jetzigen Konkretisierungen einzusetzen. (Für die Restriktionsoperation $r_{\{m,f\}}$ schreiben wir einfach „r" bzw. „r^0" und für die beiden auf den nächsthöheren mengentheoretischen Stufen geltenden Operationen „r^1" bzw. „r^2", analog zum Vorgehen in Kap. 2.) Dann erhalten wir:

$$\mathbb{A}(K^*) \doteq r^2(Pot(KPM) \cap C_m^{\langle \approx, = \rangle} \cap C_m^{\langle o, + \rangle}).$$
$$\mathbb{A}_e(E^*) = \{X | X \in Pot(PK) \land \lor Y(Y \in (Pot(KPM) \cap C_m^{\langle \approx, = \rangle} \cap C_m^{\langle o, + \rangle} \cap C_G^*) \land$$
$$\land X = r^1(Y) \land \land y \land x[(y \in Y \land x \in X \land x = r(y))$$
$$\rightarrow \land u(\langle x, u \rangle \in \alpha^* \rightarrow y \in u)]\}.$$

Die durch das Basiselement $\langle K^*, I^* \rangle$ festgelegte Theorienproposition im schwachen Sinn lautet:

$$I^* \in \mathbb{A}(K^*),$$

während die dem erweiterten Strukturkern E^* entsprechende Theorienproposition im starken Sinn besagt, daß

$$I^* \in \mathbb{A}_e(E^*).$$

7.3 Ein simulierter Konflikt mit den Meßdaten

Nachdem wir nun alles Wissenswerte über die Theorie T^* explizit vermerkt haben, wollen wir annehmen, daß die zuletzt angeführte starke Theorienproposition *an der Erfahrung scheitert*, da sie mit den gewonnenen (und im gegenwärtigen Kontext als unangefochten vorausgesetzten) Meßdaten nicht in Einklang zu bringen ist. Um herauszubekommen, ob man die Wurzel für den Konflikt genau lokalisieren kann, sowie zur Gewinnung eines Überblicks über die sich anbietenden Revisionsmöglichkeiten, ist es zweckmäßig, zum *Ramsey-Sneed-Satz* (im Sinne der Sätze (V) und (VI) von II/2, S. 99–102) zurückzugehen, dessen mengentheoretisches Äquivalent die starke Theorienproposition $I^* \in \mathbb{A}_e(E^*)$ ist. Da dieser Satz einerseits alle mengentheoretischen Prädikate enthält und andererseits keinen Gebrauch macht von der abstrakten Zuordnungsrelation α^*, ist er leichter zu handhaben als diese Proposition. Wenn wir die Definitionen der Komponenten von E^*, insbesondere die von α^*, zurückverfolgen, so erhalten wir als Ramsey-Sneed-Satz die folgende Aussage:

(RS*) Es gibt $x_1, \ldots, x_5$, so daß
(1) $\wedge i(i \in \mathbb{N} \wedge 1 \leq i \leq 5 \to x_i = \langle P_i, T_i, s_i, m_i, f_i \rangle \in PM)$;
(2) $\wedge i(i \in \mathbb{N} \wedge 1 \leq i \leq 2 \to r(x_i) = z_i \in IC \cap I^*)$;
(3) $\wedge i(i \in \mathbb{N} \wedge 3 \leq i \leq 5 \to r(x_i) = z_i \in HO \cap I^*)$;
(4) $\{x_1, x_2\} \subseteq KPM^{IC}$;
(5) $\{x_3, x_4, x_5\} \subseteq KPM^{HO}$;
(6) $m_1(p_1) = m_3(p_1) \wedge m_1(p_2) = m_2(p_2) = m_4(p_2)$;
(7) $m_5(p_2 \circ p_3) = m_1(p_2) + m_2(p_3)$;
(8) $\{x_3, x_4, x_5\} \in C_G^*$.

Hier haben wir in (8) weiterhin die Abkürzung „C_G^*" benützt. Diese Teilaussage (8) besagt (im Verein mit (1) und (5)) inhaltlich: „Die in den drei Modellen x_3, x_4 und x_5 von KPM^{HO} auftretenden Kraftfunktionen erfüllen das Hookesche Gesetz mit übereinstimmenden Hookeschen Konstanten, d.h. es gilt: $k_{x_3} = k_{x_4} = k_{x_5}$."

Was die Menge der intendierten Anwendungen I^* betrifft, so sei daran erinnert, daß diese erschöpfend durch Teilmengen der beiden Mengen IC und HO wiedergegeben wird, d.h. daß gilt:

$I^* \setminus (IC \cup HO) = \emptyset$.

Wir wollen uns den Inhalt der Aussage **(RS*)** genau vor Augen führen. Dabei soll vorläufig die Frage ausgeklammert werden, ob und inwieweit die dabei vorkommenden *Teilbehauptungen*, die prima facie empirisch gehaltvoll zu sein scheinen, wirklich einen empirisch nachprüfbaren Gehalt besitzen. Diese Frage (und die z.T. überraschenden Antworten darauf) verschieben wir auf den nächsten Unterabschnitt. (Zum Zwecke der Abkürzung sprechen wir wieder einfach von partiellen Modellen statt von partiellen potentiellen Modellen.)

Der Ramsey-Sneed-Satz **(RS*)** unserer Miniaturtheorie T^* fordert zunächst, daß die partiellen Modelle $z_1, \ldots, z_5 \in I^*$ (also sowohl z_1 und z_2, die in IC liegen, als auch z_3, z_4 und z_5, die in HO liegen) durch Anfügung geeigneter Massen- und Kraftfunktionen zu potentiellen Modellen, d.h. zu Partikelmechaniken $x_1, \ldots, x_5$ ergänzt werden können (nach (1) bis (3)). Durch die folgenden Bestimmungen (4)–(8) werden diesen $x_i \in PM$ ($i = 1, \ldots, 5$) *einschränkende Bedingungen auferlegt*.

Vernachlässigen wir für den Augenblick die Art der Verschärfungen des Prädikates KPM in (4) und (5), so besagen diese beiden zusätzlichen Bestimmungen u.a., daß $x_1, \ldots, x_5$ Elemente von KPM, also klassische Partikelmechaniken sind. In den 5 intendierten Anwendungen $z_1, \ldots, z_5$ kommen insgesamt nur die vier Partikel p_1, p_2, p_3 und $p_2 \circ p_3$ vor, wobei die letzte aus p_2 und p_3 konkateniert ist. Wenn wir nachsehen, welche dieser Partikel in welcher Anwendung vorkommen und dann die Bestimmungen (6) und (7) betrachten, so erkennen wir, daß mit diesen beiden Bedingungen gerade die im Strukturkern von K^* vorkommenden Constraints $C_m^{\langle \approx, = \rangle}$ und $C_m^{\langle \circ, + \rangle}$ für die Massenfunktion gefordert werden. Da all das zusammen aber gerade den Inhalt der schwachen Theorienproposition ausmacht, soll dieses Zwischenresultat in einer eigenen Aussage festgehalten werden:

(i) *Der Ramsey-Sneed-Satz* (**RS***) *enthält als Teilbehauptung die schwache Theorienproposition:*
$I^* \in \mathbb{A}(K^*)$.

Dies ist natürlich kein überraschendes Resultat, sondern war von vornherein zu erwarten, da die Miniaturtheorie T^* bezüglich ihres Strukturkerns mit der klassischen Partikelmechanik vollkommen übereinstimmt.

Ausdrücklich haben wir oben nur von einer Teilbehauptung, nicht jedoch von einer *empirischen* Teilbehauptung gesprochen. Denn die Frage, ob es sich dabei überhaupt um eine empirisch gehaltvolle Aussage handelt, soll erst in 7.4 untersucht werden.

Wir gehen jetzt die weiteren Bestimmungen von (**RS***) durch! Und zwar beginnen wir mit IC bzw. $IC \cap I^*$ sowie (4).² Der Satz (**RS***) fordert hier, daß z_1 und z_2 zu Modellen x_1 und x_2 der Prädikatverschärfung KPM^{IC} von KPM zu ergänzen sind. Wenn wir auf die Bedeutung KPM^{IC} zurückgehen, so erhalten wir die folgende Feststellung:

(ii) (**RS***) *fordert bezüglich der Elemente z_1 und z_2 der ersten Teilklasse (der Anwendungsmenge I^*) $IC \cap I^*$ die Anfügung solcher Massen- und Kraftfunktionen, daß*
(a) das zweite Newtonsche Gesetz gilt
(b) die einzige nichtverschwindende Kraftart die erste Teilforderung des dritten Newtonschen Gesetzes (d. h. *das actio-reatio-Prinzip*) *erfüllt.*

Wie wir in 7.4 feststellen werden, ergibt sich die folgende Konsequenz: Die durch die Teilbehauptung (ii) von (**RS***) formulierten Anforderungen an die Massen- und Kraftfunktionen, welche als theoretische Ergänzungen für z_1 und z_2 verwendet werden, sind bereits so stark, daß sie den Massenquotienten $m_1(p_1)/m_2(p_2)$ (bis auf Eichtransformationen) eindeutig festlegen. Im Augenblick halten wir dies als bloßes Zwischenresultat fest, um diejenigen Forderungen genauer formulieren zu können, die (**RS***) bezüglich der für die Ergänzungsbildung in der zweiten Anwendungsklasse $HO \cap I^*$ benötigten Massen- und Kraftfunktionen erhebt.

Für diesen Zweck betrachten wir außerdem die drei Gegenstandsbereiche P_3, P_4, P_5 der drei Anwendungen $z_3, z_4, z_5 \in HO \cap I^*$ sowie die Bedingungen (6) und (7) von (**RS***). Für die Massenfunktionen m_3 und m_4 der beiden einelementigen Bereiche P_3 und P_4 ergeben sich dann sofort: $m_3(p_1) = m_1(p_1)$ und $m_4(p_2) = m_2(p_2)$; und für die Massenfunktion m_5 des (ebenfalls nur ein Element enthaltenden) Bereiches P_5 folgt (nach (7)): $m_5(p_2 \circ p_3) = m_2(p_2) + m_3(p_3)$. Damit sind auch in diesen restlichen drei Anwendungen z_3, z_4 und z_5 die für die theoretischen Ergänzungen benötigten Massenfunktionen eindeutig bestimmt.

---

2 $IC \cap I^* = \{z_1, z_2\}$ soll anschaulich auch als *erste Teilklasse der Anwendungsmenge I^** bezeichnet werden, $HO \cap I^* = \{z_3, z_4, z_5\}$ als *zweite Teilklasse der Anwendungsmenge I^**.

Wir definieren (für späteren Gebrauch): Sei $\tilde{P} := \bigcup_{i=1}^{5} P_i$. Dann sei $\tilde{m}$ die Funktion $\tilde{m}: \tilde{P} \to \mathbb{R}^+$ mit $\tilde{m} := \bigcup_{i=1}^{5} m_i$.

Der Ramsey-Sneed-Satz fordert nun mittels der Bestimmung (5), daß die für theoretische Ergänzungen in diesen drei Anwendungen benützten Kraftfunktionen für jedes $p \in P_i$ ($3 \leq i \leq 5$) und jedes $t \in T_i$ ($3 \leq i \leq 5$) das Gesetz von HOOKE erfüllen. Merkwürdigerweise erweist es sich, wie wir ebenfalls in 7.4 festhalten werden, daß selbst diese Forderung den partiellen Modellen z_3, z_4 und z_5 keine zusätzlichen Einschränkungen (zusätzlich zur Forderung, daß es sich um Modelle der Prädikatverschärfung HO von PK handelt) auferlegt und damit empirisch leer ist.

Trotz dieses Resultates stellt (**RS***) eine empirische Behauptung dar. Wir können jetzt den Punkt sogar genau lokalisieren, an dem in (**RS***) ,die Erfahrung Eingang findet', so daß (**RS***) zu einer empirisch nachprüfbaren Aussage wird, die gegebenenfalls an der Erfahrung scheitern kann: Es ist die letzte Bestimmung (8), die diese Erfahrungssensibilität bewirkt. Darin wird nämlich die Gleichheit der Hookeschen Konstanten in dem für z_3, z_4 und z_5 geltenden Spezialgesetz verlangt: $k_3 = k_4 = k_5$. Dadurch wiederum wird den in diesen drei Anwendungen geltenden Schwingungsperioden θ_i ($3 \leq i \leq 5$) eine Forderung auferlegt. *Ob diese Forderungen erfüllt sind, kann durch kinematische Messungen überprüft werden.*

Es soll nun vorausgesetzt werden, daß diese Überprüfung *negativ* ausfalle. Dann ist (**RS***) *empirisch falsifiziert.*

Wir wollen nun der Frage nachgehen, ob und welche Folgerungen sich daraus für die beiden Themen „Holismus" und „Theorienimmunität" ergeben. Folgt insbesondere bezüglich der ersten Frage *mehr* als die für uns triviale Tatsache, daß eine einzige, nicht weiter zerlegbare Aussage empirisch falsifiziert worden ist? *Prima facie* ist die Antwort darauf positiv. Denn wie die zuletzt angestellten Betrachtungen zeigen, scheint eine Lokalisierung der Wurzel für diesen Konflikt – die ‚fehlerhafte' Annahme der Gleichheit der Hookeschen Konstanten – durchaus möglich zu sein. Die Annahme jedoch, daß der Gegner des Holismus daraus eine Waffe schmieden könne, wäre ein trügerischer Schein. Wir werden nämlich – im Widerspruch zu diesem prima-facie-Eindruck – zu der überraschenden Feststellung gelangen, daß das vorliegende Miniaturbeispiel verschiedene Aspekte der ‚holistischen Weltauffassung' teils zu verdeutlichen und zu erklären, teils sogar zu verschärfen gestattet.

7.4 Theorienimmunität und empirischer Gehalt des Ramsey-Sneed-Satzes

Erinnern wir uns zunächst kurz an die verschiedenen Weisen von Theorienimmunität!

Die erste betrifft das Fundamentalgesetz einer Theorie T. Wegen der in diesem ‚Verknüpfungsgesetz' vorkommenden T-theoretischen Terme ist dieses Gesetz empirisch unwiderlegbar. Denn für den Zweck einer solchen Widerlegung müßte man die Terme unabhängig von der Theorie bestimmen können, was wegen deren T-Theoretizität gerade nicht möglich ist. (Für eine Erörterung dieser Problematik am Beispiel der klassischen Partikelmechanik vgl. GÄHDE, [T-Theoretizität], S. 128ff.)

Die zweite hat die Tatsache zum Inhalt, daß die empirische Falsifikation von Spezialgesetzen ‚nicht auf die Theorie selbst zurückschlägt'. Empirisch erzwungene Preisgabe eines bestimmten erweiterten Strukturkernes (eines bestimmten Theoriennetzes) ist mit der erfolgreichen Konstruktion eines anderen erweiterten Strukturkernes (eines anderen Netzes über derselben Basis) verträglich.

Die dritte betrifft die Offenheit der Menge I. Widersetzen sich bestimmte Elemente von I hartnäckig dem Versuch, die Theorie auf sie anzuwenden, so können diese partiellen Modelle aus der Menge der intendierten Anwendungen entfernt werden.

Die vierte und letzte schließlich beruht darauf, daß eine Anwendung unvollständig beschrieben war (vgl. II/2, S. 217 und [Erklärung], S. 1044).

Die dritte und vierte Möglichkeit sollen hier nicht in Betracht gezogen werden; d.h. es soll weder eine Erwägung von der Art stattfinden, ob man T^* durch Ausschluß von Elementen aus I^* retten kann, noch eine Überlegung von der Gestalt, ob die Einbeziehung neuer (bislang unentdeckt gebliebener) Objekte in gewisse Bereiche P_i ($1 \leq i \leq 5$) die Schwierigkeit behebt. In bezug auf unser Ziel, größere Klarheit zum Thema „Holismus" zu erzielen, wird sich diese Selbstbeschränkung als vorteilhaft erweisen.

Betrachten wir dagegen die erste Möglichkeit, so stoßen wir dabei auf die bereits an früherer Stelle betonte Unwiderlegbarkeit der klassischen Partikelmechanik. Diese ergibt sich als unmittelbare Folge des oben angegebenen Grundes: Um das zweite Gesetz von NEWTON zu falsifizieren, müßte man Kräfte und Massen unabhängig, d.h. ohne die Gültigkeit dieses Gesetzes vorauszusetzen, bestimmen können, was wegen der KPM-Theoretizität von *Kraft* und *Masse* eben ausgeschlossen ist.

Natürlich tritt hier sofort die Frage auf, ob man dieser Schwierigkeit nicht dadurch entgehen kann, daß man untersucht, ‚was für empirische Behauptungen man mit Hilfe des zweiten Gesetzes von NEWTON bilden kann'. Überraschenderweise läßt sich darauf sofort eine klare und präzise Antwort geben.

Und zwar können wir für diesen Zweck auf die Miniaturtheorie T^* zurückgreifen. Diese enthält ja in ihrem mathematischen Teil die gesamte klassische Partikelmechanik – also das zweite Gesetz von NEWTON sowie die beiden allgemeinen Querverbindungen $C_m^{\langle \approx, = \rangle}$ und $C_m^{\langle \circ, + \rangle}$ – und ist lediglich bezüglich ihres Anwendungsteiles auf die kleine Teilmenge I^* (der Klasse der ‚tatsächlichen' intendierten Anwendungen der klassischen Partikelmechanik) beschränkt.

Die Klasse der potentiellen Kandidaten für empirische Behauptungen reduziert sich von vornherein auf eine Einerklasse. Diese enthält genau die dem Theorie-Element $\langle K^*, I^* \rangle$ zugeordnete empirische Behauptung bzw., was damit synonym ist, die schwache Theorienproposition $I^* \in \mathbb{A}(K^*)$ unserer Miniaturtheorie T^* (denn T^* ist identisch mit $\langle K^*, I^* \rangle$!).

Damit haben wir auch schon den Zusammenhang hergestellt mit unserem Grundproblem in 7.3, nämlich dem empirischen Gehalt von (**RS***). Bei dem Versuch, diesen Gehalt ‚soweit wie möglich in Komponenten aufzusplittern', sind wir im ersten Schritt genau auf *den* Satz gestoßen, um den es uns jetzt geht, wie ein Blick auf die Aussage (i) von 7.3 lehrt.

Die Antwort ist verblüffend. Sie lautet (in unserem speziellen sowie im allgemeinen Fall):

Th. 7-1 (a) *Die dem Theorie-Element $\langle K^*, I^* \rangle$ entsprechende empirische Behauptung oder* (in anderer Formulierung) *die schwache Theorienproposition $I^* \in \mathbb{A}(K^*)$ der Miniaturtheorie $T^* = \langle K^*, I^* \rangle$ ist ein mathematisch wahrer Satz.* (b) *Die schwache Theorienproposition der klassischen Partikelmechanik ist ein mathematisch wahrer Satz.*[3]

Für den Beweis von Teil (a) vgl. den technischen Anhang 7.7,(V). Was den Teil (b) betrifft, so ist er eine Folge der Tatsache, daß in jenem Beweis bezüglich der Menge I^* keine weitere Voraussetzung gemacht wird, als daß gilt:

$I^* \in Pot(PK)$.

(Denn genau die analoge Aussage $I \in Pot(PK)$ gilt für die klassische Partikelmechanik mit I für die Menge aller intendierten Anwendungen dieser Theorie.)

Diese kurze Überlegung illustriert zugleich die Wichtigkeit *realistischer* Miniaturtheorien von der Art der Theorie $T^* = \langle K^*, I^* \rangle$. Da der Kern K^* von einer *wirklichen* physikalischen Theorie stammt, können alle diejenigen für T^* gewonnenen Resultate auf diese physikalische Theorie übertragen werden, für welche Umfang und spezielle Eigenart der zu I^* gehörenden Elemente ohne Relevanz ist.

Die Immunität des Fundamentalgesetzes findet damit auf der nichttheoretischen Ebene eine dramatische Radikalisierung: Was als empirische Behauptung der Theorie intendiert war, erweist sich bei genauerem Zusehen als eine *empirisch gehaltleere* Aussage.

Wie der Beweis von Th. 7-1(a) in 7.7 unmittelbar zeigt, ist diese Situation für eine vermutlich große Klasse von Theorien gegeben. Wir halten das Resultat daher in einem eigenen Lehrsatz fest.

Th. 7-2 *Es sei T eine Theorie, welche die folgende Bedingung erfüllt: Jede Klasse partieller potentieller Modelle von T kann auf solche Weise zu einer Klasse von Modellen von T ergänzt werden, daß die im Kern von T angegebenen allgemeinen Querverbindungen erfüllt sind. Dann ist die schwache Theorienproposition, d.h. der T zugeordnete Ramsey-Sneed-Satz, empirisch gehaltleer.*

---

3   Dabei wird von der in II/2, Kap. VIII, 6.a erläuterten, auf McKinsey, Sugar und Suppes zurückgehenden Axiomatisierung der klassischen Partikelmechanik ausgegangen, in der als einziges ‚echtes' Axiom das zweite Newtonsche Gesetz auftritt. Wird dagegen eine ‚stärkere' Axiomatisierung der klassischen Partikelmechanik zugrundegelegt, in dem neben dem zweiten Newtonschen Gesetz weitere Bedingungen (etwa das actio-reactio-Prinzip) gefordert werden, so dürfte Th. 7-1(b) im allgemeinen seine Gültigkeit verlieren.

Die in Th. 7-1 und Th. 7-2 festgehaltenen Resultate sind ebenso bemerkenswert wie merkwürdig. Danach ist das zweite Axiom von NEWTON auf der theoretischen Stufe empirisch immun; auf der nichttheoretischen Stufe wiederum, nämlich als Ramsey-Sneed-Satz umformuliert, liefert es – auch bei Berücksichtigung der Constraints – nur eine mathematisch wahre Aussage. Und mit allen grundlegenden Naturgesetzen, die in entsprechenden Theorien eine analoge Stellung innehaben, verhält es sich genauso. Kein Wunder also, wenn Philosophen immer wieder die Neigung verspürten, das zweite Axiom wie eine analytische Wahrheit zu behandeln. „Aber", so könnte gefragt werden, „ist denn eine solche epistemische Haltung aufgrund der vorangehenden Resultate nicht gerechtfertigt? Dürfen wir nicht so tun, als ob es sich bei derartigen Gesetzen um analytische Wahrheiten handelt?"

Daß nicht einmal eine solche Als-Ob-Betrachtung korrekt wäre, macht man sich am besten anhand der Rekonstruktion von Spezialgesetzen im strukturalistischen Rahmen klar. Während auch in anderen Darstellungen Theorien als ‚hierarchische Systeme von Gesetzmäßigkeiten' rekonstruiert sind, werden dabei doch gewöhnlich die spezielleren Gesetze unabhängig von den allgemeineren formuliert; ‚spezieller' sind sie nur wegen ihres kleineren Anwendungsbereiches. Ganz anders innerhalb der strukturalistischen Rekonstruktion: Da Spezialgesetze stets über Prädikatverschärfungen des die Theorie ausdrückenden Grundprädikates eingeführt werden, findet das Fundamentalgesetz bei dieser Rekonstruktionsweise Eingang in jedes Spezialgesetz; es kommt in jedem speziellen Gesetz ‚als konjunktiver Bestandteil' vor. Den allgemeinen Sachverhalt kann man sich mit Hilfe des Begriffs des Theoriennetzes veranschaulichen: Läuft man die einzelnen Fäden des Netzes, stückweise der Umkehrung der Spezialisierungsrelation entsprechend, von unten nach oben zurück, so erhält man ein Geflecht von *logischen Implikationen*; jedes speziellere Gesetz hat alle allgemeineren zur logischen Folge. Eine Frage wie die, ob z. B. *außer* dem Gesetz von HOOKE (oder dem Prinzip „actio = reactio") auch noch das zweite Axiom gelten soll, kann bei diesem Rekonstruktionsverfahren gar nicht auftreten; denn das Gesetz von HOOKE – als Prädikatverschärfung des Grundprädikats der Theorie formuliert – impliziert logisch das zweite Newtonsche Axiom.

Selbst solche Fundamentalgesetze, welche die obigen Bedingungen erfüllen, gewinnen somit empirische Relevanz, wenn auch nur indirekt und auf dem Umweg über die Spezialgesetze, in die sie Eingang finden.

Gehen wir jetzt weiter zur ersten spezielleren Teilaussage, die in (**RS***) enthalten ist und welche die beiden intendierten Anwendungen z_1 und z_2 betrifft. Wir haben diese in (**RS***) enthaltene Forderung in der Feststellung (ii) von 7.3 genau spezifiziert. Überraschenderweise ist auch diese Teilforderung empirisch leer. Denn es gilt:

Th. 7-3 *Jede kinematische Beschreibung inelastischer Stoßprozesse kann auf solche Weise zu einem Modell von KPM ergänzt werden, daß die Kraftfunktion das Prinzip „actio = reactio" (d.h. die erste Hälfte des dritten Newtonschen Gesetzes) erfüllt. Insbesondere können also z_1 und z_2 aus*

$IC \cap I^*$ *zu Modellen von* KPM^{IC} *ergänzt werden, so daß (ii) aus (7.3) einen leeren empirischen Gehalt hat.*

Für eine Beweisskizze vgl. 7.7,(VI).
Weiterhin gilt:

Th. 7-4 *Die Anforderungen, die* (**RS***) *an diejenigen Massen- und Kraftfunktionen stellt, welche zur Bildung theoretischer Ergänzungen für* z_1 *und* z_2 *herangezogen werden, sind so stark, daß dadurch die Massenfunktion bis auf Eichtransformationen eindeutig festgelegt wird.*

Zum Beweis vgl. 7.7,(VII).

Einfachheitshalber ordnen wir dem Objekt p_1 aus P_1 die Masse 1 zu: $m_1(p_1) = 1$. Dann haben auch die Massen von p_2 und p_3 eindeutig bestimmte Werte und, wie wir uns bereits in 7.3 überlegten, sogar die Massen der Objekte in z_3, z_4 und z_5. Ferner gilt noch das weitere, ebenfalls bereits in 7.3 angekündigte ‚empirische Trivialitätsresultat':

Th. 7-5 *Jede kinematische Beschreibung harmonischer Schwingungen kann auf solche Weise zu einem Modell des Prädikates KPM ergänzt werden, daß die Kraftfunktion das Gesetz von Hooke erfüllt.*

Daher stellt die in (5) von (**RS***) *enthaltene Forderung, daß die für* z_i *($3 \leq i \leq 5$) zur theoretischen Ergänzung herangezogenen Kraftfunktionen eine resultierende Kraft liefern, die das Gesetz von Hooke erfüllt, keine zusätzliche Einschränkung dar; sie ist empirisch gehaltleer. Dies gilt auch dann, wenn die zur theoretischen Ergänzung herangezogenen Massenfunktionen bereits vorgegeben sind.*

Zum Beweis vgl. 7.7, (VIII).
Sofern die Überlegungen am Ende von 7.3 sowie die dort gemachten Andeutungen richtig sind, müssen wir bei dem Versuch, den empirischen Gehalt von (**RS***) ‚stückweise' zu erfassen, mit den Trivialisierungsfeststellungen zu einem Ende gelangt sein. Tatsächlich gilt:

Th. 7-6 *Während* (**RS***) *bei Weglassung von (8) eine empirisch leere Aussage wäre, ist* (**RS***) *unter Einbeziehung von (8) eine empirisch falsifizierbare Aussage.*

Wie der in 7.7, (IX) gegebene Beweis zeigt, wird durch die Bestimmung (8) den Schwingungsperioden θ_i in z_i ($3 \leq i \leq 5$) eine bestimmte, empirisch nachprüfbare Forderung auferlegt. Im Einklang mit der Annahme am Ende von 7.3 soll von nun an vorausgesetzt werden, daß die kinematischen Messungen *andere* als die vorausgesagten Werte liefern.

In diesem Abschnitt haben wir, nach einer kurzen, einleitenden Rückerinnerung an die Formen von Theorienimmunität, einige intuitive Überlegungen von 7.3 präzisiert und dort aufgeworfene Fragen beantwortet. Im folgenden wollen wir uns ganz der Frage zuwenden, was man angesichts der empirischen Widerlegung von (**RS***) tun kann, ‚um die Dinge wieder in Ordnung zu bringen'.

7.5 Alternative Revisionsmöglichkeiten und ‚Kuhn-Loss-Eigenschaft'

Es bestehen verschiedene Möglichkeiten, den ‚Widerspruch zwischen Theorie und Erfahrung' durch solche Änderungen am Aufbau der Theorie T^* zu beseitigen, daß der resultierende Ramsey-Sneed-Satz mit den Meßdaten im Einklang steht. Diese Möglichkeiten sollen jetzt systematisch untersucht werden.

(I) Abschwächung der Forderung einer speziellen Querverbindung

Der schrittweise unternommene Versuch, den Gehalt der empirischen Behauptung (**RS***) zu ermitteln und das damit parallel laufende Bemühen, den Punkt zu lokalisieren, der für das Scheitern des Ramsey-Sneed-Satzes an der Erfahrung verantwortlich zu sein scheint, hat die Aufmerksamkeit zwanglos auf die letzte Teilbestimmung (8) von (**RS***) gelenkt. Denn ohne (8) wäre (**RS***) mathematisch wahr; erst mit (8) zusammen wird er empirisch nachprüfbar.

Also liegt es nahe, diese Teilbestimmung (8) für das Scheitern verantwortlich zu machen.

Anmerkung. Diese mit „es liegt nahe" beginnende vorsichtige Formulierung wurde bewußt gewählt und nicht die viel stärkere Behauptung: (a) „Damit ist (8) falsifiziert".
Denn (a) würde die Aussage implizieren, daß es keine Revisionsalternativen gibt, die (8) intakt lassen. Doch dies wäre falsch, wie die folgenden Betrachtungen verdeutlichen werden. Das zeigt, daß wir angesichts der vorliegenden Meßdaten zwar berechtigt sind, von einer empirischen Falsifikation von (**RS***) zu sprechen, daß wir hingegen diese Falsifikationsbehauptung *nicht* vom *ganzen* Satz (**RS***) auf die *Teil*aussage (8) übertragen dürfen, und zwar trotz der Tatsache, daß die intuitiven Überlegungen in 7.3 die Quelle für den Konflikt in (8) lokalisierten.
Wer dies merkwürdig findet, dem kann im gegenwärtigen Kontext nur gesagt werden, daß die Unübertragbarkeit der Falsifikationsbehauptung von (**RS***) auf (8) gerade die Art und Weise ist, in der sich die Richtigkeit der holistischen These in unserem Miniaturbeispiel manifestiert.

C_G^* fordert gemäß Bestimmung (8), daß gilt:

(b) $k_3 = k_4 = k_5$,

was gemäß der Definition der k_i im Beweis von Th. 7-5 auf die Behauptung hinausläuft:

(c) $\dfrac{\tilde{m}(p_1)}{\theta_3^2} = \dfrac{\tilde{m}(p_2)}{\theta_4^2} = \dfrac{\tilde{m}(p_2 \circ p_3)}{\theta_5^2}$;

dabei bezeichnet θ_i die in der i-ten Anwendung ($3 \leq i \leq 5$) eindeutig bestimmte Schwingungsperiode und $\tilde{m}$ sei wie zuvor (in 7.3) definiert.

Die empirischen Messungen mögen jedoch ergeben, daß zwar die beiden ersten Werte miteinander identisch, jedoch verschieden vom dritten Wert sind, also:

(d) $k_3 = k_4 \neq k_5$.[4]

Wir ersetzen nun die Bestimmung (8) von (**RS***) durch die schwächere:

(8′) $\{x_3, x_4\} \in C_G^*$.

Die Ersetzung von (8) durch (8′) bewirkt, daß die resultierende empirische Behauptung, nennen wir sie (**RS*′**), eine empirisch gehaltvolle Aussage darstellt, obzwar eine gegenüber (**RS***) schwächere, die aber nun mit den empirischen Meßdaten wieder im Einklang steht. (Hätten wir dagegen auf (8′) ganz verzichtet, so bliebe natürlich nur ein mathematisch wahrer Satz übrig, der identisch ist mit demjenigen, der aus (**RS***) durch Weglassung von (8) entstand.)

Bevor wir die anderen Revisionsalternativen betrachten, soll noch ein Seitenblick auf eine Möglichkeit geworfen werden, die wir gemäß Ankündigung ausdrücklich nicht in Betracht ziehen wollten, die jedoch im gegenwärtigen Kontext eine interessante Illustration eines anderen und vieldiskutierten Aspektes des Theorienwandels liefert: Der empirische Konflikt, welcher unsere Ausgangsschwierigkeit bildete, könnte mit einem Schlage und auf die einfachste Weise behoben werden, wenn wir uns zu dem Entschluß durchringen könnten, z_5 nicht mehr als Element der Menge der intendierten Anwendungen zu betrachten (denn (8′) wäre dann mit (8) identisch und der Einklang mit den gewonnenen Meßdaten von vornherein gewährleistet).

Im vorliegenden Fall würde man eine solche Möglichkeit – nämlich Ausschluß von z_5 aus I^* – sicherlich nicht in Erwägung ziehen, da uns die eben diskutierte Abschwächung von (8) zu (8′) zur Verfügung steht, bei der kein Eingriff in den Anwendungsbereich erforderlich wird. Dies zeigt jedoch zunächst nur, daß Wissenschaftler eine Beschneidung von I als einen *relativ zentralen* Eingriff in ihre Theorie ansehen würden, dessen Vermeidung sie lieber mit einem relativ *peripheren* Eingriff, wie der eben diskutierten Abschwächung von (8) zu (8′), erkaufen würden.

Die Situation kann jedoch eine wesentlich dramatischere Gestalt annehmen, nämlich *wenn der Verzicht auf eine Reduzierung von I nur mit einem Eingriff in die grundlegenden Bestandteile der mathematischen Superstruktur der Theorie erkauft werden kann.*

Um uns von einer solchen Situation ein anschauliches Bild machen zu können, müssen wir für unser Miniaturbeispiel fingieren, daß (aus irgend welchen Gründen) die Abschwächung von (8) ebensowenig in Frage käme wie die Aufgabe eines Spezialgesetzes (vgl. (II)). Dann würden die Forscher vor der folgenden radikalen Alternative stehen: *entweder* die sich bereits im Basiskern der Theorie manifestierende theoretische Struktur der Theorie abzuschwächen *oder* denjenigen Bereich der intendierten Anwendungen, der sich bisher

---

4 Es sei angemerkt, daß diese Bedingung in eine Aussage ‚übersetzt' werden kann, in der ausschließlich T^*-nicht-theoretische (und damit KPM-nicht-theoretische), kinematische Größen auftreten. (Für Einzelheiten dazu vgl. 7.7, Beweis von Th. 7-6, sowie GÄHDE, [T-Theoretizität], S. 26f. und S. 149f.)

bewährte und der daher sogar als gesichert galt, durch Entfernung von partiellen Modellen — in unserem Beispiel durch Entfernung von z_5 – zu verkleinern.

Diese Alternative erinnert an einen Aspekt wissenschaftlicher Veränderungen, auf den T. S. KUHN mehrfach hingewiesen hat, da er nach ihm für viele Fälle des Theorienwandels typisch ist. Danach wird der Fortschritt in einer Hinsicht häufig durch Rückschritt in einer anderen erkauft; und die Rede vom Fortschritt läßt sich nur durch das *Werturteil* rechtfertigen, daß die erzielten Vorteile *wichtiger* sind als die erlittenen Einbußen. Dieses als „*Kuhn-Loss*" bezeichnete Merkmal bildet den Gegenstand heftiger Kontroversen. KUHNS Gegner haben dieses Phänomen entweder ganz zu bestreiten oder zu verharmlosen versucht. Die geschilderte Alternative liefert sowohl eine Illustration und Präzisierung als auch eine Rechtfertigung der Kuhnschen Betrachtungen.

Durch Rückgriff auf die in Kap. 3 eingeführten dynamischen Begriffe läßt sich dieser Aspekt zusätzlich veranschaulichen. Nehmen wir an, das zum gegenwärtigen Zeitpunkt h verfügbare Kernnetz sei zu einem nicht weit zurückliegenden historischen Zeitabschnitt h' in der Basis bereichert worden; es habe also in diesem grundlegenden Teil der Theorie ein *theoretischer Fortschritt* stattgefunden. Zu einem anderen, ebenfalls nicht weit zurückliegenden Abschnitt h'' sei die Menge der intendierten Anwendungen erweitert worden; es habe außerdem ein *empirischer* (und evtl. ein *epistemischer*) Fortschritt stattgefunden. Nun tritt ein Konflikt von der geschilderten Art auf, der laut Annahme nicht durch Abschwächung eines Gesetzesconstraints oder Aufgabe eines Spezialgesetzes behebbar ist. Dann haben die Forscher zur Zeit h nur die Wahl, *entweder* am theoretischen Fortschritt festzuhalten und dafür einen empirischen (und epistemologischen) Rückschritt in Kauf zu nehmen *oder* sich weiterhin des empirischen (und epistemologischen) Fortschritts zu erfreuen, dafür aber den Preis eines theoretischen Rückschritts zu bezahlen.

Damit gehen zwangsläufig subjektive Werturteile bereits in den Begriff des ‚normalwissenschaftlichen Fortschritts' ein. Dies aber bedeutet selbstverständlich nicht, daß *wissenschaftlicher Fortschritt* als solcher eine arationale oder gar irrationale Erscheinung würde.

Wir wenden uns jetzt den in dieser Nebenbetrachtung vorweggenommenen anderen Revisionsalternativen zu.

(II) Preisgabe einer allgemeinen Querverbindung

Statt durch Preisgabe von (8) kann der Einklang von (**RS***) mit der Erfahrung in der Weise hergestellt werden, daß (8) beibehalten, hingegen das Extensivitätsprinzip $C_m^{\langle o, +\rangle}$ fallengelassen wird. Dies läßt sich wie folgt einsehen:

Für die drei Objekte p_1, p_2 und p_3 sei die jetzt geltende Massenfunktion $\tilde{m}'$ identisch mit $\tilde{m}$ von 7.3, also

(a) $\tilde{m}'|_{\{p_1, p_2, p_3\}} = \tilde{m}|_{\{p_1, p_2, p_3\}}$,

während für das Objekt $p_2 \circ p_3 \in P_5$ gelte:

(b) $\tilde{m}'(p_2 \circ p_3) := \dfrac{k'_3 \theta_5^2}{4\pi^2}$.

k'_3 ist eindeutig bestimmt durch

$k'_3 = \dfrac{4\pi^2 \tilde{m}(p_1)}{\theta_3^2} = \dfrac{4\pi^2 \tilde{m}(p_2)}{\theta_4^2}$ (vgl. den Beweis von Th. 7-5).

Wegen der Gültigkeit der Teilbestimmung (8) von (**RS***) gilt: $k'_3 = k'_4 = k'_5$.

Man erkennt leicht, daß die Extensivitätsforderung diesmal nicht erfüllt sein kann. Denn einerseits gilt wegen der im Fall (I) bestehenden Extensivität von $\tilde{m}$ sowie der dortigen Ungleichung $k_3 \neq k_5$ auch:

$$\dfrac{\tilde{m}(p_1)}{\theta_3^2} \neq \dfrac{\tilde{m}(p_2) + \tilde{m}(p_3)}{\theta_5^2} \left(= \dfrac{\tilde{m}(p_2 \circ p_3)}{\theta_5^2} \right).$$

Diese Ungleichung läßt sich gemäß Definition von $\tilde{m}'$ auch so formulieren:

(1) $\dfrac{\tilde{m}'(p_1)}{\theta_3^2} \neq \dfrac{\tilde{m}'(p_2) + \tilde{m}'(p_3)}{\theta_5^2}$.

Wegen $k'_3 = k'_5$ gilt aber andererseits:

(2) $\dfrac{\tilde{m}'(p_1)}{\theta_3^2} = \dfrac{\tilde{m}'(p_2 \circ p_3)}{\theta_5^2}$.

Wären die beiden Zähler der rechten Seiten von (1) und (2) identisch, so ergäbe sich ein Widerspruch. Also kann *nicht* gelten: $\tilde{m}'(p_2 \circ p_3) = \tilde{m}'(p_2) + \tilde{m}'(p_3)$; d.h. $\tilde{m}'$ erfüllt nicht den allgemeinen Extensivitätsconstraint $C_m^{\langle \circ, + \rangle}$.

(III) Preisgabe eines speziellen Gesetzes

Als letzte Möglichkeit einer Wiederherstellung des ‚Einklanges von Theorie und Erfahrung' soll die Preisgabe eines Spezialgesetzes und seine Ersetzung durch ein schwächeres in Erwägung gezogen werden.

Da die in diesem Fall etwas komplizierter verlaufenden späteren Überlegungen zu Mißverständnissen oder Fehldeutungen führen könnten, seien ein paar erläuternde Bemerkungen bereits jetzt vorweggenommen.

Wie die intuitiven Betrachtungen in 7.3 lehrten, schien es durchaus möglich zu sein, die Stelle in (**RS***) eindeutig zu lokalisieren, die für das Scheitern dieser Aussage an der Erfahrung verantwortlich ist, nämlich die Bestimmung (8), also die spezielle Querverbindung C_G^* (deren Abschwächung dann sogar nur die letzte intendierte Anwendung z_5 tangiert). Wie die im folgenden diskutierte Revision eines Spezialgesetzes zeigen wird, kann man die spezielle Korrektur ‚an eine ganz andere Stelle verschieben': Während im Fall (I) eine Korrektur bei den für z_5 anzubringenden theoretischen Ergänzungen vorgenommen worden ist, sollen diesmal die Forderungen unangetastet bleiben, die der Ramsey-Sneed-Satz in bezug auf die theoretischen Ergänzungen für z_1, z_3, z_4 und z_5 stellt. Statt dessen soll jetzt die Forderung preisgegeben werden, daß die bei der theoretischen Ergänzung von z_2 zu x_2 angefügte Kraftfunktion das Spezialgesetz „*actio = reactio*" erfüllt.

Hier ist es zunächst wichtig, den Unterschied beim Vergleich zwischen den beiden Revisionsalternativen (I) und (II) einerseits, (I) und (III) andererseits zu erkennen. Daß im Prinzip (I) durch (II) ersetzt werden kann, ist nicht weiter verwunderlich. Denn hier wird eine Korrektur im ‚Mittelbau' der Theorie ersetzt durch eine Korrektur *an einer viel zentraleren Stelle der Theorie*. Von einer ‚Verschiebung an eine andere Stelle' kann daher hier kaum die Rede sein. Demgegenüber ist, intuitiv gesprochen, die Revisionsalternative (III) ebenso wie die von (I) eine solche, die ebenfalls nur den theoretischen Mittelbau betrifft. Und dies mag zunächst überraschen. Denn in (III) wird auf die in 7.3 geschilderte Lokalisation des Konfliktes überhaupt keine Rücksicht genommen.

Auf den ersten Blick bestätigt dies die holistische Position oder stärkt sie zumindest. Denn der Holist insistiert ja darauf, daß es stets mehrere Revisionsalternativen gibt, und zwar selbst dann, wenn die intuitiven Betrachtungen die Wurzel für den Konflikt eindeutig zu lokalisieren scheinen. Wie die späteren Überlegungen zeigen werden, sind jedoch die Alternativen (I) und (III) nicht gleichwertig. Wir werden einen zwingenden Grund dafür angeben, daß der Alternative (I) gegenüber (III) der Vorzug zu geben ist.

Ein Gegner des Holismus, der nur dieses Resultat erfährt, ohne sich seine genaue Begründung vergegenwärtigen zu können, wird daraus den folgenden naheliegenden Schluß ziehen: „Der prima-facie-Eindruck, wonach die Bestimmung (8) von (**RS***) für den Konflikt mit den Meßdaten verantwortlich ist und der Fehler letztlich in z_5 zu lokalisieren ist, hat sich nun, wenn auch auf Umwegen, nachträglich voll bestätigt. Das ‚holistische Manöver', den Ort des Konflikts an eine andere Stelle zu verlagern, hat sich als inakzeptabel erwiesen."

Damit aber würde sich der Gegner des Holismus die Sache zu leicht machen. Die eben zitierte Überlegung würde nämlich auf einem *Fehlschluß* beruhen. Es ist zwar richtig, daß wir später der Revisionsalternative (I) gegenüber der Alternative (III) den Vorzug geben werden. Doch hat die dafür gelieferte Begründung absolut nichts mit einer angeblich fehlerhaften Lokalisation des Ortes, an dem der Konflikt auftrat, zu tun. Vielmehr wird die genauere Analyse ergeben, daß die Alternative (III) *bloß scheinbar* in der *Revision eines einzigen Spezialgesetzes* besteht. Denn diese Revision berührt, wie sich zeigen läßt, einen Erhaltungssatz und damit, ebenso wie (II), einen *zentralen* Teil der Theorie. Man muß sich also die Begründung genau ansehen, um nicht zu einem Fehlurteil, wie z. B. dem oben geschilderten, zu gelangen.

Wir gehen jetzt zur Beschreibung der dritten Revisionsmöglichkeit über. Ein neues Spezialgesetz wird durch folgendes Prädikat festgelegt:

$KPM'(x) :\leftrightarrow$ Es gibt P, T, s, m, f, so daß
  (1) $x = \langle P, T, s, m, f \rangle \in KPM$;
  (2) $\wedge p \wedge t \wedge j\, (p \in P \wedge t \in T \wedge j \in \mathbb{N} \setminus \{1\} \rightarrow f(p, t, j) = 0)$.

Wie der Vergleich von KPM' mit KPM^{IC} zeigt, fehlt in KPM' die Beschränkung auf zweizahlige Bereiche (was für das folgende unwesentlich ist) und es fehlt die zusätzliche Forderung, daß die einzige nicht-verschwindende Kraftart das Prinzip „actio = reactio" erfüllt.

Das in KPM' formulierte Gesetz wird nicht etwa gegen ein früheres Spezialgesetz ausgetauscht, sondern der Klasse der Gesetze G^* hinzugefügt, also:

$$G^{*\prime} := G^* \cup \{KPM'\} = \{KPM, KPM^{IC}, KPM^{HO}, KPM'\}.$$

Die neue Anwendungsrelation $\alpha^{*\prime}$ lautet:
(1) $D_I(\alpha^{*\prime}) = PK$;
(2) $D_{II}(\alpha^{*\prime}) = G^{*\prime}$, wobei
$\wedge z((z = z_1 \to \alpha^{*\prime}(z) = KPM^{IC}) \wedge (z = z_2 \to \alpha^{*\prime}(z) = KPM') \wedge$
$\wedge (z \in \{z_3, z_4, z_5\} \to \alpha^{*\prime}(z) = KPM^{HO}) \wedge (z \in PK \setminus I^* \to \alpha^{*\prime}(z) = KPM))$.

Der Vergleich mit α^* zeigt bereits, worauf die gegenwärtige Abschwächung hinausläuft[5]: Während bezüglich der Ergänzungen zu z_1, z_3, z_4 und z_5 ‚alles beim Alten bleibt', wird bezüglich z_2 zwar diejenige Teilforderung von KPM^{IC} beibehalten, welche verlangt, daß es nur eine einzige nicht-verschwindende Kraftart gibt; *dagegen wird für die theoretische Ergänzung zu z_2 die zusätzliche frühere Forderung fallengelassen, daß die Kraftart das Prinzip „actio = reactio" erfüllt.*

Dies soll noch dadurch explizit gemacht werden, daß wir den neuen erweiterten Strukturkern sowie den neuen Ramsey-Sneed-Satz anschreiben:
An die Stelle des früheren E^* tritt:

$$E^{*\prime} := \langle PM, PK, r_{\{m, f\}}, KPM, C_m^{\langle \approx, = \rangle} \cap C_m^{\langle o, + \rangle}, G^{*\prime}, C_G^*, \alpha^{*\prime} \rangle.$$

Und der Ramsey-Sneed-Satz (**RS*'**) geht aus (**RS***) durch die folgende Modifikation hervor:
Die Bestimmungen (1) bis (3) und (5) bis (8) von (**RS***) bleiben unverändert, während (4) zu ersetzen ist durch:

(4') (a) $x_1 \in KPM^{IC}$;
(b) $x_2 \in KPM'$.

Dadurch wird also ausgedrückt, daß x_1 dasselbe Prädikat KPM^{IC} erfüllt wie früher, während x_2 zum Unterschied von früher nur mehr das schwächere Prädikat KPM' erfüllt.

Dieser neue Ramsey-Sneed-Satz (**RS*'**) steht mit den Meßdaten nicht mehr in Konflikt, wie man sich folgendermaßen klarmachen kann:

---

5 Es sei daran erinnert, daß die Extension von IC in I^* genau die beiden partiellen Modelle z_1 und z_2 umfaßt und die von HO genau die drei partiellen Modelle z_3, z_4 und z_5.

Nennen wir die durch (**RS***) ursprünglich festgelegte Massenfunktion (wieder) $\tilde{m}$. Dann ändert sich jetzt bezüglich der theoretischen Ergänzungen für z_1, z_3 und z_4 gegenüber früher überhaupt nichts. Diese partiellen Modelle werden erstens durch die Massenfunktionen

$$m_i := \tilde{m}_{|P_f} \ (i \in \{1, 3, 4\})$$

sowie zweitens durch die genauso wie früher definierten Kraftfunktionen f_i zu Modellen x_1, x_3 und x_4 von *KPM* ergänzt. Damit können auch k_3 und k_4 so wie früher definiert werden (vgl. den Beweis von Th. 7-5); diese beiden Größen sind in x_3 und x_4 eindeutig bestimmt.

Außerdem wird bei den gegenwärtig diskutierten Revisionsalternativen an (8) festgehalten. Dadurch verfügen wir bereits über alle erforderlichen Informationen, um die für die theoretische Ergänzung von z_5 benötigte Massenfunktion – nennen wir sie m'_5 – eindeutig festzulegen: *Nur* die Funktion

$$m'_5 : P_5 \to \mathbb{R}^+$$
$$m'_5(p_2 \circ p_3) = \frac{k_3 \theta_5^2}{4\pi^2}$$

liefert eine Ergänzung von z_5 zu einem Modell von KPM^{HO}, so daß auch (8) erfüllt ist. Die in dieser Ergänzung benötigte Kraftfunktion f'_5 ist dabei durch das so vorgegebene m'_5 sowie die beiden Forderungen eindeutig festgelegt, daß das zweite Axiom von Newton gilt und außerdem nur eine nicht-verschwindende Kraftart auftritt. (Das Gesetz von HOOKE wird durch f'_5 auch erfüllt; vgl. dazu ebenfalls den Beweis von Th. 7-5).

Es bleibt somit nur noch z_2 mit seinem Gegenstandsbereich $P_2 = \{p_2, p_3\}$ zu betrachten. Bezüglich der dort geltenden Massenfunktion m'_2 gewinnen wir über die beiden Querverbindungen $C_m^{\langle \approx, = \rangle}$ und $C_m^{\langle \circ, + \rangle}$ sofort eine Festlegung; denn es muß gelten:

(a) $m'_2(p_2) = m_1(p_2)$;
(b) $m'_2(p_3) = m'_5(p_2 \circ p_3) - m_1(p_2)$.

Schließlich ist die für die theoretische Ergänzung von z_2 zu x_2 benötigte Kraftfunktion f'_2 ganz analog wie im Fall z_5 eindeutig festgelegt (nämlich durch das mittels (a) und (b) gegebene m'_2 sowie die beiden Forderungen, daß nur eine nicht-verschwindende Kraftart auftritt und daß diese letztere das zweite Axiom von Newton erfüllen muß). (Daß diese Festlegung nicht mit anderen Bestimmungen in Widerstreit gerät, ergibt sich aus dem Beweis zu Th. 7-3.)

Vollständigkeitshalber schreiben wir die Definition der neuen Massenfunktion $\tilde{m}'$ explizit an:

$$\tilde{m}' : \tilde{P} \to \mathbb{R}^+$$
$$\tilde{m}' := m_1 \cup m'_2 \cup m_3 \cup m_4 \cup m'_5.$$

Damit ist die Beschreibung der dritten Revisionsmöglichkeit beendet. Es ist zugleich die letzte uns offen stehende Alternative[6]. Insbesondere ist die *prima-facie-Möglichkeit*, die zusätzliche Forderung nach Gültigkeit des Gesetzes von HOOKE für die theoretischen Ergänzungen von z_3, z_4 und z_5 zu Modellen von *KPM* aufzugeben, keine *echte* Alternative, wie unmittelbar aus Th. 7-5 hervorgeht.

7.6 Holismus und die Rangordnung zwischen den Revisionsalternativen

Konzentrieren wir uns zunächst nochmals auf die bereits zu Beginn von 7.4 angesprochene Theorienimmunität, wobei wir das Ergebnis von Th. 7-2 hinzunehmen. Wenn wir bedenken, daß die Identitätskriterien für eine Theorie im Strukturkern $\langle K, I \rangle$ verankert sind und daß dieser, da als nichtlinguistische Entität rekonstruiert, nur über die Falsifikation mit ihm assoziierter Sätze ‚indirekt widerlegt' werden könnte, so gelangen wir zu folgender Alternative:

(A) Das in der Menge M von K ‚verschlüsselt' enthaltene Fundamentalgesetz der Theorie T – also z. B. im Falle unserer Miniaturtheorie T^* das zweite Gesetz von NEWTON – ist, für sich allein genommen, wegen der darin vorkommenden T-theoretischen Terme nicht empirisch überprüfbar und damit nicht falsifizierbar. Nennen wir dieses Gesetz die theoretische Grundaussage von T, dann können wir diese empirische Unwiderlegbarkeit in folgendem Bild ausdrücken: *Die theoretische Grundaussage von T liegt in unendlicher Entfernung von der Erfahrung; sie ist unwiderlegbar, weil sie von keiner möglichen Erfahrung erreicht wird.*

(B) Wenn wir zu einer prinzipiell überprüfbaren Behauptung gelangen wollen, müssen wir daher in der theoretischen Grundaussage die theoretischen Terme gemäß dem Ramsey-Verfahren eliminieren. Dadurch gewinnen wir die schwache Theorienproposition oder, in anderen Worten, den Ramsey-Sneed-Satz des Strukturkerns von T. *Diese Aussage ist ein mathematisch wahrer Satz*, wie Th. 7-2 zeigt. Auch sie ist also empirisch unwiderlegbar, aber aus dem umgekehrten Grund wie das Fundamentalgesetz ‚in Originalfassung': *Sie durchdringt,* im Bild gesprochen, *widerstandslos jede mögliche Erfahrung, da sie mit allen denkbaren Beobachtungen verträglich ist.*

Eine Widerlegung der Theorie auf dieser allgemeinen Ebene ist also nicht möglich: die theoretische Grundaussage ist empirisch unerreichbar und der ihr entsprechende Ramsey-Sneed-Satz ist empirisch leer. Dies ist unsere abschließende Feststellung zur Theorienimmunität erster Art. Gleichzeitig kann sie als

---

6 Sofern man von der ‚radikalen' Möglichkeit der Aufgabe des Constraints $C_m^{\langle \approx, = \rangle}$ absieht. Ein derartiger Eingriff würde aber bedeuten, daß ein und demselben Objekt in verschiedenen Anwendungen der Mechanik verschiedene Massen zugeordnet werden könnten; ein Vorgehen, das mit dem Massenbegriff der klassischen Mechanik völlig unvereinbar wäre.

die erste Hälfte der strengen Begründung des zweiten holistischen Kernsatzes von II/2, IX, 8.a, S. 271 angesehen werden. Die zweite Hälfte muß über eine genauere Analyse der Theorienimmunität zweiter Art verlaufen. Denn an sich wäre es ja denkbar, daß man, zumindest in gewissen Fällen, vom Scheitern eines erweiterten Strukturkernes (über die empirische Falsifikation des mit ihm assoziierten Ramsey-Sneed-Satzes) auf ein Scheitern der Theorie schließen könnte. Zweckmäßigerweise verschieben wir diese Analyse, bis die Diskussion des Problems der *Rangordnung* zwischen den drei in 7.5 geschilderten Revisionsalternativen abgeschlossen ist.

Der erste Kernsatz des Holismus, wonach eine Theorie als Ganzes akzeptiert oder als Ganzes verworfen wird (II/2, S. 271), ist innerhalb des strukturalistischen Rahmens eine Selbstverständlichkeit, *sofern* dieser Kernsatz auf ein ‚linguistisches Gebilde' angewendet wird, nämlich auf das ‚was die Theorie zu einem bestimmten Zeitpunkt zu sagen hat'. Denn dieses linguistische Gebilde ist im allgemeinen eine einzige unzerlegbare Aussage, nämlich der Ramsey-Sneed-Satz des jeweils vorliegenden erweiterten Strukturkernes (bzw. Theoriennetzes)[7]. Man kann daher sagen: Der Zwang, wegen des Vorkommens T-theoretischer Terme die empirische Behauptung einer Theorie als Ramsey-Sneed-Satz formulieren zu müssen, macht diesen ersten Aspekt des Holismus zu etwas trivial Richtigem.

Nichttrivial wird die holistische Betrachtungsweise erst dann, wenn dieser Satz an der Erfahrung scheitert. Dann nämlich, so behauptet der Holist, gibt es erstens nicht nur eine, sondern *verschiedene* Möglichkeiten, den Einklang mit der Erfahrung wiederherzustellen; zweitens sind diese Möglichkeiten nicht gleichwertig, sondern es läßt sich zwischen ihnen eine *Rangordnung* oder *Präferenzordnung* (nach QUINE: ein Schema von Prioritäten) herstellen. Wir wollen diese beiden zusätzlichen Behauptungen die *erste* und die *zweite holistische Revisionsthese* nennen.

Die erste Revisionsthese haben wir für die Miniaturtheorie T^* bereits verifiziert. Diese These wird bei QUINE in der Weise formuliert, „daß das wissenschaftliche System als Ganzes bezüglich der Erfahrung *unterbestimmt* ist" (vgl. etwa [Grundzüge], S. 19). Bezüglich der zweiten Revisionsthese hat sich QUINE an verschiedenen Stellen klar geäußert[8]. Im Fall eines Konflikts mit der Erfahrung wird man versuchen, nach Möglichkeit zwei Klassen von Aussagen *nicht* zu revidieren: erstens diejenigen Aussagen, welche sich auf unsere sinnlichen Erfahrungen oder Beobachtungen beziehen; und zweitens diejenigen, die von den Beobachtungsaussagen am weitesten entfernt sind, da sie zentrale Bestandteile unserer Theorien bilden.

---

7   Durch die vorsichtige Formulierung „im allgemeinen..." soll angedeutet werden, daß auch Fälle von Theorienpropositionen denkbar sind, bei denen der zentrale empirische Satz in zwei oder mehrere Teilaussagen, deren jede die Form eines Ramsey-Sneed-Satzes besitzt, konjunktiv zerlegbar ist. Dieser Fall tritt dann ein, wenn die Anwendungsklasse *I* in disjunkte Teilklassen zerlegt werden kann, zwischen denen (genauer: zwischen deren Elementen) weder theoretische noch nicht-theoretische Querverbindungen wirken.

8   So z. B. in [Two Dogmas], S. 44, sowie in [Methods], S. XIIff. (deutsch: [Grundzüge], S. 19ff.).

Im Beispiel unserer Miniaturtheorie T^* lassen sich diese beiden Aussageklassen zwanglos präzisieren.

Zunächst zur ersten: Es lassen sich darin zwei Stufen unterscheiden. Zur niedrigsten Stufe gehören diejenigen Aussagen, die in den *Meßdaten* ihren Niederschlag finden. Zur höheren Stufe gehören alle Aussagen, welche die *kinematische Beschreibung* derjenigen Systeme beinhalten, für die T^* dynamisch-erklärende Modelle liefern soll. Aussagen dieser beiden Klassen wird man erst dann zu revidieren bereit sein, wenn unabhängig von der Feststellung, daß (**RS***) an der Erfahrung scheiterte, *zusätzliche* Verdachtsgründe für ihre Falschheit auftreten. Da für unser Beispiel keine derartigen zusätzlichen Gründe angenommen worden sind, haben wir auch, in vollkommener Übereinstimmung mit Quines Überlegung, diese beiden Klassen von Fällen nicht in die Revisionsalternativen mit aufgenommen. Bei denjenigen Aussagen, die wir als zur ‚höheren Stufe' gehörig rechnen, kommt ein weiterer Gesichtspunkt zur Geltung, der implizit in den Quineschen Überlegungen enthalten ist und der sich folgendermaßen präzisieren läßt:

Wenn in der hierarchischen Anordnung von Theorien eine Theorie T_2 eine Theorie niedrigerer Stufe T_1, die näher an der Erfahrung liegt, voraussetzt, so wird man, wenn T_2 mit der Erfahrung in Konflikt gerät, zunächst die Revisionsmöglichkeiten von T_2 ausschöpfen, bevor man zu einer Revision der zugrundeliegenden Theorie T_1 fortschreitet.

Gehen wir nun zur zweiten Aussageklasse über. In ‚strukturalistischer Übersetzung' besagt die Quinesche Forderung, daß man nach Möglichkeit auf solche Revisionen verzichten soll, welche den Strukturkern betreffen, und zuvor nach Revisionsmöglichkeiten Umschau halten möge, die nur den ‚Mittelbau' der Theorie, in unserer Sprechweise: *spezielle Gesetze* und *spezielle Querverbindungen*, betreffen.

Legt man diese Rangordnung zugrunde, so ist klar, wie eine Entscheidung auszusehen hätte, wenn man sich auf die ersten beiden Alternativen (I) und (II) von 7.5 beschränken könnte: Da die geschilderte Abschwächung von (8) bloß den Mittelbau von T^* betrifft, die Preisgabe der Extensivität der Massenfunktion hingegen einen Eingriff in den Strukturkern der Theorie darstellt, *ist unbedingt die erste dieser beiden Alternativen vorzuziehen*.

Dies läßt sich zusätzlich durch die folgende, bereits auf S. 112 von II/2 angedeutete Überlegung stützen: Weder die Bedingung, daß ein beliebiges Objekt stets dieselbe träge Masse haben soll – unabhängig davon, in welcher Anwendung der klassischen Mechanik es auftritt – noch die weitere Forderung der Extensivität dieser Massenfunktion stellt eine empirische Hypothese dar. Vielmehr handelt es sich um eine mit dem Massenbegriff dieser Theorie unmittelbar verbundene Grundforderung. Ein klassischer Physiker, der tatsächlich den Weg der Alternative (II) ginge, wäre in den Augen seiner Fachkollegen ein Mann, der eine neuartige Theorie aufzubauen versucht. Angesichts der ‚normalwissenschaftlichen' Revisionsalternative (I) würden sie seinen Versuch für unnötig und überflüssig betrachten. Diese fiktive Abschweifung in die Soziologie wissenschaftlicher Gemeinschaften illustriert, auf welche Weise die

Tatsache, daß $C_m^{\langle 0, +\rangle}$ zum Kern unserer Theorie gehört, einen psychologischen Niederschlag findet.

Auf Schwierigkeiten scheinen wir dagegen zu stoßen, wenn wir die beiden Revisionsalternativen (II) und (III) einander gegenüberstellen. Beide *scheinen* bloß den ‚Mittelbau' zu betreffen und daher gleichwertig zu sein. Dennoch gibt es auch hier eine eindeutige Lösung. Sie beruht auf einem Zusammenhang, der bislang unsichtbar blieb und der in einem eigenen Satz festgehalten werden soll:

Th. 7-7 *Wenn das zweite Newtonsche Axiom als gültig vorausgesetzt wird, ist die erste Teilforderung des dritten Newtonschen Axioms, nämlich das Prinzip „actio = reactio", gleichwertig mit dem Impulserhaltungssatz.*

Zum Beweis vgl. 7.7, (X).

Diese zunächst verborgen gebliebene Verbindung ermöglicht eine rasche Entscheidung. Da nämlich auch Erhaltungssätze *zentrale Aussagen* physikalischer Theorien darstellen, wird man, sobald der in Th. 7-7 formulierte Zusammenhang erkannt ist, auch die Alternative (III) von 7.5 nicht wählen, *so daß als einzige Revisionsalternative* (I), *also die Abschwächung der Bedingung* (8) *von* (**RS***), *übrig bleibt*.

Bislang sind immer wieder Präzisierungen der holistischen Wissenschaftsauffassung zur Sprache gekommen. Die zuletzt angestellte Überlegung kann als eine Rückwirkung des Holismus auf das ‚strukturalistische Denken' aufgefaßt werden. Sie läßt sich in der Forderung festhalten:

Erhaltungssätze und Invarianzen sind in den Basiskern einer Theorie einzubeziehen.

Dies steht zugleich im Einklang mit den Ergebnissen von Kap. 6. Denn für den Erfolg der dort geschilderten Bemühungen um ein innersystematisches Kriterium für *T*-Theoretizität war die Einbeziehung grundlegender Invarianzen wesentlich.

LAKATOS hat in [Research Programms], S. 184ff. (deutsch: [Forschungsprogramme], S. 179ff.) QUINES Holismus diskutiert. Was er die *„schwache Interpretation'* der Duhem-Quine-These nennt, fällt mit unserer ersten holistischen Revisionsthese zusammen. Sie wird von LAKATOS nicht bestritten. Dagegen vertritt nach ihm QUINE (zum Unterschied von DUHEM) auch die *‚starke Interpretation'*, welche jede *rationale* Auswahl-Regel zwischen den Alternativen ausschließt. LAKATOS leugnet damit, daß in QUINES Schriften etwas zu finden sei, was wir oben auch als zweite holistische Revisionsthese bezeichneten. Da es als ausgeschlossen erscheinen muß, daß LAKATOS die zitierten Stellen nicht kannte, muß man vermuten, daß er die fraglichen Ausführungen von QUINE für zu bildhaft-unbestimmt und damit für zu vage gehalten hat, um zur Formulierung einer ‚rationalen Auswahl-Regel' dienen zu können. Demgegenüber haben wir festgestellt, daß die von QUINE vertretene zweite Revisionsthese nach Paraphrasierung im strukturalistischen Begriffsapparat *sehr präzise Auswahlkriterien* liefert. Man kann daher mit Recht feststellen, daß alle gegen die ‚starke Interpretation der holistischen These' vorgebrachten Einwendungen *als gegen* QUINE *gerichtete Kritiken* deshalb gegenstandslos sind, weil QUINE diese Interpretation nicht nur niemals vertreten hat, sondern mit der zweiten holistischen Revisionsthese eine solche Interpretation sogar ausgeschlossen hat.

Es ist jetzt an der Zeit, nochmals auf die *Theorienimmunität zweiter Art* zu sprechen zu kommen. In der ursprünglichen Fassung beruhte die These ihres Bestehens auf einer Überlegung von folgender Art: „Kein endlich oftmaliges Scheitern des Versuches, mit Erfolg einen erweiterten Strukturkern" (in neuerer Sprechweise: „eine Netzverfeinerung") „zu konstruieren, ist ein Beweis dafür, daß kein geeigneter erweiterter Strukturkern (kein geeignetes verfeinertes Netz) existiert." Dies ließ allerdings die theoretische Möglichkeit offen, auf eine vielleicht sehr indirekte Weise zu zeigen, daß keine derartige Kernerweiterung existiert.

Auch in dieser Hinsicht liefert uns die Miniaturtheorie T^* eine zusätzliche Erkenntnis, *nämlich daß ein solcher ‚Nichtexistenzbeweis' ausgeschlossen ist*. Da diese für die (zweite Hälfte der) Begründung des zweiten holistischen Kernsatzes von größter Wichtigkeit ist, formulieren wir die Frage in der ‚Sprache des experimentum crucis' und geben dann den Beweis dafür, daß es ein solches Experiment mit negativem Ausgang nicht gibt.

Es sei $T = \langle K, I \rangle$ das einzige Basiselement (bzw. der Strukturkern) einer vorgegebenen empirischen Theorie. M_{pp} sei die Klasse der partiellen potentiellen Modelle von T. Unter einem

experimentum crucis mit negativem Ausgang für T

soll eine mögliche intendierte Anwendungsmenge $Z \in Pot(M_{pp})$[9] verstanden werden, die experimentell realisierbar ist und die folgende Bedingung erfüllt: Es ist unmöglich, einen erweiterten Strukturkern E zu finden, so daß der mit E bezüglich Z assoziierte Ramsey-Sneed-Satz (die mit E bezüglich Z assoziierte starke Theorienproposition) wahr wird.

Den Nachweis dafür, daß es kein solches experimentum crucis gibt, erbringen wir in zwei Schritten. Im ersten Schritt beziehen wir uns auf die Miniaturtheorie T^*.

(1) Es sei Z^* eine beliebige Klasse partieller Modelle von T^*. Nach Th. 7-1 kann Z^* zu einer Klasse von Modellen der Theorie ergänzt werden, so daß die beiden allgemeinen Querverbindungen $C_m^{\langle \approx, = \rangle}$ und $C_m^{\langle o, + \rangle}$ erfüllt sind. Sei X^* eine solche Klasse. Dann kann ein erweiterter Strukturkern E', für den die Theorienproposition im starken Sinn (der Ramsey-Sneed-Satz) bezüglich Z^* wahr wird, nach folgendem Verfahren gebildet werden: In jedem $x \in X^*$ tritt eine Massenfunktion m_x sowie eine Kraftfunktion f_x auf. (Für Details dazu, wie für vorgegebenes Z^* derartige Massen- und Kraftfunktionen gefunden werden können, vgl. den Beweis von Th. 7-1 in Abschn. 7.7.) Es wird nun eine Klasse G' von Gesetzen definiert, die für jedes $x \in X^*$ genau ein ‚Spezialgesetz' enthält. Dieses ‚Spezialgesetz' besteht in einer Prädikatverschärfung, die aus

---

9 Z ist also eine mögliche Menge *individueller* intendierter Anwendungen.

dem Grundprädikat KPM durch zusätzliche explizite Forderung der in x auftretenden Kraft- und Massenfunktion gebildet wird. Mit anderen Worten: Welche Massen- und Kraftfunktionen zur theoretischen Ergänzungsbildung verwendet werden sollen, wird in diesen ‚Spezialgesetzen' explizit vorgeschrieben. Zwischen den verschiedenen Prädikatverschärfungen kann es zu keinem Konflikt kommen, da in E' *keine speziellen Querverbindungen* eingeführt werden, d. h. für die formal zu bildende Klasse C'_G dieser Querverbindungen wird einfach $C'_G = Pot(PM)$ gesetzt.

Die Aussage $Z^* \in \mathbb{A}_e(E')$ ist dann trivial richtig.

(2) Das eben skizzierte Argument ist auf *sämtliche* Theorien übertragbar, welche die folgende Grundbedingung erfüllen: Jede Klasse partieller potentieller Modelle dieser Theorie läßt sich auf solche Weise zu einer Klasse von Modellen der Theorie ergänzen, daß die im Strukturkern (Basiskern) der Theorie enthaltenen allgemeinen Querverbindungen erfüllt sind.

Dieses Resultat gilt insbesondere für die klassische Partikelmechanik.

Somit ist die Theorienimmunität zweiter Art begründet und daher die noch ausstehende Hälfte des Beweises des zweiten holistischen Kernsatzes. Zusammen mit den Überlegungen zu Beginn dieses Abschnittes 7.6 ist dieser Kernsatz vermutlich so vollständig wie überhaupt möglich begründet.

Was den ersten Kernsatz bei nichtlinguistischer Deutung von „Theorie" betrifft, so liefert die Überlegung, welche wir im Anschluß an Th. 7-2 anstellten, seine bündigste Begründung: Der einmal gewählte Basiskern legt ein für allemal den Rahmen für alle späteren Wahlen fest; er findet Eingang sowohl in die Spezialgesetze als auch in die speziellen Querverbindungen, welche genaue Gestalt auch immer diese in bezug auf variierende Details haben mögen.

Hinsichtlich des Themas *Falsifizierbarkeit und Immunität* befinden wir uns plötzlich in einer ‚verkehrten Welt'. Während es zunächst klar zu sein schien, was „empirische Widerlegung einer Theorie" heißt, die Rede von der ‚Immunität von Theorien in bezug auf widerspenstige Erfahrungen' hingegen dunkel klang, verhält es sich jetzt genau umgekehrt. Die Formen der Theorienimmunität erwiesen sich als hinlänglich präzisierbare Begriffe. Mit *empirischer Widerlegung* jedoch scheint sich in bezug auf Theorien kein klarer Sinn verbinden zu lassen.

Was soll es z. B. angesichts des obigen Argumentes gegen das experimentum crucis besagen, daß die Miniaturtheorie T^* *an der Erfahrung scheitert*?

Diese Frage läßt sich beantworten. Aber die Antwort ist, um dies gleich vorwegzunehmen, nicht präzise. Jedenfalls kann sie nach dem Gesagten nicht darin bestehen, daß prinzipiell kein erweiterter Strukturkern zu finden ist, dessen zugehöriger Ramsey-Sneed-Satz wahr ist. Denn ein solcher Kern sowie ein mit ihm assoziierter wahrer Satz dieser Art kann *immer* gefunden werden. Wenn Physiker dennoch in vielen derartigen Fällen davon sprechen würden, daß die Theorie empirisch gescheitert sei, so deshalb, weil sie der im erweiterten Strukturkern vorkommenden Klasse von Gesetzen einschränkende Bedingungen auferlegen, nämlich daß diese Klasse eine *relativ geringe* Anzahl von *einfachen* Spezialgesetzen enthält.

Unter diesem Aspekt ist, wie GÄHDE hervorhebt, auch die Systematisierungsleistung der klassischen Mechanik zu sehen. Diese wesentliche Systematisierungsleistung besteht nämlich *nicht* darin, daß das zweite Newtonsche Axiom erfolgreich zur dynamischen Beschreibung beliebiger kinematischer Systeme verwendet werden kann – dies wäre nach dem Gesagten eine Trivialität. Sie besteht vielmehr darin, daß sich unter Rückgriff auf das zweite Axiom von NEWTON *und einige sehr wenige, einfach zu formulierende (Galilei-invariante) Spezialgesetze* alle bisher analysierten Systeme in dem Sinne ‚erfassen' lassen, daß mit Hilfe dieser Gesetze erweiterte Strukturkerne (bzw. Theoriennetze) gebildet werden können, so daß sich die mit ihnen assoziierten Ramsey-Sneed-Sätze (= starken Theorienpropositionen) bei Konfrontation mit den kinematischen Meßdaten bewähren.

Die Rede vom *Scheitern an der Erfahrung* ist also mit der unbehebbaren Vagheit von Begriffen wie „relativ gering" und „einfach" behaftet. Außerdem kann sie sich immer nur auf Erweiterungen der geschilderten Art beziehen. Ein Scheitern an der Erfahrung von solcher Art, daß der Strukturkern oder die Basis der Theorie preisgegeben werden müßte, welches also eine wissenschaftliche Revolution erzwingen würde – ein solches Scheitern kann es überhaupt nicht geben.

Schlußbemerkung. Auch ohne die im technischen Anhang 7.7 bewiesenen Details ist das vorliegende Kapitel verhältnismäßig umfangreich ausgefallen. Der Grund dafür liegt einerseits in der komplizierten Verzahnung von Theorienimmunität, strukturalistischer Gesetzeskonstruktion, holistischen Kernthesen und holistischen Revisionsthesen und außerdem in unserem Bemühen, diese Verzahnung ausführlich und möglichst vollständig aufzuzeigen, zum Teil durch einen zusätzlicher Illustration dienenden Rückgriff auf die Miniaturtheorie T^*.

Dabei haben wir die dritte und vierte Kernthese des Holismus überhaupt nicht mehr zur Sprache gebracht. Dies war auch gar nicht beabsichtigt; denn bei diesen beiden, auf S. 272ff. und S. 277 von II/2 diskutierten Behauptungen handelt es sich um die Kuhn-Feyerabendschen Verschärfungen, die über die Duhem-Quine-Auffassung hinausgehen. Wenn dazu auch keine neuen Resultate geliefert worden sind, so kann die Miniaturtheorie T^* doch auch hierfür als Illustrationsbeispiel dienen. Insbesondere führt sowohl die zweite als auch die dritte Revisionsalternative zu einer von der ursprünglich gewählten *bedeutungsverschiedenen* Massenfunktion, das Wort „bedeutungsverschieden" im sprachphilosophisch harmlosen Sinn von „extensional verschieden" verstanden. Es sei dem Leser als Übungsaufgabe überlassen, sich dies im Detail klarzumachen.

7.7 Technischer Anhang

Es werden hier die ab 7.2 zusätzlich benötigten Prädikate *IC*, *HO*, KPM^{IC}, KPM^{HO} definiert und erläutert. Ferner werden noch ausstehende Beweise der Lehrsätze von 7.4 nachgetragen.

(I) Das Prädikat *IC*:
  IC(z) („*z* ist ein inelastischer Stoßvorgang") gdw
  Es gibt *P*, *T*, *s*, so daß
  (1) $z = \langle P, T, s \rangle \in PK$;
  (2) $P = \{p, q\}, p \neq q$;
  (3) $\vee t_1, t_2 \in T (t_1 < t_2) \vee \gamma \in \mathbb{R}^+$
  (3a) $\wedge t, t' (t, t' \in T \wedge (t, t' < t_1 \vee t, t' > t_2)$
         $\to (\dot{s}(p, t) = \dot{s}(p, t') \wedge \dot{s}(q, t) = \dot{s}(q, t')))$,
  (3b) $\wedge t (t \in T \wedge t > t_2 \to (\dot{s}(p, t) = \dot{s}(q, t)))$,
  (3c) $\wedge t, t' (t, t' \in T \wedge t \leq t'$
         $\to (\dot{s}(q, t') - \dot{s}(q, t) = -\gamma \cdot (\dot{s}(p, t') - \dot{s}(p, t))))$.

Erläuterung: Die Modelle des soeben definierten Prädikates *IC* sind physikalisch als Beschreibungen inelastischer Stoßprozesse zu definieren. Es handelt sich um kinematische Beschreibungen dieser Bewegungsvorgänge (Bed. (1)). Dabei bewegen sich zwei Objekte *p* und *q* (Bed. (2)) zunächst mit zeitlich konstanten Geschwindigkeiten $\dot{s}(p, t)$ und $\dot{s}(q, t)$ ($t \in T$) aufeinander zu, prallen zum Zeitpunkt $t_1 \in T$ zusammen und bewegen sich nach dem Ende der – zeitlich ausgedehnten – Wechselwirkung zum Zeitpunkt t_2 mit gleicher, ebenfalls zeitlich konstanter Geschwindigkeit gemeinsam weiter (Bed. (3a), (3b)). Weiterhin wird gefordert, daß es eine Zahl $\gamma \in \mathbb{R}^+$ gibt, so daß gilt: Für jedes beliebige Teilintervall $[t, t']$ des Beobachtungsintervalls *T* ist die Geschwindigkeitsänderung des Objektes *q* gleich der Geschwindigkeitsänderung des Objektes *p* multipliziert mit dem Faktor $-\gamma$. (3c) beschreibt eine charakteristische Eigenschaft inelastischer Stoßvorgänge; sie ist eine notwendige (kinematische) Bedingung dafür, daß der Impulserhaltungssatz erfüllt sein kann.

(II) Das Prädikat *HO*:
  HO(z) („*z* ist ein harmonischer Oszillator") gdw
  Es gibt *P, T, s*, so daß
  (1) $z = \langle P, T, s \rangle \in PK$;
  (2) $|P| = 1$;
  (3) $0 \in T$;
  (4) $\vee G$ (*G* ist Gerade im $\mathbb{R}^3 \wedge \wedge p \wedge t (p \in P \wedge t \in T \to s(p, t) \in G)$);
  (5) $\wedge p \left(p \in P \to \vee \theta \vee t_0 \left(\theta \in \mathbb{R}^+ \wedge t_0 \in T \wedge \wedge t \left(t \in T \right. \right. \right.$
    $\to s(p, t) = \left[[s(p, 0) - s(p, t_0)]^2 + \dfrac{\dot{s}(p, 0)^2 \theta^2}{4\pi^2} \right]^{1/2}$
    $\cdot \sin \left[\dfrac{2\pi}{\theta} t + \text{arc tg} \, \dfrac{2\pi [s(p, 0) - s(p, t_0)]}{\theta \cdot \dot{s}(p, 0)} \right] + s(p, t_0) \bigg)\bigg)\bigg)$.

Erläuterung: Auch bei *HO* handelt es sich um eine Prädikatverschärfung des kinematischen Grundprädikates *PK* (Bed. (1)). Die Modelle von *HO* beschreiben mechanische Systeme des folgenden Typs: Ein einziges Objekt (Bed. (2)) führt während des Beobachtungsintervalles *T* einen eindimensionalen Bewegungsvorgang aus (Bed. (4)). Bei diesem Bewegungsvorgang handelt es sich um eine ungedämpfte Sinusschwingung, bei der das Objekt p zum Zeitpunkt t_0 die Ruhelage $s(p, t_0)$ durchquert. θ ist die Periode,

$$A := \left[[s(p,0) - s(p,t_0)]^2 + \frac{\dot{s}(p,0) \cdot \theta^2}{4\pi^2} \right]^{1/2}$$

die Amplitude und

$$\varphi := \arctan \frac{2\pi[s(p,0) - s(p,t_0)]}{\theta \cdot \dot{s}(p,0)}$$

die Phase der harmonischen Schwingungsbewegung.

Die im folgenden definierten zwei Prädikate KPM^{IC} und KPM^{HO} werden benötigt für die Konstruktion ‚erklärender Modelle' (im Sinn von II/2, VIII,6.c, S. 113) der Vorgänge in $IC \cap I^*$ sowie in $HO \cap I^*$.

(III) Das Prädikat KPM^{IC}:
$KPM^{IC}(x) \leftrightarrow$ Es gibt P, T, s, m, f, so daß
    (1) $x = \langle P, T, s, m, f \rangle \in KPM$;
    (2) $|P| = 2$;
    (3) $\wedge p \wedge t \wedge i (p \in P \wedge t \in T \wedge i \in \mathbb{N} \setminus \{1\} \to f(p,t,i) = 0)$;
    (4) $\wedge p, q \wedge t (p, q \in P \wedge p \neq q \wedge t \in T$
        $\to f(p,t,1) = -f(q,t,1))$.

Erläuterung: Die Prädikatverschärfung KPM^{IC} entsteht aus dem Theorienprädikat KPM durch Hinzunahme der folgenden einschränkenden Bedingungen: Es wird gefordert, daß die Modelle von KPM^{IC} zweielementige Individuenbereiche besitzen (Bed. (2)). Weiterhin wird gefordert, daß nur eine nichtverschwindende Kraftart auftritt (Bed. (3)) und diese das Prinzip actio = reactio, d. h. die erste Teilforderung des dritten Newtonschen Gesetzes, erfüllt (Bed. (4)).

(IV) Das Prädikat KPM^{HO}:
$KPM^{HO}(x) \leftrightarrow$ Es gibt P, T, s, m, f, so daß
    (1) $x = \langle P, T, s, m, f \rangle \in KPM$;
    (2) $|P| = 1$;
    (3) $\wedge p \wedge t \wedge i (p \in P \wedge t \in T \wedge i \in \mathbb{N} \setminus \{1\} \to f(p,t,i) = 0)$;
    (4) $\wedge p (p \in P \to \vee t^* (t^* \in T \wedge f(p,t^*,1) \neq 0))$;
    (5) $\vee k (k \in \mathbb{R}^+ \wedge \wedge p (p \in P \to \vee t_0 (t_0 \in T \wedge \wedge t$
        $(t \in T \to f(p,t,1) = -k \cdot [s(p,t) - s(p,t_0)])))).$

Erläuterung: KPM^{HO} wird aus KPM gebildet, indem man zusätzlich fordert: Der Individuenbereich jedes Modells dieser Prädikatverschärfung des Theorienprädikates ist einelementig (Bed. (2)) und die einzige nichtverschwindende Kraftart genügt dem Hookeschen Gesetz (Bed. (3)–(5)). Darin bezeichnet die positive reelle Zahl k die Hookesche Konstante (Kraftkonstante) und $s(p,t) - s(p,t_0)$ die Auslenkung des Objektes p zum Zeitpunkt t aus der Ruhelage $s(p,t_0)$.

(V) *Beweis von* **Th. 7-1 (a)**:
Es sei $T^* = \langle K^*, I^* \rangle$ die Miniaturtheorie von 7.2 mit den dort gegebenen Definitionen. Zu beweisen ist, daß gilt:

$I^* \in \mathbb{A}(K^*)$.

Es sei Z eine beliebige Menge von Partikelkinematiken, d.h. $Z \in Pot(PK)$. Für die Elemente $z \in Z$ sei jeweils P_z der zugehörige Gegenstandsbereich. Wir bilden die Vereinigung

$$\tilde{P}_Z := \bigcup_{z \in Z} P_z$$

und erklären $\tilde{m}_Z$ als Funktion

$$\tilde{m}_Z : \tilde{P}_Z \to \mathbb{R}^+,$$

die außerdem die folgende Bedingung erfüllt:

$$\wedge p_i, p_j (p_i, p_j \in \tilde{P}_Z \wedge p_i \neq p_j \to \tilde{m}_Z(p_i \circ p_j) = \tilde{m}_Z(p_i) + \tilde{m}_Z(p_j)).$$

Dadurch, daß $\tilde{m}_Z$ als Funktion auf der ganzen Vereinigung $\tilde{P}_Z$ definiert ist, wird automatisch der $\langle \approx, = \rangle$-Constraint erfüllt; und die Zusatzbedingung garantiert die Erfüllung der Extensivität der Massenfunktion.
Jetzt definieren wir die Klasse X der Modelle, zu denen die Elemente z von Z ergänzt werden, auf solche Weise, daß die resultierende Kraft festgelegt und außerdem das zweite Gesetz von NEWTON erfüllt wird, nämlich:

$$X := \{x \mid \vee z[z = \langle P_z, T_z, s_z \rangle \in Z \wedge x = \langle P_z, T_z, s_z, m_z, f_z \rangle \in PM \wedge$$
$$m_z = \tilde{m}_{Z|P_z} \wedge \wedge p \wedge t(p \in P_z \wedge t \in T_z \to \sum_{i \in \mathbb{N}} f_z(p, t, i) = m_z(p) \ddot{s}_z(p, t))]\}.$$

Dann gilt trivial:

$$\emptyset \neq X \in Pot(KPM) \cap C_m^{\langle \approx, = \rangle} \cap C_m^{\langle \circ, + \rangle}.$$

Wir hatten ein beliebiges $Z \in Pot(PK)$ gewählt. Also erhalten wir, wenn wir auf den Ausdruck die Operation r^2 anwenden, einen mengentheoretischen Einschluß, nämlich

$Pot(PK) \subseteq r^2(Pot(KPM) \cap C_m^{\langle \approx, = \rangle} \cap C_m^{\langle \circ, + \rangle}) = \mathbb{A}(K^*)$ (nach Def.).

Gemäß Definition von I^* gilt:

$I^* \in Pot(PK)$.

Also erhalten wir:

$I^* \in \mathbb{A}(K^*)$.

Es ist jetzt unmittelbar klar, daß der Teil **(b)** dieses Satzes in der in 7.4 angegebenen Weise aus Teil **(a)** folgt.

(VI) *Beweis von* **Th. 7-3**:
Sei $z = \langle P_z, T_z, s_z \rangle \in IC$ und γ_z eine positive reelle Zahl, die die Existenzbehauptung in Bed. (3c) von IC erfüllt. Dann wird definiert:

(i) Sei m_z eine Funktion

$$m_z: P_z \to \mathbb{R}^+, \text{ so daß } \left(\frac{m_z(p)}{m_z(q)} = \gamma_z\right).$$

(ii) Sei f_z eine Funktion
$f_z: P_z \times T_z \times \mathbb{N} \to \mathbb{R}^3$, so daß
(a) $\wedge p \wedge t (p \in P_z \wedge t \in T_z \to f_z(p,t,1) = m_z(p)\ddot{s}_z(p,t))$
(b) $\wedge p \wedge t \wedge i (p \in P_z \wedge t \in T_z \wedge i \in \mathbb{N}\setminus\{1\} \to f_z(p,t,i) = 0).$

s_z erfüllt nach Vor. Bed. (3c) von IC, d.h. für die beiden $p, q \in P_z$ gilt:

$$\wedge t, t' (t, t' \in T_z \wedge t \leq t' \to [\dot{s}_z(q,t') - \dot{s}_z(q,t)] = -\gamma_z \cdot [\dot{s}_z(p,t') - \dot{s}_z(p,t)]).$$

Durch Einsetzen erhält man:

$$\wedge t, t' (t, t' \in T_z \wedge t \leq t' \to m_z(q) [\dot{s}_z(q,t') - \dot{s}_z(q,t)] =$$
$$= -m_z(p) [\dot{s}_z(p,t') - \dot{s}_z(p,t)])$$

und daraus durch Anwendung des zweiten Newtonschen Axioms sowie (ii) (b):

$$\wedge t, t' (t, t' \in T_z \wedge t \leq t' \to \int_t^{t'} f_z(q,t^*,1)\,dt^* = -\int_t^{t'} f_z(p,t^*,1)\,dt^*)$$

und, da die letzte Bedingung für beliebige $t, t' \in T_z$ erfüllt sein muß:

$$\wedge t (t \in T_z \to f_z(q,t,1) = -f_z(p,t,1)),$$

d.h. die Kraftfunktion f_z erfüllt auch die erste Teilforderung des dritten Newtonschen Gesetzes. Da dies für beliebige $z \in IC$ gilt, gilt es insbesondere für $z_1, z_2 \in IC \cap I^*$.

(VII) *Beweis von* **Th. 7-4**:

Sei $z = \langle P_z, T_z, s_z \rangle \in IC$. Nach Bedingung (4) von (**RS***) muß die zur Ergänzungsbildung von z verwendete Massenfunktion m_z die folgende Forderung erfüllen (vgl. die Def. des Prädikates KPM^{IC}):

$$\wedge t (p, q \in P_z \wedge t \in T_z \to m_z(p)\ddot{s}(p,t) = -m_z(q)\ddot{s}(q,t)).$$

Daraus erhält man durch Integration:

$$\wedge p, q \wedge t, t' (p, q \in P_z \wedge p \neq q \wedge t, t' \in T_z \wedge t \leq t'$$
$$\to m_z(p) \int_t^{t'} \ddot{s}_z(p,t^*)\,dt^* = -m_z(q) \int_t^{t'} \ddot{s}_z(q,t^*)\,dt^*)$$

bzw.

$$\wedge p, q \wedge t, t' (p, q \in P_z \wedge p \neq q \wedge t, t' \in T_z \wedge t \leq t'$$
$$\to m_z(p) [\dot{s}_z(p,t') - \dot{s}_z(p,t)] = -m_z(q) [\dot{s}_z(q,t') - \dot{s}_z(q,t)]).$$

Durch Vergleich mit Bed. (3c) des Prädikates IC liest man ab, daß gilt:

$$\frac{m_z(p)}{m_z(q)} = \gamma_z,$$

Technischer Anhang 223

d. h. der Massenquotient von p und q ist gleich der nach Bed. (3c) von IC in z eindeutig bestimmten positiven reellen Zahl γ_z. Die in (**RS***) formulierten Forderungen legen demnach für beliebige $z \in IC$ den Massenquotienten der beiden Objekte des zugehörigen Individuenbereiches P_z eindeutig fest, also insbesondere auch für z_1 und z_2.

(VIII) *Beweis von* **Th. 7-5**:

Sei $z = \langle P_z, T_z, s_z \rangle$ ein beliebiges Element aus HO. Dann erfüllt die Ortsfunktion s_z insbesondere die Bed. (4) und (5) von HO, d. h. es gilt:

$$\wedge p \wedge t \left(p \in P_z \wedge t \in T_z \to s_z(p,t) = \left[[s_z(p,0) - s_z(p,t_0)]^2 + \frac{s_z(p,0)^2 \theta_z^2}{4\pi^2} \right]^{1/2} \right.$$

$$\left. \cdot \sin\left[\frac{2\pi}{\theta_z} t + \arctg \frac{2\pi [s_z(p,0) - s_z(p,t_{0_z})]}{\theta_z \cdot s_z(p,0)} \right] + s_z(p,t_{0_z}) \right);$$

dabei sind θ_z eine positive reelle Zahl und t_{0_z} ein Zeitpunkt aus T_z, die die in Bed. (5) von HO formulierten Existenzbehauptungen erfüllen.

Es wird nun zunächst eine Massenfunktion

$$m_z: P_z \to \mathbb{R}^+$$

vorgegeben (im Falle unserer Miniaturtheorie etwa aufgrund der Ergänzungsbildung von $I^* \cap IC = \{z_1, z_2\}$ sowie der Forderung nach Gültigkeit von $C_m^{\langle \approx, = \rangle}$ und $C_m^{\langle \circ, + \rangle}$). Dann wird eine Kraftfunktion f_z wie folgt definiert:

Sei f_z eine Funktion
$f_z: P_z \times T_z \times \mathbb{N} \to \mathbb{R}^3$, so daß
(i) $\wedge p \wedge t \wedge i (p \in P_z \wedge t \in T_z \wedge i \in \mathbb{N} \setminus \{1\} \to f_z(p,t,i) = 0)$,
(ii) $\wedge p \wedge t (p \in P_z \wedge t \in T_z \to f_z(p,t,1) = m_z(p) \ddot{s}_z(p,t))$.

Damit erfüllt f_z nach Def. die beiden Forderungen, daß nur eine nichtverschwindende Kraftart auftritt und daß das zweite Newtonsche Axiom gilt.

Weiterhin erhält man durch zweimalige Differentiation nach der Zeit trivial:

$$\wedge p \wedge t \left(p \in P_z \wedge t \in T_z \to \ddot{s}_z(p,t) = -\frac{4\pi^2}{\theta_z^2} [s_z(p,t) - s_z(p,t_{0_z})] \right).$$

Setzt man nun

$$k_z := 4\pi^2 \frac{m_z(p)}{\theta_z^2},$$

so erhält man

$$\wedge p \wedge t (p \in P_z \wedge t \in T_z \to m_z(p) \ddot{s}_z(p,t) = -k_z [s_z(p,t) - s_z(p,t_{0_z})]),$$

d. h. die einzige nicht-verschwindende Kraftart erfüllt zudem das Gesetz von HOOKE.

(IX) *Beweis von* **Th. 7-6**:

Nach Th. 7-3 kann jedes $z \in IC$ zu einem Modell von KPM^{IC} ergänzt werden. In einem ersten Schritt werden nun die zur Ergänzungsbildung von z_1 und z_2 zu verwendenden Massenfunktionen m_1 und m_2 wie folgt definiert:

(i) $m_1 : P_1 \to \mathbb{R}^+$, so daß

$$m_1(p_1) = 1 \wedge m_1(p_2) = \frac{1}{\gamma_1};$$

(ii) $m_2 : P_2 \to \mathbb{R}^+$, so daß

$$m_2(p_2) = m_1(p_2) \wedge m_2(p_3) = \frac{m_2(p_2)}{\gamma_2}.$$

Dabei ist γ_i die in z_i ($i=1,2$) nach Bed. (3c) von IC eindeutig bestimmte positive reelle Zahl. Die Kraftfunktionen f_1 und f_2 werden wie im Beweis von Th. 7-3 angegeben definiert. Damit sind die Bedingungen (1), (2) und (4) von (**RS***) erfüllt. Durch die Forderung nach Gültigkeit von $C_m^{\langle \approx, = \rangle}$ und $C_m^{\langle \circ, + \rangle}$ liegen damit auch m_3, m_4 und m_5 fest (Bed. (6) und (7) von (**RS***)).

In einem zweiten Schritt sind die zur Ergänzungsbildung zu verwendenden Kraftfunktionen f_3, f_4 und f_5 wie im vorangegangenen Beweis angegeben zu definieren. Durch Anfügung der Funktionen m_i, f_i werden die Anwendungen $z_i \in HO \cap I^*$ ($3 \leq i \leq 5$) zu Modellen von KPM^{HO} ergänzt. (Daß diese Ergänzungsbildung für beliebige $z \in HO$ stets möglich ist, wurde in Th. 7-5 gezeigt.) Damit sind auch die Bedingungen (3) und (5) von (**RS***) erfüllt.

Dabei ist zu beachten: Durch die Forderungen (1)–(7) von (**RS***) werden den zur Ergänzungsbildung zu verwendenden T^*-theoretischen Funktionen m_i, f_i ($3 \leq i \leq 5$) einschränkende Bedingungen auferlegt. Diese Forderungen sind jedoch auf der nicht-theoretischen (‚empirischen') Stufe gehaltleer: Wie der obige Beweis zeigt, können sie für je *zwei beliebige* Modelle von IC sowie je *drei beliebige* Modelle von HO erfüllt werden, ohne daß dazu zusätzliche Annahmen bezüglich der Kinematik dieser Systeme vorausgesetzt werden müßten.

Dies gilt *nicht* bei Berücksichtigung von

(8) $\{x_3, x_4, x_5\} \in C_G^*$.

Durch Einsetzen der Definitionen von C_G^* sowie k_i ($3 \leq i \leq 5$) erhält man aus (8)

$$k_3 = k_4 = k_5$$

bzw.

$$\frac{m_3(p_1)}{\theta_3^2} = \frac{m_4(p_2)}{\theta_4^2} = \frac{m_5(p_2 \circ p_3)}{\theta_5^2}$$

und damit (wegen der Forderung nach Gültigkeit von $C_m^{\langle \approx, = \rangle}$ und $C_m^{\langle \circ, + \rangle}$ (Bed. (6), (7) von (**RS***)):

$$\frac{m_1(p_1)}{\theta_3^2} = \frac{m_1(p_2)}{\theta_4^2} = \frac{m_1(p_2) + m_2(p_3)}{\theta_5^2}.$$

Die Massenfunktionen m_1 und m_2 sind auf Grund der in (**RS***) formulierten Forderungen an die Ergänzungsbildung bei z_1 und z_2 sowie durch die Konvention $m_1(p_1):=1$ eindeutig bestimmt (Th. 7-4). Es gilt:

$$m_1(p_2) = \frac{1}{\gamma_1}, \quad m_2(p_3) = \frac{1}{\gamma_1 \cdot \gamma_2}.$$

Damit erhält man durch Einsetzen die Forderung:

$$(*) \quad \frac{1}{\theta_3^2} = \frac{1}{\gamma_1 \theta_4^2} = \frac{1}{\gamma_1 \theta_5^2} + \frac{1}{\gamma_1 \gamma_2 \theta_5^2}.$$

In dieser Forderung treten ausschließlich solche Größen auf, die durch kinematische Messungen bestimmt werden können; (*) stellt eine auf der T^*-nicht-theoretischen Ebene wirksame Forderung dar (die *keineswegs* für je zwei *beliebige* Modelle von *IC* und drei *beliebige* Modelle von *HO* erfüllt ist).

(X) *Beweis von* **Th. 7-7**:

Sei $x = \langle P_x, T_x, s_x, f_x, m_x \rangle \in KPM$, $P_x = \{p, q\}$, $p \neq q$. Zu zeigen: Unter Annahme der Gültigkeit des zweiten Newtonschen Axioms ist für ein Zwei-Körper-System die erste Teilforderung des dritten Newtonschen Gesetzes gleichwertig mit dem Impulserhaltungssatz.
(i) Der Impulserhaltungssatz lautet in der Formulierung für ein Zwei-Körper-System:

$$\wedge t, t' (t, t' \in T_x \wedge t \leq t' \to m_x(p) \dot{s}_x(p,t) + m_x(q) \dot{s}_x(q,t)$$
$$= m_x(p) \dot{s}_x(p,t') + m_x(q) \dot{s}_x(q,t')).$$

Daraus folgt, wie bereits im Beweis von Th. 7-3 gezeigt, durch Anwendung des zweiten Newtonschen Axioms unmittelbar die Gültigkeit des actio-reactio-Prinzips.
(ii) Durch Anwendung des zweiten Newtonschen Axioms erhält man für die Geschwindigkeiten $\dot{s}_x(p,t)$, $\dot{s}_x(p,t')$ des Körpers p zu zwei beliebigen Zeitpunkten $t, t' \in T_x$, $t \leq t'$:

$$\wedge t, t' \left(t, t' \in T_x \wedge t \leq t' \to \dot{s}_x(p,t') = \right.$$
$$\left. = \dot{s}_x(p,t) + \frac{1}{m_x(p)} \int_t^{t'} \sum_{i \in \mathbb{N}} f_x(p, t^*, i) dt^* \right).$$

Das actio-reactio-Prinzip lautet für dieses Zwei-Körper-System:

$$\wedge t \left(t \in T_x \to \sum_{i \in \mathbb{N}} f_x(p,t,i) = - \sum_{i \in \mathbb{N}} f_x(q,t,i) \right).$$

Damit erhält man für den Körper q:

$$\wedge t, t' \left(t, t' \in T_x \wedge t \leq t' \rightarrow \dot{s}_x(q, t') = \right.$$
$$\left. = \dot{s}_x(q, t) - \frac{1}{m_x(q)} \int_t^{t'} \sum_{i \in \mathbb{N}} f_x(p, t^*, i) dt^* \right).$$

Es folgt nach elementaren Umformungen:

$$\wedge t, t' \left(t, t' \in T_x \wedge t \leq t' \rightarrow m_x(p) \dot{s}_x(p, t) + m_x(q) \dot{s}_x(q, t) \right.$$
$$\left. = m_x(p) \dot{s}_x(p, t') + m_x(q) \dot{s}_x(q, t') \right).$$

Aus (i) und (ii) folgt die Behauptung.

Die vorausgegangenen Definitionen der mengentheoretischen Prädikate *IC*, *HO*, *KPM^{IC}* und *KPM^{HO}* sowie die Beweise der Lehrsätze aus 7.4 wurden teilweise recht knapp kommentiert, um den Anhang nicht zu sehr anschwellen zu lassen. Für eine ausführlichere Darstellung sei auf U. GÄHDE, [*T*-Theoretizität], verwiesen.

Literatur

GÄHDE, U. [T-Theoretizität], *T-Theoretizität und Holismus*, Dissertation München 1982, Frankfurt a.M. 1983.

GÄHDE, U. und STEGMÜLLER, W. [Holismus], "An Argument in Favour of the Duhem-Quine-Thesis from the Structuralist Point of View", in: L.E. HAHN und P.A. SCHILPP (Hrsg.), *The Philosophy of W.V. QUINE*, La Salle, Il., voraussichtlich 1986.

LAKATOS, I. [Forschungsprogramme], „Falsifikation und die Methodologie wissenschaftlicher Forschungsprogramme", in: LAKATOS, I. und A. MUSGRAVE (Hrsg.), *Kritik und Erkenntnisfortschritt*, Braunschweig 1974, S. 89–189; deutsche Übersetzung von *Criticism and the Growth of Knowledge*, London 1970, durch P. FEYERABEND und A. SZABO.

QUINE, W.V. [Two Dogmas], "Two Dogmas of Empiricism", in: QUINE, W.V., *From a Logical Point of View*, New York 1963, S. 20–46.

QUINE, W.V. [Methods], *Methods of Logic*, 4. verbesserte Aufl. Cambridge, Mass., 1982.

QUINE, W.V. [Grundzüge], *Grundzüge der Logik*; deutsche Übersetzung der 2. Aufl. von [Methods], 1959, durch D. SIEFKES, Frankfurt 1969.

STEGMÜLLER, W. [Erklärung], *Erklärung-Begründung-Kausalität*, Berlin-Heidelberg-New York 1983.

Kapitel 8
Approximation

8.1 Prinzipielles

Die Beschreibung von Natur und Aufgabe der *Approximation* in den empirischen Wissenschaften wird von Wissenschaftsphilosophen gewöhnlich vernachlässigt. Bis vor kurzem existierte nicht einmal so etwas wie eine systematische Darstellung der Fragestellungen in diesem Bereich. Die stiefmütterliche Behandlung durch die Philosophen kommt nicht von ungefähr. Ihr gleichsam vorgeschaltet ist eine ähnliche Vernachlässigung durch die Vertreter der theoretischen Wissenschaften selbst. Die Beschäftigung mit Approximationsproblemen wird als eine zwar mühevolle, aber langweilige und untergeordnete, da theoretisch unfruchtbare, Nebentätigkeit angesehen, die man besser Experimentatoren und Ingenieuren überläßt.

Dabei ist es weitgehend bekannt, daß wissenschaftliche Gesetze und Theorien stets nur mit einem gewissen Approximationsgrad auf die Realität zutreffen, ebenso wie man mit der Tatsache vertraut ist, daß eine Theorie häufig nicht streng auf eine andere zurückgeführt werden kann, sondern sich in die andere nur approximativ einbetten läßt.

MOULINES vertritt in [Approximate Application] die Auffassung, daß quantitatives wie qualitatives wissenschaftliches Wissen seiner Natur nach approximativ ist und daß daher auch das strukturalistische Theorienkonzept prinzipiell unvollständig und fragmentarisch bleiben muß, solange die approximativen Erkenntnisaspekte darin nicht eingebaut sind. Er hat in dieser Arbeit sowie in den beiden späteren Aufsätzen [Intertheoretische Approximation] und [General Scheme] das Begriffsgerüst für eine systematische Behandlung der Approximationsprobleme im strukturalistischen Rahmen entwickelt.

Vermutlich der erste Autor, der den Approximationsbegriff zu einem *wesentlichen* Bestandteil des Begriffs der empirischen Theorie machte, war G. LUDWIG in [Physikalische Theorie]. Einen Einbau in den strukturalistischen Rahmen versuchte erstmals D. MAYR in [Reduction II]. Beide Autoren benützen mikrologische Verfahren. Eine Verbindung der Approximationsidee mit einem ‚Denken in globalen Strukturen', wie dies innerhalb unseres Ansatzes üblich ist, findet sich erstmals in den drei Arbeiten [Approximate Application], [Intertheoretic Approximation] und [General Scheme] von C. U. MOULINES. Wir werden daher im folgenden zunächst an diese Arbeiten anknüpfen. Als ein sehr stimulierender Ansatz, vor allem zur Behandlung von Detailproblemen, hat sich ferner die Abhandlung von E. SCHEIBE [Erklärung] erwiesen.

Für den Zweck einer vorläufigen Klassifikation unterscheiden wir mit MOULINES folgende vier Falltypen:

(1) Eine Art von Approximation, auch *Idealisierungen* oder *Vereinfachungen* genannt, ist bereits dann gegeben, wenn versucht wird, empirische Daten innerhalb eines begrifflichen Rahmens zu systematisieren. Solche Fälle liegen z.B. vor, wenn Lichtstrahlen als geometrische Geraden betrachtet werden oder wenn man die Bewegung eines makroskopischen Körpers in der Weise approximiert, daß man ihn als eine Partikel auffaßt, die sich auf einer stetigen Linie bewegt.

Bei diesen Idealisierungen, die man auch *prätheoretische Approximationen* nennen könnte, handelt es sich um ein Vorgehen, ohne das Wissenschaft nicht möglich wäre. Seine Erörterung ist von allgemeinstem wissenschaftstheoretischem Interesse und soll daher in die folgenden speziellen Betrachtungen nicht einbezogen werden. Es sei bloß erwähnt, daß wir im strukturalistischen Rahmen u.a. immer dann vor einer derartigen Idealisierungsaufgabe stehen, wenn empirisch gegebene reale Systeme als *partielle potentielle Modelle* einer Theorie zu rekonstruieren sind.

Ein interessanter Ansatz für eine logische Analyse dieses Falltyps findet sich in der Arbeit [Data] von P. SUPPES.

(2) Auf einer nächsthöheren Stufe geht es darum, eine Theorie oder ein Gesetz auf empirische Phänomene, die bereits im Sinne von (1) systematisiert worden sind, anzuwenden. Innerhalb des strukturalistischen Ansatzes geht es hierbei darum, *eine approximative Version der empirischen Behauptung einer Theorie* (bzw. eines Theorie-Elements oder eines Theoriennetzes) zu formulieren. Dieser Aufgabe, die wir das zweite Grundproblem der innertheoretischen Approximation nennen, werden wir uns in 8.3 zuwenden.

(3) Auf einer nochmals höheren Stufe wird ein Gesetz als Approximation eines anderen betrachtet. Innerhalb unseres Rahmens tritt hierbei die interessante zusätzliche Frage auf, *ob und unter welchen Bedingungen eine Approximation auf der theoretischen Ebene* – etwa auf der Stufe der M_p's – *eine Approximation auf der nichttheoretischen Ebene* – der Stufe der M_{pp}'s – *induziert*. Diese Frage, die als das erste Grundproblem der innertheoretischen Approximation bezeichnet werden soll, wird in 8.2, (II) erörtert.

(4) Dem Approximationsproblem auf höchster Stufe begegnen wir, sobald wir uns mit der Frage konfrontiert sehen, ob eine (oder mehrere) Approximationsbeziehung(en) *zwischen zwei Theorien* besteht (bestehen), deren begriffliche Strukturen und Fundamentalgesetze verschieden sind. Zum Unterschied von den beiden in (2) und (3) erwähnten Problemen der innertheoretischen Approximation geht es hierbei um das Thema „*Intertheoretische Approximation*". Diesem wenden wir uns in 8.4 sowie 8.5 zu.

8.2 Der formale Rahmen

Der Begriff der Approximation soll als eine *zweistellige Relation* eingeführt werden: eine Entität *a ist eine Approximation von einer anderen* (oder: *approximiert eine andere*) *b*. Es muß noch angegeben werden, über welchem Grundbereich diese Relation zu definieren ist.

Hier scheiden sich die Geister. Nach herkömmlicher Praxis, vor allem in der Physik, wird unter Approximation eine Relation zwischen einzelnen Termen verstanden. Meist sind dies Funktionen ein und derselben Art, die in einer Theorie vorkommen. Wir haben bereits an früherer Stelle eine solche Betrachtungsweise, die auf einem Term-für-Term-Vergleich (oder: Satz-für-Satz-Vergleich) beruht, als *mikrologisch* bezeichnet. Demgegenüber soll auch in der gegenwärtigen Frage der *makrologische* Gesichtspunkt hervorgekehrt werden, nämlich das Denken in globalen Strukturen. Dies bedeutet, daß wir *ganze Modelle* als zu vergleichende Strukturen wählen. Es wird sich erweisen, daß die makrologische Einstellung die Dinge durchsichtiger und einfacher macht als die qualvoll komplizierten und umständlichen mikrologischen Verfahrensweisen.

(I) Unschärfemengen, Uniforme Strukturen und ‚Immunisierung'

Wie sich herausgestellt hat, braucht man für Approximationsstudien die in einer Theorie geltenden ‚Verknüpfungsgesetze' nicht in den grundlegenden Begriffsapparat mit einzubeziehen. Dies bedeutet, daß wir in Abweichung von der obigen Feststellung noch ‚eine Stufe höher' steigen und als Grundmenge die Menge M_p der potentiellen Modelle einer Theorie wählen können. Die Approximationsrelation ist also als eine dyadische Relation zwischen Elementen oder ‚Punkten' dieser Menge einzuführen.

Es gibt eine bekannte Methode, um zu einer adäquaten Explikation des intuitiven Begriffs der Approximation in Punktmengen zu gelangen, nämlich über den auf Bourbaki, [Topologie], zurückgehenden topologischen Begriff der *uniformen Struktur* oder *Uniformität*. Dabei handelt es sich um eine Verschärfung des in der heutigen Topologie vielbenützten Begriffs des Filters. Die intuitive Vorstellung ist dabei die folgende: Für eine gegebene Menge – die in unserem Fall die Menge M_p sein wird – legt eine Uniformität eine Klasse von Teilmengen fest, deren jede einen ‚Approximationsgrad' oder ein ‚Unschärfemaß' repräsentiert. Diese Teilmengen sollen daher auch die anschauliche Bezeichnung „*Unschärfemengen*" erhalten[1].

Im Fall der reellen Zahlen, für die wir mit dem Absolutbetrag der Differenz eine Standardmetrik zur Verfügung haben, können wir z.B. eine Uniformität definieren, deren Elemente (Unschärfemengen) durch spezielle Zahlen ε definiert sind:

---

[1] Diese Bezeichnung stammt von G. LUDWIG, der in [Grundlegung] die Approximationsprobleme ebenfalls mit Hilfe des Begriffs der uniformen Struktur angeht.

$U_\varepsilon := \{\langle a, b\rangle \mid |a - b| < \varepsilon\}$.

Der allgemeine Begriff der Uniformität setzt jedoch, ebenso wie die meisten übrigen Begriffe der allgemeinen Topologie, keine Metrik voraus, sondern ist allgemeiner. Und was die Anwendungen betrifft, so denken die Topologen selbst zwar an eine Menge von Zahlen bzw. von Funktionen, die Zahlen oder Vektoren als Argumente haben. Doch besteht kein Hinderungsgrund, dieses Begriffsgerüst auf unsere ‚Punktmenge' M_p anzuwenden. Diese sozusagen ‚topologisch nicht intendierte Anwendungsmenge' könnte sich als sehr fruchtbar erweisen.

In unserem Fall wird also jede Unschärfemenge U aus Paaren $\langle x, y\rangle$ von Elementen unserer Ausgangsmenge M_p bestehen. Die Aussage $\langle x, y\rangle \in U$ können wir umgangssprachlich durch eine der folgenden vier gleichbedeutenden Wendungen wiedergeben: „x und y approximieren einander mindestens im Grad U", „x stimmt mit y mindestens bis auf U überein", „x und y sind U-fast gleich", „x ähnelt y modulo U". Wir werden meistens die beiden letzten Formulierungen benützen (mit „mod." als Abkürzung für „modulo").

Wir verwenden in der folgenden Definition einige übliche Abkürzungen. Wenn N eine Menge ist, so sei $\Delta(N)$ die Diagonale von N, d.h. die Menge aller Paare identischer Elemente von N, formal: $\Delta(N) := \{\langle x, x\rangle \mid x \in N\}$. Wenn R eine zweistellige Relation ist, so sei R^{-1} die Inverse von R, d.h.: $R^{-1} := \{\langle y, x\rangle \mid \langle x, y\rangle \in R\}$, und $R^2 := \{\langle x, y\rangle \mid \vee z(\langle x, z\rangle \in R \wedge \langle z, y\rangle \in R)\}$. Damit kann dann auch R^n induktiv definiert werden durch:

$R^n := \{\langle x, y\rangle \mid \vee z(\langle x, z\rangle \in R^{n-1} \wedge \langle z, y\rangle \in R)\}$.

Wir formulieren nun zunächst die Axiome für Uniformitäten nach Bourbaki und geben danach eine intuitive Erläuterung.

D8-1 $\mathfrak{U}$ ist eine *Uniformität auf* M_p gdw
(1) $\mathfrak{U} \subseteq Pot(M_p \times M_p)$;
(2) $\mathfrak{U} \neq \emptyset$;
(3) $\wedge U_1, U_2 (U_1 \in \mathfrak{U} \wedge U_1 \subseteq U_2 \wedge U_2 \subseteq M_p \times M_p \rightarrow U_2 \in \mathfrak{U})$;
(4) $\wedge U_1, U_2 (U_1 \in \mathfrak{U} \wedge U_2 \in \mathfrak{U} \rightarrow U_1 \cap U_2 \in \mathfrak{U})$;
(5) $\wedge U (U \in \mathfrak{U} \rightarrow \Delta(M_p) \subseteq U)$;
(6) $\wedge U (U \in \mathfrak{U} \rightarrow U^{-1} \in \mathfrak{U})$;
(7) $\wedge U_1 \vee U_2 (U_1 \in \mathfrak{U} \rightarrow U_2^2 \subseteq U_1 \wedge U_2 \in \mathfrak{U})$.

Die Elemente von $\mathfrak{U}$ sollen (uniforme) Unschärfemengen heißen. Jede derartige Unschärfemenge ist, als Teilmenge des kartesischen Produktes $M_p \times M_p$, eine zweistellige Relation auf M_p.

MOULINES hat eine instruktive Methode zur Verdeutlichung dieser Axiome angewendet. Dazu denkt man zweckmäßigerweise an den pragmatischen Hauptgrund dafür, mit der Menge M_p einer Theorie eine Uniformität zu verbinden. Dieser Grund besteht in einer *Liberalisierung des Umganges mit der Theorie für Anwendungszwecke*. Angenommen nämlich, wir würden voraussetzen, daß die Theorie für ihre intendierten Anwendungen *exakt* gilt. In der Sprechweise unseres gegenwärtigen Symbolismus würde dies bedeuten, daß wir für die Handhabung der Theorie nur die Diagonale, als ‚degenerierte Unschärfemenge', zulassen; denn absolute Exaktheit wird durch die Diagonale ausgedrückt. In diesem Fall würden wir meist sehr rasch zu einer Falsifikation der Theorie gelangen. Daß sich diese rasche Widerlegung in der Realität nicht ereignet, ist damit zu erklären, daß die Wissenschaftler tatsächlich bei der Handhabung ihrer Theorien weit größere Unschärfemengen als die Diagonale zulassen.

Für die Wissenschaftspraxis bedeutet die Zuordnung einer Uniformität zur Menge M_p einer Theorie, daß diese Theorie gegen Schwierigkeiten, auf die sie bei der Anwendung stößt, *immunisiert* wird. Dies ist keine willkürliche, sondern eine vernünftige Immunisierung. Alle Wissenschaftler sind sich dessen bewußt, daß dabei eine gewisse obere Grenze nicht überschritten werden darf, da sonst die Theorie nutzlos wird. Die Suche nach einem ‚objektiven Kriterium' für die Wahl dieser Grenze bliebe allerdings sicher ohne Erfolg. Zu viele subjektive und objektive Faktoren bestimmen die ‚Größe' der Unschärfemengen, wie z. B. die Art der Anwendung, das Entwicklungsstadium der fraglichen wissenschaftlichen Disziplin, ferner diejenige Form des ‚persönlichen Wissens' (‚personal knowledge'), die man ‚wissenschaftliche Intuition' nennt. Ausschlaggebend wird eine Nutzen-Kosten-Erwägung sein, für die folgende Leitlinie gilt: Je mehr Paare $\langle x, y \rangle$ in die gewählte Unschärfemenge U einbezogen werden können, desto sicherer ist man einerseits im Umgang mit der Theorie, desto weniger kann man aber andererseits mit der Theorie anfangen.

Die ersten vier Axiome sind im wesentlichen, bis auf ein weiter unten erwähntes Detail, die für Filter geltenden Axiome. Die ersten beiden sind rein formaler Natur, d.h. sie legen das Begriffsgerüst fest. Die restlichen fünf lassen sich durch Übersetzung in die Immunisierungssprechweise veranschaulichen. Die Bestimmung (3) besagt: Wenn eine Theorie durch eine Unschärfemenge U_1 immunisiert wird, so auch durch eine diese einschließende größere Unschärfemenge U_2. (4) beinhaltet: Wenn man eine Theorie einmal mittels U_1 und dann mittels U_2 immunisiert, so kann man beide Unschärfemengen zusammennehmen und die Theorie durch deren Durchschnitt immunisieren. Dies ist zumindest als Idealisierung plausibel, wenn man bedenkt, daß wegen (5) ein solcher Durchschnitt niemals leer sein kann, da die Diagonale von M_p darin als Teilmenge enthalten sein muß. (5) besagt: Wenn man in einer Anwendung mit irgend einem Approximationsgrad zufrieden ist, so muß man auch mit absoluter Exaktheit zufrieden sein, falls sich diese zufällig einstellen sollte. (6) drückt die evidente Tatsache aus, daß die Reihenfolge, in der potentielle Modelle in einem Paar aus U vorkommen, für den Immunisierungsgrad U der Theorie ohne Bedeutung ist. (7) hingegen ist ein kritisches Axiom. Es beinhaltet etwa folgendes: Zu einer Unschärfemenge U_1, die T immunisiert, kann eine ‚mindestens zweimal genauere' Unschärfemenge U_2 gefunden werden, welche die Theorie ebenfalls immunisiert. Dieses Axiom enthält eine Idealisierung der tatsächlichen wissenschaftlichen Praxis. Es spiegelt die Überzeugung der Forscher wider, mit ihrer Theorie sukzessive zu immer genaueren Anwendungen zu kommen.

Es seien einige elementare Lehrsätze angeführt. Dabei sei $\mathfrak{U}$ eine Uniformität auf M_p.

Th. 8-1 $\emptyset \notin \mathfrak{U}$.

Der Beweis ergibt sich unmittelbar aus D 8-1, (2) und (5). Dies ist übrigens das bereits angekündigte Detail, durch welches sich die Axiome (1) bis (4) von den Axiomen für Filter unterscheiden: In die letzteren muß der Inhalt von Th. 8-1 einbezogen werden. In unserem Fall ist dies überflüssig, da diese Aussage mit Hilfe von (5) beweisbar ist.

Mittels D 8-1, (5) und der Definition von U^n enthält man ferner:

Th. 8-2 $\wedge U(U \in \mathfrak{U} \to U^n \subseteq U^{n+1})$.

Aus diesem Theorem und D 8-1, (3) folgt:

Th. 8-3 $\wedge U(U \in \mathfrak{U} \to \wedge n(U^n \in \mathfrak{U}))$.

(II) Approximation auf theoretischer und nicht-theoretischer Stufe. Das Induktionstheorem

Als Grundmenge für Approximationsuntersuchungen in bezug auf eine Theorie T hatten wir die Menge M_p gewählt. Da die Elemente der Menge M_p alle theoretischen Funktionen enthalten, nennen wir Approximationen auf der M_p-Stufe auch *theoretische Approximationen* oder *Approximationen auf der theoretischen Ebene*.

Im gegenwärtigen Rahmen stehen wir vor der zusätzlichen Aufgabe, den Approximationsgedanken mit der Unterscheidung zwischen den T-theoretischen und den T-nicht-theoretischen Termen in Einklang zu bringen. Nun sind es genau die Elemente von M_{pp}, die in der Sprache der T-nicht-theoretischen Größen beschrieben werden. Also liegt es nahe, nicht nur auf der Ebene der *potentiellen* Modelle von ‚Approximation' (im Sinne von ‚Ähnlichkeit modulo U') zu reden und hier unscharfe Beschreibungen neben exakten zuzulassen, sondern Analoges auch auf der Stufe der partiellen Modelle[2] zu tun. Wir werden die Approximation auf der M_{pp}-Ebene auch als Approximation *auf empirischer Ebene* bezeichnen. (Der Leser vergesse nicht, daß dieser Begriff von „empirisch" wegen seiner Synonymität mit „T-nicht-theoretisch" auf eine Theorie T zu relativieren ist und daher nicht mit der Verwendung dieses Ausdrucks in der überkommenen empiristischen Tradition verwechselt werden darf, wo das Empirische in engem Zusammenhang mit dem Beobachtbaren steht oder mit dem letzteren sogar identifiziert wird. In der Regel werden in den Elementen von M_{pp} Funktionsterme vorkommen, die relativ auf eine T ‚zugrunde liegende' Theorie theoretisch sind.)

---

2 Wir kürzen hier wieder oft „partielles potentielles Modell" zu „partielles Modell" ab.

Der erste Schritt unserer Überlegung führt also dazu, Approximationen auf theoretischer Ebene durch Approximationsstudien auf empirischer Ebene zu parallelisieren. Das formale Vorggehen ist dabei durch die vorangehenden Betrachtungen bereits vorgezeichnet: So wie wir dort die Approximation formal durch eine Uniformität auf M_p ausdrücken, präzisieren wir jetzt die empirische Approximation dadurch, daß wir mit M_{pp} eine Relationsklasse $\mathfrak{B} \subseteq Pot(M_{pp} \times M_{pp})$ verknüpfen, welche die völlig analogen Axiome zu den in D8-1 angeführten erfüllt.

Doch damit, daß wir das Vorgehen auf der theoretischen Ebene einfach auf der empirischen Ebene kopieren, ist es nicht getan. In einem zweiten Schritt müssen wir untersuchen, welche Beziehungen zwischen den beiden Approximationsarten, nämlich der Uniformität $\mathfrak{A}$ auf M_p und der Uniformität $\mathfrak{B}$ auf M_{pp}, bestehen. Da wissenschaftliche Untersuchungen auf theoretischer Ebene keinen Selbstzweck darstellen, sondern dazu dienen, Phänomene der empirischen Ebene zu systematisieren und zu erklären, können wir davon ausgehen, daß zwischen den beiden Arten von Approximation in dem scharfen Sinn eine ‚Entsprechung' besteht, daß die theoretische Approximation die ihr korrespondierende Approximation auf empirische Ebene *erzeugt*. Dies würde unserer Erwartung entsprechen, daß die Approximationen auf theoretischer Ebene *für den Zweck* von Approximationen auf empirischer Ebene vorgenommen werden.

Die Frage: „Gibt es eine solche Form der Erzeugung oder der *Induktion* empirischer Approximationen durch theoretische Approximationen?" könnte man *das erste Grundproblem der innertheoretischen Approximation* nennen. Der Sache nach würde es daher eigentlich erst in den Abschnitt 8.3 hineingehören. Da es auf der theoretisch – nicht-theoretisch – Dichotomie beruht und diese auch für die Behandlung der intertheoretischen Approximationsproblematik von Wichtigkeit ist, haben wir das Problem bereits in den hier erörterten formalen Rahmen mit einbezogen.

Wir haben die obige Fragestellung allgemein und abstrakt motiviert. Wer eine genauere, aber doch relativ einfache Veranschaulichung dafür erhalten möchte, wie in einer konkreten wissenschaftlichen Theorie die Approximation auf theoretischer Ebene eine empirische Approximation induziert, findet eine solche in der Arbeit von MOULINES, [Approximate Application], auf S. 215–217. Das ‚Funktionieren des Approximationsmechanismus' innerhalb ein und derselben Theorie wird dort an einem Anwendungsfall der Newtonschen Gravitationstheorie illustriert.

Hier entsteht jedoch die folgende *prinzipielle* Schwierigkeit: So plausibel es auch erscheinen mag, daß eine Uniformität auf M_p eine ‚entsprechende' Uniformität auf M_{pp} erzeugt, haben wir doch *keine Garantie* dafür, daß dies immer der Fall ist. Die Wurzel für diese Schwierigkeit liegt in der Bestimmung (7) von D8-1. Wegen dieses Axioms kann man für den hier zugrunde gelegten Begriff der Uniformität nicht allgemein beweisen, daß beliebig zunehmende Verfeinerungen der Unschärfemengen auf theoretischer Ebene beliebig scharfe Verfeinerungen von deren nicht-theoretischen Restriktionen auf empirischer

Ebene induzieren. Daher existiert auch für die erste Grundfrage der innertheoretischen Approximation keine trivial bejahende Antwort. Vielmehr ergibt sich das Problem, ob man überhaupt eine präzise Bedingung angeben kann, unter der die Antwort positiv ausfällt.

MOULINES hat eine einfache Bedingung der gewünschten Art gefunden. Dazu einige Hilfsdefinitionen. Es sei wieder M_p die Klasse der potentiellen Modelle für eine Theorie T und $\mathfrak{A}$ eine Uniformität auf M_p. Als Variable für Unschärfemengen aus $\mathfrak{A}$ verwenden wir abermals „U" (mit und ohne Indizes).

In der ersten Definition wird die Restriktion einer Unschärfemenge U_i, abgekürzt $Rest(U_i)$, eingeführt. Es ist dies die Klasse derjenigen Paare partieller Modelle, welche Restriktionen solcher Paare von Elementen aus M_p sind, die in U_i liegen. Es soll dann gezeigt werden, daß die Restriktion einer Unschärfemenge wiederum eine Unschärfemenge ist.

D8-2 $Rest(U_i) := \{\langle y, y' \rangle | \lor x, x' (y = r(x) \land y' = r(x') \land \langle x, x' \rangle \in U_i)\}$.

Die folgenden drei Korollarien besagen, daß $Rest$ verträglich ist mit der Vereinigungsoperation und monoton bezüglich Durchschnitt und Einschluß.

Th. 8-4 $Rest(U_1 \cup U_2) = Rest(U_1) \cup Rest(U_2)$.

Th. 8-5 $Rest(U_1 \cap U_2) \subseteq Rest(U_1) \cap Rest(U_2)$.

Th. 8-6 $U_1 \subseteq U_2 \to Rest(U_1) \subseteq Rest(U_2)$.

Die Klasse aller Restriktionen von Unschärfemengen aus der vorgegebenen Uniformität $\mathfrak{A}$ werde mit „$\mathfrak{B}[\mathfrak{A}]$" bezeichnet. (Die Wahl von „$\mathfrak{B}$" steht im Einklang mit der weiter oben eingeführten Notation, da gerade gezeigt werden soll, daß $\mathfrak{B}[\mathfrak{A}]$ unter der noch anzugebenden Zusatzbedingung von D8-4 eine Uniformität auf M_{pp} ist.)

D8-3 $\mathfrak{B}[\mathfrak{A}] := \{V | \lor U (U \in \mathfrak{A} \land V = Rest(U))\}$.

Wir betrachten nun solche Paare potentieller Modelle, welche genau dieselben nicht-theoretischen Komponenten aufweisen, d.h. die nach Weglassung der theoretischen Größen identische partielle Modelle liefern. Zwei solche potentielle Modelle könnte man *empirisch gleichwertig* nennen; denn in bezug auf die intendierten Anwendungen liefern sie identische Resultate. Unter dem Gesichtspunkt der Approximation bedeutet dies folgendes: Zwei potentielle Modelle, die zu einem solchen Paar gehören, können wir vom empirischen Standpunkt als ‚beliebig ähnlich' betrachten. Die gesuchte Zusatzbedingung soll also folgendes besagen: Solche Änderungen in der Wahl theoretischer Funktionen, welche für die nicht-theoretische Charakterisierung eines physikalischen Systems ohne Relevanz sind, sollen keine Änderung im Grad der Approximation, mit dem das fragliche System theoretisch beschrieben wird, zur Folge haben. Knapper und genauer formuliert: Für alle $U \in \mathfrak{A}$ und für alle $x_1, x_2 \in M_p$ gilt: wenn $r(x_1) = r(x_2)$, dann $\langle x_1, x_2 \rangle \in U$.

Dies ist die Bestimmung (2) in der Definition D 8-5. Eine Uniformität, welche diese Zusatzbedingung erfüllt, soll *empirische Uniformität* genannt werden. (Das „empirisch" enthält dabei keine Anspielung auf die nicht-theoretische Ebene, sondern ist so zu verstehen, daß der modifizierte Begriff der Uniformität nur für *empirische Theorien* von Wichtigkeit ist, also für Theorien, in denen es theoretische und nicht-theoretische Begriffe gibt.) Zwecks einfacher Formulierung ist es ratsam, zunächst den Begriff der *Pseudodiagonale*, abgekürzt $\Psi\Delta$, in bezug auf M_p einzuführen.

D 8-4 $\Psi\Delta(M_p) := \{\langle x_1, x_2\rangle | x_1, x_2 \in M_p \land r(x_1) = r(x_2)\}$.

Eine empirische Uniformität ist dann eine solche Uniformität, deren Unschärfemengen alle die Pseudodiagonale einschließen.

D 8-5 $\mathfrak{A}$ ist eine *empirische Uniformität* auf M_p gdw
(1) $\mathfrak{A}$ ist eine Uniformität auf M_p.
(2) Für alle $U \in \mathfrak{A}$ gilt: $\Psi\Delta(M_p) \subseteq U$.

(Ohne Verwendung des Begriffs der Pseudodiagonale würde (2) so lauten:

$\wedge U, x_1, x_2 [(U \in \mathfrak{A} \land x_1, x_2 \in M_p \land r(x_1) = r(x_2)) \rightarrow \langle x_1, x_2\rangle \in U]$.)

Nun kann das gesuchte Theorem formuliert werden:

Th. 8-7 (Erstes Induktionstheorem) *Wenn $\mathfrak{A}$ eine empirische Uniformität auf M_p ist, dann ist $\mathfrak{B}[\mathfrak{A}]$ eine (empirische) Uniformität auf M_{pp}.*

Das zweite Vorkommen von „empirisch" haben wir eingeklammert, da für eine Uniformität auf M_{pp} die Bestimmung (2) von D 8-5 trivial erfüllt ist. (Ein Element y von M_{pp} enthält keine theoretischen Größen; „Uniformität auf M_{pp}" und „empirische Uniformität auf M_{pp}" sind also synonyme Bezeichnungen.)

Für den detaillierten *Beweis* dieses Theorems, in welchem die Gültigkeit der Bestimmungen (1) bis (7) von D 8-1 für $\mathfrak{B}[\mathfrak{A}]$ bezüglich M_{pp} gezeigt wird, vgl. MOULINES, [General Scheme], S. 128/130. Unter Verwendung der obigen Hilfstheoreme Th. 8-1 bis Th. 8-6 geht dieser Beweis glatt durch. Daß er dennoch etwas schwierig ist, beruht außer auf der relativ großen Zahl zu verifizierender Bestimmungen vor allem auf dem Vorkommen zweier Existenzquantoren im Definiens von D 8-2.

Das Induktionstheorem beinhaltet also, daß eine empirische Uniformität auf der theoretischen Ebene stets auf natürliche Weise eine entsprechende Uniformität auf der nicht-theoretischen Ebene induziert.

Bereits diese Lösung des ersten Grundproblems der innertheoretischen Approximation legt es nahe, *für den Zweck von Approximationsstudien* die Keimzelle des strukturalistischen Theorienkonzeptes, nämlich den Begriff des Theorie-Elementes, entsprechend zu erweitern: Statt als Paar $\langle K, I\rangle$ ist dafür ein Tripel $\langle K, \mathfrak{A}, I\rangle$ zu wählen, wobei $\mathfrak{A}$ eine empirische Uniformität auf der Menge M_p von K ist. Wir nennen ein solches für Approximationsuntersuchungen geeignetes Theorie-Element auch abkürzend *A.-Theorie-Element* $\langle K, \mathfrak{A}, I\rangle$. Wo immer es später auf begriffliche Abgrenzung ankommt, werden wir Theorie-Elemente der ursprünglichen Gestalt *reine* Theorie-Elemente nennen.

In Kap. 3 hatten wir bereits eine andere Modifikation des ursprünglichen Begriffs des Theorie-Elementes eingeführt, nämlich die für *historische Studien* besonders geeigneten pragmatisch bereicherten Elemente $\langle\langle K, I\rangle, SC, h, F\rangle$. Für den Zweck der Rekonstruktion historisch überlieferter Approximationsbetrachtungen könnte man beides kombinieren und *pragmatisch bereicherte A.-Theorie-Elemente*, etwa von der Gestalt von Quintupeln $\langle\langle K, I\rangle, \mathfrak{U}, SC, h, F\rangle$, benützen.

8.3 ‚Verschmierungen', zulässige Unschärfemengen und approximative Anwendung einer Theorie

Das erste Grundproblem der innertheoretischen Approximation hatten wir in 8.2, (II) vorweggenommen. Wir stehen vor einem ganz anderen Problem, wenn wir uns die Aufgabe stellen, die empirischen Behauptungen von Theorie-Elementen bzw. von Theoriennetzen ebenfalls nicht mehr, wie bisher, als *exakte* Behauptungen zu rekonstruieren, sondern als Behauptungen, die *mit einem gewissen Grad an Unschärfe* versehen sind. Die Frage, wie eine derartige *approximative empirische Behauptung einer Theorie* oder *approximative Theorienproposition* zu formulieren ist, nennen wir *das zweite Grundproblem der innertheoretischen Approximation*.

Es soll hier skizziert werden, wie der in 8.2 eingeführte Begriffsapparat für die Lösung dieses Problems nutzbar gemacht werden kann.

In der Sprache der heutigen Physiker formuliert, kommt es darauf an, die *exakte* Anwendung einer Theorie durch eine ‚verschmierte' Anwendung zu ersetzen. Das soll in der Weise geschehen, daß je nach Situation der Kern bzw. das Kernnetz auf die Menge *I* bzw. auf die verschiedenen Arten von *I nur approximativ* angewendet wird. Und um diese Approximation auszudrücken, sollen wiederum die Unschärfemengen aus $\mathfrak{U}$ benützt werden.

Nicht alle Unschärfemengen werden sich dafür eignen, insbesondere nicht zu große Unschärfemengen. In einem ersten Schritt hätte man die *zulässigen* Unschärfemengen einzugrenzen. Aus den bereits in 8.2 angedeuteten Gründen ist dies keine rein logisch zu bewältigende Aufgabe, zumal der Grad der gewünschten oder erwarteten Approximation von der erreichten wissenschaftlichen Entwicklungsstufe abhängt und von Anwendung zu Anwendung schwankt. Ähnlich wie beim Begriff der intendierten Anwendung haben wir es mit einem Begriff zu tun, der sehr stark durch *pragmatische* Gesichtspunkte bestimmt wird und der zeitlich zu relativieren ist. Wir können somit auch hier die Analogiebetrachtungen zum Wittgensteinschen Beispiel von „Spiel" anstellen. Und das bedeutet: Wir müssen es als ein von vornherein hoffnungsloses Unterfangen betrachten, notwendige *und hinreichende* Bedingungen für die Zulässigkeit von Unschärfemengen anzugeben.

Immerhin lassen sich einige notwendige Bedingungen formulieren. Die Klasse der zulässigen Unschärfemengen bezeichnen wir mit MOULINES durch „𝔄" (für „admissible"). Als Minimalbedingung muß gelten:

(a) $\mathfrak{A} \subseteq \mathfrak{U}$.

Dabei ist hier wie im folgenden $\mathfrak{U}$ die zugrunde gelegte empirische Uniformität auf M_p einer Theorie, I sei die Menge der intendierten Anwendungen. Die Variable U (mit oder ohne Indizes) laufe wieder über Elemente von $\mathfrak{U}$.

Eine plausible Forderung geht dahin, daß es für die zugelassene Unschärfe jeweils ein *Maximum* gibt (wobei verschiedene Anwendungsarten verschiedene Maxima haben können). Dies kann in der folgenden Bedingung festgehalten werden:

(b) $\vee U_{max}(U_{max} \in \mathfrak{A} \wedge \wedge U(U_{max} \subset U \rightarrow U \notin \mathfrak{A}))$.

Eine weitere Forderung besagt, daß die Zulässigkeit einer Unschärfemenge von bloß theoretischen Änderungen der zu ihr gehörenden potentiellen Modelle unabhängig sein soll. Wenn also ein zulässiges U_1 in den nicht-theoretischen Teilen seiner Elemente mit U_2 übereinstimmt, so ist auch U_2 zulässig.

(c) $\wedge U_1, U_2 (U_1 \in \mathfrak{A} \wedge U_2 \in \mathfrak{U} \wedge Rest(U_1) = Rest(U_2) \rightarrow U_2 \in \mathfrak{A})$.

Ferner sollte jede zulässige Unschärfemenge in mindestens einer intendierten Anwendung für eine nichttriviale Approximation verwendbar sein. (Die Zusatzbedingung $r(x_1) \neq r(x_2)$ von (d) ist erforderlich, um eine triviale Erfüllung zu verhindern, da Paare $\langle x, x \rangle$ von identischen potentiellen Modellen in jedem U liegen.)

(d) $\wedge U \vee x_1, x_2 (U \in \mathfrak{A} \rightarrow r(x_1) \in I \wedge r(x_1) \neq r(x_2) \wedge \langle x_1, x_2 \rangle \in U)$.

Als Minimalbedingung für $\mathfrak{A}$ läßt sich nun formulieren:

D8-6 $\mathfrak{A}$ ist nur dann eine Klasse von *zulässigen Unschärfemengen* aus $\mathfrak{U}$, wenn die Bedingungen (a) bis (d) erfüllt sind.

Dies ist natürlich keine Definition im strengen Sinn, da darin nur notwendige Bedingungen angegeben werden. Bei Bedarf können weitere Bedingungen hinzugefügt werden. Für das Folgende nehmen wir an, daß $\mathfrak{A}$ genau die vier Bedingungen (a) bis (d) erfüllt, und nennen eine solche Klasse eine *potentielle Klasse von zulässigen Unschärfemengen*.

Es ergibt sich nun das Problem, ob eine potentielle Klasse zulässiger Unschärfemengen auf M_p eine entsprechende Klasse auf nicht-theoretischer Ebene, d.h. also eine Klasse zulässiger Unschärfemengen auf M_{pp}, induziert. Dies ist die zur Frage in 7.b(II) analoge Problemstellung, die ebenso wie dort positiv zu beantworten ist.

Dazu führen wir zunächst das Analogon zu D8-3 ein. $\mathfrak{U}$ sei dabei eine Uniformität auf M_p und $\mathfrak{A}$ eine beliebige Teilklasse von $\mathfrak{U}$.

D8-7 $\mathfrak{B}[\mathfrak{A}] := \{V | \vee U (U \in \mathfrak{A} \wedge V = Rest(U))\}$.

Th. 8-8 (Zweites Induktionstheorem) *Wenn $\mathfrak{A}$ eine potentielle Klasse von zulässigen Unschärfemengen auf M_p ist, dann ist $\mathfrak{B}[\mathfrak{A}]$ eine potentielle Klasse von zulässigen Unschärfemengen auf M_{pp}.*

Für den *Beweis* vgl. MOULINES, [Approximate Application], S. 223.

Damit wenden wir uns wieder der Frage der approximativen Anwendung einer Theorie zu. Aus Gründen der Einfachheit werden wir uns dabei zunächst auf einzelne Theorie-Elemente beschränken. Dafür soll die *exakte* Aussage $I \subseteq \mathbb{A}(K)$ durch eine *verschmierte* Aussage $I \widetilde{\subseteq} \mathbb{A}(K)$ ersetzt werden. Dieser letzten Aussage ist ein präziser Sinn zu verleihen.

Zweckmäßigerweise beginnt man damit, die *approximative Beziehung* zwischen potentiellen Modellen einzuführen. Für $x_1, x_2 \in M_p$ sei

$$x_1 \sim x_2$$

synonym mit:

$$\vee U(U \in \mathfrak{A} \wedge \langle x_1, x_2 \rangle \in U),$$

also mit der Aussage, daß es eine zulässige Unschärfemenge U gibt, so daß x_1 und x_2 U-fast gleich sind bzw. daß x_1 dem x_2 mod. U ähnlich ist. Wegen Th. 8-8 induziert die auf der M_p-Ebene eingeführte Klasse $\mathfrak{A}$ eine Klasse $\mathfrak{B}[\mathfrak{A}]$ zulässiger Unschärfemengen auf der M_{pp}-Ebene, so daß die Aussage $x_1 \sim x_2$ in eine entsprechende nicht-theoretische Aussage $r(x_1) \sim r(x_2)$ übersetzbar ist. Analoges gilt für die folgenden Bestimmungen.

Zunächst läßt sich die Beziehung $\sim$ auf Prädikate potentieller Modelle übertragen. Wir erläutern es an zwei Beispielen. Für das einstellige Prädikat ‚P' bedeutet $P(\tilde{x})$ dasselbe wie $\vee y(x \sim y \wedge P(y))$, für das zweistellige Prädikat ‚Q' bedeute $Q(x, \tilde{y})$ dasselbe wie $\vee z(z \sim y \wedge Q(x, z))$ usw.

Diese Symbolik ist streng genommen etwas irreführend. Durch „$Q(x, \tilde{y})$" z. B. wird der Eindruck erweckt, als werde das zweite Argument, also das potentielle Modell y, verschmiert. Aber dies ist nicht gemeint. Vielmehr wird *das Prädikat „Q" in bezug auf seine zweite Argumentstelle* zunächst verschmiert und dann auf x, y angewendet. Diese Bemerkung dürfte genügen, um einen eigenen, komplizierteren Symbolismus überflüssig zu machen.

Die Definitionen lassen sich auf der nächsthöheren mengentheoretischen Stufe wiederholen. Für Klassen potentieller Modelle X und Y besage $X \sim Y$ dasselbe wie:

$$\wedge x \vee y(x \in X \rightarrow y \in Y \wedge x \sim y) \wedge \wedge y \vee x(y \in Y \rightarrow x \in X \wedge x \sim y).$$

Für Prädikate $\mathfrak{P}$ und $\mathfrak{Q}$ solcher Klassen bedeute $\mathfrak{P}(\tilde{X})$ dasselbe wie $\vee Y(X \sim Y \wedge \mathfrak{P}(Y))$, $\mathfrak{Q}(X, \tilde{Y})$ dasselbe wie $\vee Z(Y \sim Z \wedge \mathfrak{Q}(X, Z))$ usw.

Ohne weiter der Frage nachzugehen, ob man nach diesem Verfahren so etwas wie eine ‚*Logik der Approximation*' aufbauen könne, soll mittels dieser Symbolik die approximative empirische Behauptung $I \widetilde{\subseteq} \mathbb{A}(K)$ wiedergegeben werden. Rein logisch gesehen, gibt es dafür drei Kandidaten. Der erste bestünde in der Aussage:

(i) $\tilde{I} \subseteq \mathbb{A}(K)$,

ausführlicher also: $\vee X(X \sim I \wedge X \subseteq \mathbb{A}(K))$. Hier würde man die Approximation auf die intendierten Anwendungen beschränken. Dies mag zwar für bestimmte Spezialfälle korrekt sein, trifft jedoch nicht den allgemeinsten Fall, für welchen man auch die Möglichkeit, Gesetze zu approximieren, zulassen muß. Es ist daher unplausibel, (i) als Beschreibung des allgemeinsten Falles zu wählen. Aus dem analogen Grund wäre die Wahl von

(ii) $I \subseteq \widetilde{\mathbb{A}(K)}$,

also von: $\vee Z(Z \sim \mathbb{A}(K) \wedge I \subseteq Z)$ inadäquat. Diese Formel mag zwar ebenfalls in speziellen Situationen angemessen sein, beschreibt jedoch abermals nicht den allgemeinsten Fall, der auch Approximationen in bezug auf die intendierten Anwendungen einschließen muß.

Somit verbleibt als letzter Kandidat für die präzise Wiedergabe der verschmierten Relationsaussage $I \tilde{\subseteq} \mathbb{A}(K)$ die folgende übrig:

(iii) $\tilde{I} \subseteq \widetilde{\mathbb{A}(K)}$,

ausführlicher formuliert:

$\vee X \vee Z(X \sim I \wedge Z \sim \mathbb{A}(K) \wedge X \subseteq Z)$.

Hier wurde sowohl auf der theoretischen als auch auf der nichttheoretischen Ebene eine Verschmierung vorgenommen. Eine Aussage von dieser Gestalt gibt in einer realistischeren Weise als die ursprüngliche Theorienproposition die Überzeugung des Wissenschaftlers wieder, ‚daß seine Theorie auf die Fakten zutreffe' (‚that the theory fits the facts').

Damit ist auch die zweite Frage der innertheoretischen Approximation beantwortet worden.

8.4 Intertheoretische Approximation

Im präsystematischen Sinn ist eine intertheoretische Relation eine Beziehung zwischen zwei Theorien mit verschiedenartigen begrifflichen Strukturen. Da im strukturalistischen Rahmen der Begriff des Theorie-Elementes die ‚Urzelle' für die Rekonstruktion des Begriffs der Theorie ist, wird man, ebenso wie im speziellen Fall der exakten Reduktion, auch diesmal bei einem Vergleich von zwei Theorie-Elementen anzusetzen haben. Die Verschiedenartigkeit der begrifflichen Strukturen wird sich darin ausdrücken, daß die beiden Mengen von potentiellen Modellen verschieden sind.

Außerdem geht es uns darum, nach Wegen für die Explikation der intertheoretischen *Approximation* zu suchen. Wir werden daher, entsprechend dem gegen Ende von 8.2 gemachten Vorschlag, nicht *reine* Theorie-Elemente $\langle K, I \rangle$, sondern *A.-Theorie-Elemente* $\langle K, \mathfrak{U}, I \rangle$ als Grundlage der Betrachtungen wählen. Dabei sei $\mathfrak{U}$ wieder eine mit der Menge M_p von K fest assoziierte

Uniformität im Sinn von D8-1. Es erweist sich als zweckmäßig, zunächst den topologischen Begriff der Nachbarschaft in bezug auf Mengen aus $\mathfrak{A}$ einzuführen.

(I) U-Nachbarschaften

Für ein beliebig gewähltes, aber festes $x \in M_p$ sowie ein gegebenes $U \in \mathfrak{A}$ definieren wir:

$$u(x; U) := \{x' \in M_p | \langle x, x' \rangle \in U\}.$$

Diese Teilklasse von M_p soll die *U-Nachbarschaft* des potentiellen Modells x genannt werden.

Analog kann bezüglich einer Uniformität $\mathfrak{B}$ auf M_{pp} für feste $y \in M_{pp}$ und $V \in \mathfrak{B}$ der Begriff $v(y; V)$ der *V-Nachbarschaft* eines partiellen Modells y eingeführt werden.

Für ein gegebenes $x \in M_p$ gibt es zahlreiche U-Nachbarschaften. Ihre Gesamtheit werde „$u(x)$" genannt. (Trotz Wahl des gleichen Symbols „u" ist eine Verwechslung mit dem vorigen Fall wegen der verschiedenen Zahl der Argumente ausgeschlossen.) Also:

$$u(x) := \{u(x; U) | U \in \mathfrak{A}\}$$

(lies: „*die Klasse der U-Nachbarschaften von x*"). Auch diese Klasse ist noch immer auf ein bestimmtes $x \in M_p$ bezogen. Die Vereinigung aller derartiger Klassen für sämtliche $x \in M_p$ heiße *Nachbarschaftsbasis* **U**, kurz *Basis*, *bezüglich $\mathfrak{A}$ auf M_p*. (Das „bezüglich $\mathfrak{A}$ auf M_p" lassen wir gewöhnlich fort.)

$$\mathbf{U} := \bigcup_{x \in M_p} u(x) \quad (\text{also} = \bigcup_{x \in M_p} \{u(x; U) | U \in \mathfrak{A}\}).$$

(Für jedes $u(x)$ gilt: $u(x) \subseteq Pot(M_p)$; ebenso ist $\mathbf{U} \subseteq Pot(M_p)$. Die Bezeichnung „Basis" rührt daher, daß **U** die erzeugende Basis für eine Umgebungstopologie auf M_p bildet. Wir werden diese Tatsache jedoch nicht benötigen.)

Analog wie gemäß Th. 8-7 M_p eine Uniformität auf M_{pp} induziert, so induziert jede Basis **U** bezüglich $\mathfrak{A}$ auf M_p eine Basis **V** bezüglich $\mathfrak{B}(\mathfrak{A})$ auf M_{pp}.

(II) Das Schema für intertheoretische Approximation

$T = \langle K, I \rangle$ und $T' = \langle K', I' \rangle$ seien zwei *reine* Theorie-Elemente. Eine *exakte* intertheoretische Relation zwischen ihnen ist eine Relation ϱ von der Gestalt

$$\varrho \subseteq M_p \times M'_p,$$

die bei den Klassen potentieller Modelle M_p und M'_p der beiden Kerne K und K' ansetzt. Jedes solche ϱ induziert über die Restriktionsfunktion eine exakte intertheoretische Relation auf nicht-theoretischer Stufe, d.h. eine Relation v_ϱ von der Gestalt

$$v_\varrho \subseteq M_{pp} \times M_{pp}.$$

Dies läßt sich für Approximationsfälle parallelisieren. Den Ausgangspunkt bilden diesmal keine reinen Theorie-Elemente, sondern *A.-Theorie-Elemente* $T = \langle K, \mathfrak{A}, I \rangle$ und $T' = \langle K', \mathfrak{A}', I' \rangle$, wobei $\mathfrak{A}$ und $\mathfrak{A}'$ empirische Uniformitäten auf M_p von K bzw. auf M'_p von K' sind. Tatsächlich wird man sich hierbei in allen praktischen Anwendungen wieder auf zulässige Unschärfemengen beschränken, wobei die Klasse $\mathfrak{A}$ dieser Mengen, wie zu Beginn von 8.3 geschildert, teils durch notwendige Bedingungen und teils durch pragmatische Zusatzüberlegungen ausgesondert wird. Ohne dies ausdrücklich zu erwähnen, setzen wir im folgenden stets voraus, daß eine solche Teilklasse $\mathfrak{A}$ von $\mathfrak{A}$ ausgewählt worden ist.

Die Relationen, um die es geht, sollen *verschmierte* oder *approximative intertheoretische Relationen* (abgek.: „a.i.R.") heißen. Eine a.i.R. ϱ ist eine Relation zwischen A.-Theorie-Elementen, also zwischen Tripeln $\langle K, \mathfrak{A}, I \rangle$ und $\langle K', \mathfrak{A}', I' \rangle$, wobei das gegenwärtige ϱ zum Unterschied vom exakten nicht nur die Elemente von M_p und M'_p miteinander in Beziehung setzt, sondern auch die von $\mathfrak{A}$ und $\mathfrak{A}'$ bzw. genauer: die Elemente der beiden Basen **U** und **U**'.

D8-8 Eine Relation ϱ heißt eine *a.i.R.* in bezug auf zwei A.-Theorie-Elemente $T = \langle K, \mathfrak{A}, I \rangle$ und $T' = \langle K', \mathfrak{A}', I' \rangle$ gdw.
(1) $\varrho \subseteq (M_p \times \mathbf{U}) \times (M'_p \times \mathbf{U}')$;
(2) $\bigwedge x_1, x_2{}_{x_1, x_2 \in M_p} \bigwedge U \in \mathfrak{A}(\langle x_1, u(x_2; U) \rangle \in D_I(\varrho)$
$\rightarrow u(x_1; U) = u(x_2; U))$;
(3) $\bigwedge x'_1, x'_2{}_{x'_1, x'_2 \in M'_p} \bigwedge U' \in \mathfrak{A}'(\langle x'_1, u(x'_2; U') \rangle \in D_{II}(\varrho)$
$\rightarrow u'(x'_2; U') = u'(x'_1; U'))$.

Zunächst beachte man, daß ϱ geordnete Paare miteinander verknüpft, wobei das eine Glied eines solchen Paares ein potentielles Modell und das andere eine $\mathfrak{A}$- bzw. eine $\mathfrak{A}'$-Nachbarschaft eines potentiellen Modells ist. Durch die beiden Zusatzbestimmungen (2) und (3) wird gewährleistet, daß jeweils ein $x \in M_p$ bzw. ein $x' \in M'_p$ zusammen mit *seiner* U-Nachbarschaft betrachtet wird (und nicht zusammen mit der eines anderen Elementes aus M_p bzw. M'_p).

Durch jede a.i.R. ϱ im Sinne von D8-8 wird eine a.i.R. v_ϱ auf nichttheoretischer Stufe, also mit $v_\varrho \subseteq (M_{pp} \times \mathbf{V}) \times (M'_{pp} \times \mathbf{V}')$, induziert.

Der Sinn der obigen Definition ist folgender: Eine a.i.R. ϱ ordnet jedem potentiellen Modell x, zusammen mit einer U-Nachbarschaft dieses x, mindestens ein potentielles Modell x' von T', zusammen mit einer U'-Nachbarschaft von x', zu. Diese Nachbarschaften U und U' repräsentieren dabei jeweils bestimmte Unschärfegrade oder Verschmierungen derjenigen potentiellen Modelle, deren Nachbarschaften sie sind. Man kann die Definition daher intuitiv so deuten, daß die intertheoretische Relation ϱ zwischen den potentiellen Modellen der beiden Theorien durch *eine Verschmierung der potentiellen Modelle auf beiden Seiten von ϱ* zustande kommt.

Häufig wird eine Änderung des Unschärfegrades auf bloß einer Seite die Folge haben, daß die intertheoretische Relation ϱ nicht mehr besteht. Interessantere Fälle sind diejenigen, in denen das letztere nicht gilt. Hier hat nach erfolgter

Wahl eines potentiellen Modells eine beliebige Änderung des Unschärfegrades auf der einen Seite keinen Effekt auf das Bestehen von ϱ, und zwar ohne daß man den Unschärfegrad auf der anderen Seite ändert. Wenn z. B. unabhängig von dem auf der linken Seite benützten $u(x; U)$ ein spezielles $u'(x'; U')$ mittels ϱ dem x zugeordnet wird, so bedeutet dies, daß für das Vorliegen einer a.i.R. ϱ zwischen T und T' *nur die rechte Seite* verschmiert werden muß. Die Verschmierungen auf der linken Seite bilden dann höchstens eine ‚innertheoretische Angelegenheit' für T selbst und sind daher im gegenwärtigen Kontext, wo wir uns nur für intertheoretische Relationen interessieren, ohne Relevanz. Analoges gilt natürlich bei Vertauschung von „links" und „rechts".

Für eine formale Präzisierung dieser Überlegung wird der Gedanke benützt, daß z. B. eine Nachbarschaft $u(x; U)$, die für das Bestehen von ϱ ohne Relevanz ist, durch irgend eine andere $u(x; U_i)$ ersetzt werden kann, ohne daß dadurch das Vorliegen der a.i.R. ϱ beeinträchtigt würde.

D8-9 Eine a.i.R. ϱ beinhaltet *(höchstens) eine rechte Verschmierung* gdw gilt:
Für alle $x \in M_p$, $x' \in M'_p$,
ferner für alle $u(x; U_1)$, $u(x; U_2) \in \mathbf{U}$ und $u'(x'; U') \in \mathbf{U}'$:
wenn $\langle x, u(x; U_1) \rangle \varrho \langle x', u'(x'; U') \rangle$, dann
$\langle x, u(x; U_2) \rangle \varrho \langle x', u'(x'; U') \rangle$.

D8-10 Eine a.i.R. ϱ beinhaltet *(höchstens) eine linke Verschmierung* gdw gilt:
Für alle $x \in M_p$, $x' \in M'_p$, ferner für alle $u(x; U) \in \mathbf{U}$, $u'(x'; U'_1) \in \mathbf{U}$ und $u'(x'; U'_2) \in \mathbf{U}$:
wenn $\langle x, u(x; U) \rangle \varrho \langle x', u'(x'; U'_1) \rangle$, dann
$\langle x, u(x; U) \rangle \varrho \langle x', u'(x'; U'_2) \rangle$.

Diese Definitionen können bei Bedarf so abgewandelt werden, daß man eingeschränkte rechte bzw. linke Verschmierungen erhält, die nur für Teilklassen $X \subsetneq M_p$ bzw. $Y \subsetneq M'_p$ gelten, oder daß die fragliche Verschmierung nur *partielle* Modelle betrifft (für die durch ϱ induzierte Relation v_ϱ).

Wenn ϱ eine rechte Verschmierung beinhaltet, kann die komplizierte Formulierung „$\langle x, u(x; U) \rangle \varrho \langle x', u'(x'; U') \rangle$" zu der einfacheren Wendung „$x \varrho u'(x'; U')$" verkürzt werden; denn dadurch wird hinreichend zum Ausdruck gebracht, daß x in der ϱ-Beziehung zu einer bestimmten Verschmierung $u'(x'; U')$ von x' steht. Analog kann im Fall einer bestimmten linken Verschmierung „$u(x; U) \varrho x'$" geschrieben werden. Sofern es nicht einmal darauf ankommt, die in der Verschmierung benützte spezielle Nachbarschaft von x bzw. x' anzugeben, kann man die Symbolik noch weiter vereinfachen und „$x \varrho \tilde{x}'$" für eine *rechte* sowie „$\tilde{x} \varrho x'$" für eine *linke* Verschmierung schreiben. Ist ϱ eine a.i.R., die weder eine rechte noch eine linke, sondern eine beiderseitige Verschmierung beinhaltet, so soll einfach „$\tilde{x} \varrho \tilde{x}'$" geschrieben werden.

Zur Bezeichnung von Relationen, die auf einer um 1 höheren mengentheoretischen Stufe operieren, verwenden wir einen oberen Querstrich. Um auch Verschmierungen auf einer solchen höheren Stufe symbolisieren zu können, führen wir für beliebige $X \subset M_p$ die folgende Abkürzung ein:

$\mathfrak{A}(X) := \{u(x; U_i) | x \in X \wedge u(x; U_i) \in u(x)\}$.

(Man beachte, daß für ein und dasselbe $x \in X$ in $\mathfrak{A}(X)$ verschiedene Nachbarschaften $u(x; U_i)$ und $u(x; U_j)$ vorkommen.) Analog ist $\mathfrak{A}'(X')$ mit $X' \subset M'_p$ zu definieren.

So wie eine exakte intertheoretische Relation ϱ auf $M_p \times M'_p$ eine exakte intertheoretische Relation $\bar{\varrho}$ auf $Pot(M_p) \times Pot(M'_p)$ induziert, so induziert eine a.i.R. ϱ auf $(M_p \times \mathbf{U}) \times (M'_p \times \mathbf{U}')$ eine a.i.R. $\bar{\varrho}$ auf $(Pot(M_p) \times Pot(\mathbf{U})) \times (Pot(M'_p) \times Pot(\mathbf{U}'))$. Man kann dann analog zum früheren schreiben: $\langle X, U(X) \rangle \bar{\varrho} \langle X', U'(X') \rangle$; und eine rechte Verschmierung von $\bar{\varrho}$ kann, je nach Situation, mit „$X \bar{\varrho} U'(X')$" bzw. „$X \bar{\varrho} \tilde{X}'$" bezeichnet werden etc.

Bei allen bisher betrachteten Fällen gingen wir davon aus, daß das Bestehen einer a.i.R. zwischen zwei potentiellen Modellen x und x' von den *speziell gewählten* Nachbarschaften abhängt, die für eine Verschmierung dieser (oder eines dieser beiden) Modelle verwendet werden.

Darüber hinaus müssen auch diejenigen, vor allem in physikalischen Theorien vorkommenden Fälle von approximativen intertheoretischen Relationen berücksichtigt werden, die ‚zur Exaktheit tendieren'. Das sind solche, die nicht bloß für eine spezielle Nachbarschaft, sondern *für jede zulässige Nachbarschaft* von x bzw. x' gelten. Streng genommen ist auch eine derartige Relation zwar bloß approximativ, aber sie ‚nähert sich' mit beliebigem zulässigen Unschärfegrad der Exaktheit. Knapper formuliert: die Relation ist *beinahe exakt*. Da dies auf beiden Seiten passieren kann, gelangen wir zu den folgenden beiden Definitionen:

D8-11 Eine a.i.R. ϱ ist *rechtsseitig beinahe exakt* gdw gilt:
Für alle $x \in M_p$, $x' \in M'_p$, ferner für alle $u(x; U) \in \mathbf{U}$, $u'(x'; U'_1) \in \mathbf{U}'$: Wenn $\langle x, u(x; U) \rangle \varrho \langle x', u'(x'; U'_1) \rangle$, dann besteht für jedes $U' \in \mathfrak{A}$ sowie für jedes $u'(x'; U')$ die Relation $\langle x, u(x; U) \rangle \varrho \langle x', u'(x'; U') \rangle$.

Abgekürzt soll dies „$x \varrho \tilde{\tilde{x}}'$" heißen.

D8-12 Eine a.i.R. ϱ ist *linksseitig beinahe exakt* gdw gilt:
Für alle $x \in M_p$, $x' \in M'_p$, $u(x; U_1) \in \mathbf{U}$, $u'(x'; U') \in \mathbf{U}'$: Wenn $\langle x, u(x; U_1) \rangle \varrho \langle x', u'(x'; U') \rangle$, dann besteht für jedes $U \in \mathfrak{A}$ sowie für jedes $u(x; U)$ die Relation $\langle x, u(x; U) \rangle \varrho \langle x', u'(x'; U') \rangle$.

Die abgekürzte Schreibweise lautet diesmal: „$\tilde{\tilde{x}} \varrho x'$". Wenn eine a.i.R. ϱ *beiderseitig beinahe exakt* ist, so schreiben wir „$\tilde{\tilde{x}} \varrho \tilde{\tilde{x}}'$".

Analog wie früher könnten auch diese Begriffe für spezielle Teilmengen von M_p und M'_p definiert bzw. durch ‚Projektion' auf M_{pp} und M'_{pp} für die nichttheoretische Ebene eingeführt werden. Ebenso findet eine natürliche Induktion auf die nächsthöhere theoretische Stufe statt, wodurch wir Relationen von der Gestalt $X \bar{\varrho} \tilde{\tilde{X}}'$ und $\tilde{\tilde{X}} \bar{\varrho} X'$ gewinnen.

Zusammenfassend sprechen wir in allen diesen Fällen von *beliebig verschärfbarer Approximation*. Die in 8.3 angeführten Verschmierungen können offenbar auch für die beliebig verschärfbare Approximation eingeführt werden. Beispiele seien etwa:

$x \approx y := \wedge U(U \in \mathfrak{A} \to \langle x, y \rangle \in U)$
$P(\tilde{x}) := \wedge U(U \in \mathfrak{A} \to \vee y(P(y) \wedge \langle x, y \rangle \in U))$.

Ersteres könnte man lesen als: „x *ist beinahe exakt gleich* y" (denn y liegt innerhalb jeder zulässigen Umgebung von x); das zweite könnte man so formulieren: „*P trifft beinahe genau auf x zu*" usw.

Die folgenden leicht beweisbaren Sätze geben an, wie die vier zuletzt eingeführten Begriffe zusammenhängen.

Th. 8-9 *Wenn eine a.i.R. ϱ höchstens eine linke Verschmierung beinhaltet, dann ist ϱ rechtsseitig beinahe exakt.*

Th. 8-10 *Wenn eine a.i.R. ϱ höchstens eine rechte Verschmierung beinhaltet, dann ist ϱ linksseitig beinahe exakt.*

MOULINES hat eine einfache Methode entwickelt, um die verschiedenen Falltypen und ihre Kombinationen übersichtlich darzustellen: Die linke Seite wird durch den Index 1 und die rechte Seite durch den Index 2 angegeben. Ein oberer Index soll dabei angeben, daß es sich um die theoretische Stufe handelt, während ein unterer Index die Anwendungsstufe betrifft. Für eine a.i.R. ϱ ergeben sich somit zunächst die folgenden ‚reinen' Möglichkeiten:

	links: 1	rechts: 2
theoretische Stufe	ϱ^1	ϱ^2
Anwendungsstufe I	ϱ_1	ϱ_2

Daraus können ‚gemischte' Fälle gebildet werden. So etwa bezeichnet ϱ_2^1 eine a.i.R., die eine linke Verschmierung auf der theoretischen Stufe und eine rechte Verschmierung auf der Anwendungsstufe beinhaltet. (Eine solche Relation erweist sich für die Fallstudie KEPLER-NEWTON als wichtig.)

(III) Approximative Reduktion

Auch für den Begriff (bzw. die Begriffe) der approximativen Reduktion ϱ eines Theorie-Elementes T auf ein anderes T' gelten die vier Adäquatheitsbedingungen von Kap. 4.1, die wir der Vollständigkeit halber nochmals kurz anführen:

(1) $\varrho \subseteq M_p \times M_p'$;
(2) die Umkehrung ϱ^{-1} ist eine mehr-eindeutige Funktion;
(3) die Gesetze der reduzierten Theorie folgen in dem Sinne aus denen der reduzierenden, daß gilt:
   $\langle x, x' \rangle \in \varrho \wedge x' \in M' \to x \in M$;
(4) die intendierten Anwendungen I und I' stehen in der durch ϱ induzierten nicht-theoretischen Entsprechungsrelation γ_ϱ.

Eine die Bedingungen (1) und (2) erfüllende Relation soll wieder *Quasi-Reduktion von T auf T'* heißen. Die durch ϱ (im Sinn von Abschnitt 8.2) induzierte Reduktion auf nicht-theoretischer Ebene heiße wiederum γ_ϱ. Und für elementare Aussagen, in denen die analogen Aussagen auf einer um 1 höheren mengentheoretischen Stufe angewendet werden, schreiben wir diesmal z.B. wieder: $\langle X, X' \rangle \in \bar{\varrho}$, $\langle Y, Y' \rangle \in \bar{\gamma}_\varrho$ usw. (vgl. D4-2).

Ferner treffen wir die beiden folgenden symbolischen Vereinbarungen: Wenn H ein Kern ist, so soll die Verschmierung $\tilde{H}$ von H genau die beiden theoretischen Komponenten M und C betreffen. Ferner sei $\bar{\varrho}^{-1}(H'_0) \subseteq H$ eine Abkürzung der längeren Formel:

$$\wedge X, X' [\langle X, X' \rangle \in \bar{\varrho} \wedge X' \in Pot(M'_0) \cap C'_0 \to X \in Pot(M) \cap C].$$

Wegen der folgenden Fallstudie beschränken wir uns auf den Fall einer approximativen ϱ_2^1-Reduktion. σ sei die Spezialisierungsrelation im Sinn von Kap. 2.

D8-13 $T = \langle K, \mathfrak{A}, I \rangle$ und $T' = \langle K', \mathfrak{A}', I' \rangle$ seien zwei A.-Theorie-Elemente. Dann ist
$\langle T, \varrho, T', I'_0 \rangle$
eine *approximative ϱ_2^1-Reduktion von T auf T' in I'_0* gdw gilt:[3]
(i) ϱ ist eine Quasi-Reduktion von T auf T';
(ii) $I'_0 \subseteq I'$;
(iii) $\wedge H [H \sigma K \wedge I \subseteq \mathbb{A}(H) \to \vee H'_0 (H'_0 \sigma K' \wedge I'_0 \subseteq \mathbb{A}(H'_0) \wedge \bar{\varrho}^{-1}(H'_0) \subseteq \tilde{H})]$;
(iv) $\langle I, \widetilde{I'_0} \rangle \in \bar{\gamma}_\varrho$.

Intuitive Erläuterung: Wie im Fall der strikten Reduktion sei T die ‚weniger entwickelte' oder ‚schwächere' Theorie, die auf die ‚entwickeltere' oder ‚reichere' Theorie zu reduzieren ist. T soll dabei T' approximieren; doch soll sich diese Approximation, was die Anwendungen betrifft, nur auf einen ‚echten' Teilbereich I'_0 der intendierten Anwendung I' von T' beziehen. Anschaulich gesprochen: Die Theorie T' besitzt mehr Anwendungen als die Theorie T. I'_0 ist derjenige Bereich, für den sowohl T als auch T' ‚Erklärungen liefern'. Aber einerseits ist I'_0 bloß ein Teilbereich von I', was (ii) besagt, während I'_0 andererseits in einer ϱ-Entsprechung zum *ganzen* Bereich I steht, was einen Teil des Inhaltes von (iv) bildet. Der andere Teil von (iv) besagt, daß I und I'_0 nicht in einer exakten Entsprechung zueinander stehen, sondern bloß in einer approximativen Entsprechung vom ϱ_2^1-Typ, bei der I'_0 verschmiert ist.

Zum genauen Verständnis der Bedingung (iii) schreiben wir die Formel, als deren Abkürzung $\bar{\varrho}^{-1}(H'_0) \subseteq H$ dient, ausführlich hin; sie lautet:

$$\wedge X, X' [\langle X, X' \rangle \in \bar{\varrho} \wedge X' \in Pot(M'_0) \cap C'_0 \to X \in Pot(M) \cap C].[4]$$

---

[3] Damit der Symbolismus nicht zu unübersichtlich wird, lassen wir im Definiens den oberen und unteren Zahlenindex am „ϱ" fort.
[4] Hierbei sind M und C Komponenten von H und M'_0 sowie C'_0 Komponenten von H'_0.

Der unter Verwendung der Approximations-Schlange formulierte Ausdruck

$$\bar{\varrho}^{-1}(H_0') \subseteq \tilde{H}$$

ist damit eine Abkürzung für

$$\wedge X, X' [\langle X, X'\rangle \in \bar{\varrho} \wedge X' \in Pot(M_0') \cap C_0' \rightarrow X \in \overline{Pot(M) \cap C}].$$

Das Konsequens dieses Konditionalsatzes hat die allgemeine Form:

$$a_0 \in \tilde{A}.$$

Dies bedeutet nach der Approximationslogik:

(a) $\vee B(A \sim B \wedge a_0 \in B).$

$A \sim B$ wiederum bedeutet:

$$\wedge x \in A \vee y \in B(x \sim y) \wedge \wedge y \in B \vee x \in A(x \sim y).$$

Somit erhalten wir aus (a) durch Abschwächung:

(b) $\vee B(a_0 \in B \wedge \wedge y \in B \vee x \in A(x \sim y)).$

Daraus folgt durch Existenz- und Allquantorbeseitigung:

$$\vee x(x \in A \wedge x \sim a_0).$$

Setzt man nun a_0 gleich X und A gleich $Pot(M) \cap C$, so erhält man aus $X \in \overline{Pot(M) \cap C}$

$$\vee X^* (X^* \in Pot(M) \cap C \wedge X^* \sim X)$$

und damit insgesamt

$$\wedge X, X' [\langle X, X'\rangle \in \bar{\varrho} \wedge X' \in Pot(M_0') \cap C_0' \rightarrow \\ \vee X^* (X^* \in Pot(M) \cap C \wedge X^* \sim X)].$$

(iii) impliziert also: Jede für I erfolgreiche Spezialisierung H des Kerns von T hat in dem Sinn ein für I_0' erfolgreiches *approximatives* Bild H_0' in T', daß die für die T-Spezialisierung geltenden Axiome (und Querverbindungen) gemäß der Adäquatheitsbedingung (3) aus den für die entsprechende T'-Spezialisierung geltenden Axiome (und Querverbindungen) folgen. Der obere Index 1 an ϱ_2^1 zeigt an, daß die Approximation auf der theoretischen Stufe die *zu reduzierende* Theorie betrifft.

Sofern man am Fall der *beliebig verschärfbaren* ϱ_2^1-*Approximation* interessiert ist, hat man in D8-13 bloß den Operator $\sim$ an beiden Stellen seines Vorkommens durch den Operator $\approx$ zu ersetzen.

(IV) Der Kepler-Newton-Fall

E. Scheibe lieferte in [Erklärung] eine sorgfältige Detailanalyse der Beziehung zwischen der Keplerschen Theorie der Planetenbewegung und der

Gravitationstheorie von NEWTON. Diese Untersuchung ist in dem Sinn *ganz konkret*, als sie sich nicht auf ein vorher formuliertes allgemeines Konzept intertheoretischer Relationen stützt. Gerade deshalb eignet sie sich besonders gut dafür, die Adäquatheit eines derartigen Konzeptes zu überprüfen. Gemäß unserer Terminologie ist SCHEIBES Analyse in mikrologischer Denkweise abgefaßt. MOULINES hat sich bemüht, die von SCHEIBE formulierten Bedingungen in die strukturalistisch-makrologische Denkweise zu übersetzen und das dabei gewonnene Resultat für eine Adäquatheitsbeurteilung von D 8-13 zu verwerten. Unabhängig davon liefert diese Fallstudie eine Veranschaulichung des etwas abstrakten Begriffsapparates der approximativen Reduktion.

Im Gegensatz zu einer in vielen Lehrbüchern geäußerten Meinung handelt es sich bei den Theorien von KEPLER und von NEWTON um zwei unterschiedliche Theorien, die nicht nur verschiedene empirische Gesetzmäßigkeiten enthalten, sondern andersartige begriffliche Strukturen auf theoretischer Ebene aufweisen. Gemäß der in [View] eingeführten Terminologie sind diese beiden Theorien *theoretisch inkommensurabel*. Es ist daher zu erwarten, daß das Studium ihres Verhältnisses zueinander einen Beitrag zur Lösung gewisser Aspekte des Inkommensurabilitätsproblems liefert. Die Inkommensurabilität ist allerdings, das sei bereits jetzt erwähnt, keine totale: die nicht-theoretischen Strukturen der beiden Theorien, nämlich die kinematischen Beschreibungen von Partikelsystemen, sind von *gleicher* Art. Die Verschiedenartigkeit beschränkt sich also auf die theoretischen Superstrukturen der beiden Theorien.

Wir werden folgendermaßen vorgehen: In (i) werden die die beiden Theorien ausdrückenden mengentheoretischen Prädikate (im Sinn von P. SUPPES) definiert, wodurch die beiden Modellklassen festgelegt sind. In (ii) werden die benützte Uniformität sowie die Approximationskonventionen formuliert. (iii) enthält die strukturalistische Übersetzung der Analyse von SCHEIBE nach MOULINES und (iv) hat die Rekonstruktion der Kepler-Newton-Relation als einer ϱ_2^1-Approximation zum Inhalt.

(i) *Kepler-System und Newtonsches Gravitationssystem*

D 8-14 x ist ein *Keplersystem* gdw gilt:
Es gibt P, T, s, μ, so daß
(1) $x = \langle P, T, s, \mu \rangle$;
(2) P ist eine endliche, nichtleere Menge;
(3) T ist ein Intervall aus $\mathbb{R}$;
(4) $s: P \times T \to \mathbb{R}^3$; $D_t^2 s$ existiert für alle $t \in T$ (d.h. s ist eine Funktion von $P \times T$ in $\mathbb{R}^3$, so daß s bezüglich des zweiten Argumentes allgemein, nämlich für alle $t \in T$, zweifach differenzierbar ist);
(5) $\mu: P \to \mathbb{R}$ (d.h. μ ist eine Funktion von P in $\mathbb{R}$);
(6) $\vee p_0 \in P \wedge t \in T$:
  (a) $\mu(p_0) > 0 \wedge D_t^2 s(p_0, t) = 0$;
  (b) $\wedge p [p \neq p_0 \to$
    (b_1) $\mu(p) = 0$,

(b$_2$) $D_t^2 s(p,t) = -\mu(p_0) \cdot (s(p,t) - s(p_0,t)) \cdot |s(p,t) - s(p_0,t)|^{-3}$,
(b$_3$) $\frac{1}{2} |D_t s(p,t) - D_t s(p_0,t)|^2 - \mu(p_0) \cdot |s(p,t) - s(p_0,t)|^{-1} < 0]$.

Intendierte Deutungen: P ist eine Menge von Partikeln, die im vorliegenden Fall mit endlich vielen Himmelskörpern identifiziert werden. T ist ein Zeitintervall, s ist die Ortsfunktion und μ die sogenannte Kepler-Konstante. (6) enthält eine moderne Fassung der Keplerschen Gesetze. p_0 ist die ‚Sonnenpartikel‘.

Die Klasse aller mengentheoretischen Strukturen $\langle P, T, s, \mu \rangle$, welche D8-14 erfüllen, ist die Menge $M(Kep)$ der Modelle von Keplers Theorie. $M_p(Kep)$ ist die Klasse aller Strukturen, welche die Bedingungen (1) bis (5) von D8-14 erfüllen. Die Theorie selbst nennen wir T_{Kep}. Der einzige T_{Kep}-theoretische Begriff ist μ. Die Klasse $M_{pp}(Kep)$ aller partiellen potentiellen Modelle von T_{Kep} ist daher identisch mit der Klasse der Strukturen $\langle P, T, s \rangle$, welche den Bestimmungen (1) bis (4) von D8-14 genügen.

D8-15 x ist ein *Newtonsches Gravitationssystem* gdw gilt:
Es gibt P, T, s, m, f, so daß
(1) $x = \langle P, T, s, m, f \rangle$;
(2) P ist eine endliche, nichtleere Menge;
(3) T ist ein Intervall aus $\mathbb{R}$;
(4) $s: P \times T \to \mathbb{R}^3$; $D_t^2 s$ existiert für alle $t \in T$ (vgl. (4) von D8-14);
(5) $m: P \to \mathbb{R}^+$ (d.h. m ist eine Funktion von P in $\mathbb{R}^+$);
(6) $f: P \times T \times \mathbb{N} \to \mathbb{R}^3$, wobei für alle $p \in P$ und für alle $t \in T$ die Summe $\sum_{i \in \mathbb{N}} f(p,t,i)$ absolut konvergent ist;

(7) $\wedge p \in P \wedge t \in T \left(\sum_{i \in \mathbb{N}} f(p,t,i) = m(p) \cdot D_t^2 s(p,t) \right)$;

(8) $\vee G \in \mathbb{R} \wedge p \in P \wedge t \in T$:
$$f(p,t,i) = -G \cdot \sum_{\substack{q \in P \\ q \neq p}} \frac{m(p) \cdot m(q) \cdot (s(p,t) - s(q,t))}{|s(p,t) - s(q,t)|^3}.$$

(Für alle $j \neq i$ habe f den Wert 0. (8) ist insofern unvollständig, als hierdurch keine Angabe darüber erfolgt, wie i zu spezifizieren ist. Dafür gibt es verschiedene Möglichkeiten.)

Die Theorie heiße T_{New}. Die Klasse aller Strukturen $\langle P, T, s, m, f \rangle$, welche D8-15 erfüllen, ist die Menge $M(New)$ der Modelle von T_{New}. $M_p(New)$ ist die Klasse aller Strukturen, welche D8-15, (1)–(6) erfüllen. Die beiden T_{New}-theoretischen Begriffe sind m und f. Daher ist die Klasse $M_{pp}(New)$ identisch mit der Klasse aller mengentheoretischen Strukturen $\langle P, T, s \rangle$, welche D8-15, (1) bis (4) erfüllen. Wie der Vergleich mit der vorigen Definition sofort lehrt (die Bestimmungen (2) bis (4) sind miteinander identisch!), gilt:

$M_{pp}(Kep) = M_{pp}(New)$.

Da es sich um eine Beschreibung kinematischer Prozesse handelt, soll diese Menge einheitlich mit „Kin" bezeichnet werden.

Querverbindungen sollen der Einfachheit halber weggelassen werden. (Es könnte z. B. die Identitätsquerverbindung für μ und m hinzugefügt werden, was an der Art des Vergleichs nichts ändern und nur die Rechenarbeit komplizieren würde.)

Der Kern der Theorie T_{Kep} heiße Kep und der Kern von T_{New} werde New genannt. Es gilt: $Kep = \langle M_p(Kep), Kin, M(Kep) \rangle$ und $New = \langle M_p(New), Kin, M(New) \rangle$.

Die intendierten Anwendungen von T_{Kep} seien I_{Kep}; und die von T_{New} seien I_{New}. Es ist sowohl $I_{Kep} \subsetneq Kin$ als auch $I_{New} \subsetneq Kin$.

Es werden noch zwei Postulate hinzugefügt. Das erste wird von Scheibe übernommen. Es enthält die historisch gerechtfertigte Annahme, daß I_{Kep} nur Kinematiken von zwei Partikeln enthält. Mit „| |" als Kardinalzahloperator erhalten wir:

P1 Für alle $y \in I_{Kep}$: $|P_y| = 2$.

Das zweite Postulat besagt, daß alle intendierten Anwendungen der Theorie T_{New} das zweite Newtonsche Gesetz sowie das Gravitationsgesetz erfüllen:

P2 $I_{New} \subseteq r^1 [M(New)]$.

Wir beschließen diesen Punkt mit folgender erläuternder Bemerkung: Die gesamte Theorie von KEPLER besteht aus dem einzigen Theorie-Element $T_{Kep} = \langle Kep, I_{Kep} \rangle$. Spezialisierungen gibt es keine, so daß hier das ganze Netz zu einem einzigen Element ‚degeneriert'. Anders steht es mit der Newtonschen Mechanik. Sie bestand zwar zu verschiedenen Zeitpunkten aus sehr umfassenden Netzen. Für den gegenwärtigen Zweck genügt es aber, ein einziges Element daraus zu betrachten, nämlich $T_{New} = \langle New, I_{New} \rangle$. (Dies zeigt übrigens, daß es für intertheoretische Vergleiche historisch vorliegender Theorien selbst dann nicht immer erforderlich ist, ganze Netze zu vergleichen, wenn solche vorliegen.)

(ii) *Festlegung der Uniformität $\mathfrak{U}$ und der Approximationskonventionen*

Eigentlich würde man erwarten, daß die beiden betrachteten Theorien in einem zweiten Schritt als *A.-Theorie-Elemente*, also etwa als zwei Tripel $\langle Kep, \mathfrak{U}_1, I_{Kep} \rangle$ und $\langle New, \mathfrak{U}_2, I_{New} \rangle$ rekonstruiert werden. Doch so werden wir nicht vorgehen, sondern auch diese Aufgabe weiter vereinfachen. Erstens interessieren uns im gegenwärtigen Kontext nicht etwaige innertheoretische Gründe für die Einführung von Uniformitäten. Zweitens können wir auch für unseren intertheoretischen Zweck von der speziellen Gestalt der Uniformitäten auf T-theoretischer Stufe absehen, da die folgende Annahme genügt: Diese Uniformität induziert auf der (gemeinsamen!) nicht-theoretischen Stufe eine Uniformität $\mathfrak{V} \subseteq Pot(Kin \times Kin)$, die zu jedem $\varepsilon \in \mathbb{R}^+$ ein Element V_ε enthält, so daß $\langle y, y' \rangle \in V_\varepsilon$ gdw für alle $p \in P_y \cap P_{y'}$ und für alle $t \in T_y \cap T_{y'}$:

$$|s_y(p,t) - s_{y'}(p,t)| < \varepsilon.$$

(Die Klasse $\mathfrak{B}$ kann definiert werden als

$\mathfrak{B} := \{V \in Pot(Kin \times Kin) | \vee \varepsilon (\varepsilon > 0 \wedge V_\varepsilon \subseteq V)\}$.)

Bezugnehmend auf diese Unschärfemengen kann man weiter definieren:

$(I_{New})_\varepsilon := \{y | \vee y' \, (y' \in I_{New} \wedge \langle y, y' \rangle \in V_\varepsilon)\}$;
$(I_{Kep})_\varepsilon := \{y | \vee y' \, (y' \in I_{Kep} \wedge \langle y, y' \rangle \in V_\varepsilon)\}$.

Analoge Definitionen kann man für die Restriktionen der Modelle beider Theorien, also für $(r^1[M(New)])_\varepsilon$ und $(r^1[M(Kep)])_\varepsilon$, liefern. Die erste führen wir als Beispiel an:

$(r^1[M(New)])_\varepsilon := \{y | \vee y' \, (y' \in r^1[M(New)] \wedge \langle y, y' \rangle \in V_\varepsilon)\}$
$= \{y | \vee x \, (x \in M(New) \wedge \langle y, r^0(x) \rangle \in V_\varepsilon)\}$.

(iii) *Die Resultate der Analyse von E. Scheibe in strukturalistischer Übersetzung*

Wir kommen jetzt zu der von MOULINES gegebenen ‚Übersetzung' der Ergebnisse von Scheibe in die strukturalistische Sprechweise, (Sch1) bis (Sch3) genannt, wobei u. a. die bei Scheibe nicht explizit verwendete theoretisch – nichttheoretisch – Dichotomie zu berücksichtigen ist.

(*Sch*1) $\wedge \varepsilon \in \mathbb{R}^+ : I_{Kep} \subseteq (I_{New})_\varepsilon$.
(*Sch*2) Es gibt eine Spezialisierung H_i von $M(New)$ (also: $H_i \sigma M(New)$), so daß für alle $\varepsilon > 0$ gilt:
$r^1(H_i) \subseteq r^1(M(Kep))_\varepsilon$.
(*Sch*3) Es gibt ein $\varepsilon > 0$, so daß
$I_{New} \setminus (I_{Kep})_\varepsilon \neq \emptyset$.

Anmerkung. Die Aussage (*Sch*1) entspricht der Bedingung (20) bei Scheibe, a.a.O. S. 114. Sie besagt, daß jede intendierte Anwendung der Theorie Keplers in eine beliebig kleine ε-Umgebung einer intendierten Anwendung von Newtons Theorie hineinfällt. (Man beachte, daß für jede Wahl von ε > 0 gemäß (ii) eine geeignete Unschärfemenge V_ε festgelegt ist.) Scheibes Ausdruck „$\mathfrak{S}_{New}$" wird dabei als die intendierte Teilmenge von $\{x \in M_{pp}(New) | \vee y \in M(New) \, (r^0(y) = x)\}$ interpretiert; analog $\mathfrak{S}_{Kep}$. Dabei kann gemäß (i) im ersten Fall $M_{pp}(New)$ und im zweiten Fall $M_{pp}(Kep)$ mit *Kin* gleichgesetzt werden.

(*Sch*2) entspricht den Bedingungen (21) und (22), a.a.O. S. 115. Die Art der Spezialisierung wird dort (unter der Voraussetzung von **P**1) in (23) und (24) angegeben. Wir kommen darauf bei der Formulierung von **P**3 zurück.

Die Aussage (*Sch*3) beinhaltet eine (starke) Abschwächung einer informellen Bemerkung von Scheibe, wonach sogar die überwältigende Mehrheit der intendierten Anwendungen von Newtons Theorie nicht einmal ε-approximative intendierte Anwendungen der Theorie Keplers sind.

(**iv**) *Die Kepler-Newton-Beziehung als ein Spezialfall einer beliebig verschärfbaren ϱ_2^1-Approximation*

Das Vorgehen von MOULINES ist folgendes: Es soll gezeigt werden, daß das früher eingeführte Schema für intertheoretische Approximation auf den vorliegenden Fall aus dem ‚wirklichen Leben' anwendbar ist. Dazu werden die drei obigen Bedingungen (*Sch*1) bis (*Sch*3) aus dem Begriff der ϱ_2^1-Approximation hergeleitet. Dieser wird für den gegenwärtigen Fall durch das folgende Postulat festgelegt:

P3 $\langle T_{Kep}, \varrho_{KN}, T_{New}, I_0^N \rangle$ ist eine beliebig verschärfbare ϱ_2^1-Approximation von T_{Kep} auf T_{New} in I_0^N (vgl. D8-13), wobei ϱ_{KN} und I_0^N den Bestimmungen (**a**) und (**b**) genügen müssen:

(**a**) a_1) $\varrho_{KN} \subseteq M_p(Kep) \times M_p(New)$;

a_2) für die durch ϱ_{KN} entsprechenden potentiellen Modelle gilt

$$m(p_0) \cdot \left(1 + \frac{m(p_1)}{m(p_0)}\right)^{-2} = \mu(p_0)$$

(dies ist identisch mit der ersten Formel (18) bei Scheibe, a.a.O. S. 114);

a_3) $\langle y_k, y_N \rangle \in \gamma_{\varrho_{KN}}$ gdw
$\vee x_K \vee x_N: x_K \in M(Kep) \wedge x_N \in M(New) \wedge y_K = r^0(x_K)$
$\wedge y_N = r^0(x_N) \wedge \langle x_K, x_N \rangle \in \varrho_{KN} \wedge y_K = y_N$;

(**b**) $I_0^N = r^1(E_0^N)$ für
$E_0^N := \{x \in M(New) | \ |P_x| = 2 \wedge b_1) \wedge b_2)\}$ mit

b_1) $\frac{1}{2}|D_t s_1 - D_t s|^2 - m_0 \left(1 + \frac{m_1}{m_0}\right)^{-2} \cdot |s_1 - s|^{-1} < 0$

(dies entspricht (23) bei Scheibe);

b_2) $\frac{m_1}{m_0} |s_1 - s| < \varepsilon$.

Erläuterung: Durch a_1) und a_2) wird ϱ_{KN} als eine Quasi-Reduktion zwischen den potentiellen Modellen der beiden Theorie-Elemente eingeführt, so daß also gilt: $rd(\varrho_{KN}, M_p(Kep), M_p(New))$. p_0 ist die ‚Sonnenpartikel', p_1 der Planet. (Nach **P1** werden nur zwei-Körper-Systeme betrachtet!) In a_3) wird die durch ϱ_{KN} induzierte Quasi-Reduktion eingeführt. Hier wird unter den angegebenen Bedingungen einfach Identität auf der nicht-theoretischen Ebene verlangt. Dies ist unproblematisch; denn es gilt $rd(\gamma_\varrho, M_{pp}(Kep), M_{pp}(New))$, wobei das zweite mit dem dritten Glied identisch ist (nämlich $= Kin$).
In (**b**) sind s_0 und s_1 die Ortskoordinaten der beiden Himmelskörper, m_0 und m_1 ihre Massen sowie s ihr Schwerpunkt. Die beiden Bestimmungen b_1) und b_2) wurden nur vollständigkeitshalber von Scheibe übernommen. Ihre genaue Gestalt spielt nämlich für das Folgende keine Rolle. Wesentlich ist nur, daß E_0^N eine Teilmenge von $M(New)$ ist.
Die Argumentation wird erleichtert, wenn man drei Hilfssätze voranstellt.

Hilfssatz 1 $I_0^N \subseteq I_{New}$.

252   Approximation

Der *Beweis* folgt unmittelbar aus P3, (b) sowie D8-13, (ii).

Hilfssatz 2 $\vee H_i^{New}(H_i^{New} \subseteq M(New) \wedge I_0^N \subseteq r^1(H_i^{New}) \wedge \bar{\varrho}_{KN}^{-1}(H_i^{New})$
$\subseteq \widetilde{M(Kep)}).$

Beweis nach P3 und D8-13, (iii) (letzteres unter Berücksichtigung von „$\approx$" statt „$\sim$", da wir es nach P3 mit einem Fall von beliebig verschärfbare Approximation zu tun haben).

Hilfssatz 3 $\langle I_{Kep}, \widetilde{I_0^N} \rangle \in \bar{\gamma}_{\varrho_{KN}}$

Beweis nach P3 und D8-13, (iv).

Die zu beweisende Aussage ergibt sich aus der Konjunktion der folgenden drei Theoreme.

Th. 8-9 *Aus* **D8-13** *und* **P3** *folgt* (*Sch1*).

Beweis: (1) $\langle I_{Kep}, \widetilde{I_0^N} \rangle \in \bar{\gamma}_{\varrho_{KN}}$ (nach Hilfssatz 3)
(2) $\wedge y_K \in I_{Kep} \vee y_N \in I_0^N : \langle y_K, \tilde{y}_N \rangle \in \gamma_{\varrho_{KN}}$
    (aus (1) und Def. von $\gamma_{\varrho_{KN}}$)
(3) $\wedge y_K \in I_{Kep} \vee y_N \in I_0^N \wedge \varepsilon > 0 \vee y_N' \in I_{New}:$
    $\langle y_K, y_N' \rangle \in \gamma_{\varrho_{KN}} \wedge \langle y_N, y_N' \rangle \in V_\varepsilon$
    (aus (2) nach Def. der beliebig verschärfbaren Approximation)
(4) $\wedge y_K \in I_{Kep} \vee y_N \in I_0^N \wedge \varepsilon > 0 : \langle y_N, y_K \rangle \in V_\varepsilon$
    (aus (3) und P3, (a), a_3), da dort γ als Identität konstruiert wurde)
(5) $\wedge y_K \in I_{Kep} \wedge \varepsilon > 0 : y_K \in (I_{New})_\varepsilon$
    (aus (4) nach Hilfssatz 1 und Def. von $(I_{New})_\varepsilon$)
(6) $\wedge \varepsilon > 0 : I_{Kep} \subseteq (I_{New})_\varepsilon$ (nach (5))

Th. 8-10 *Aus* **D8-13** *und* **P3** *folgt* (*Sch2*).

Beweis:
(1) $\vee H_i^{New}(H_i^{New} \subseteq M(New) \wedge I_0^N \subseteq r^1(H_i^{New}) \wedge \bar{\varrho}_{KN}^{-1}(H_i^{New}) \subseteq \widetilde{M(Kep)})$
    (nach Hilfssatz 2)

H_0^N sei ein solches H_i^{New}, dessen Existenz hier behauptet wurde. Uns interessiert nur das letzte Konjunktionsglied. Wir ,projizieren' diese theoretische Aussage in der bekannten Weise auf die nicht-theoretische Ebene und erhalten:

(2) $\bar{\gamma}_{\varrho_{KN}}^{-1}(r^1(H_0^N)) \subseteq r^1(\widetilde{M(Kep)})$
(3) $r^1(H_0^N) \subseteq r^1(M(Kep))$ (aus (2) nach P3, (a), a_3), da $\gamma_{\varrho_{KN}}$ die Identität ist)
(4) $\wedge y_N \in r^1(H_0^N) \vee y_K \in I_{Kep} \wedge \varepsilon > 0 : \langle y_N, y_K \rangle \in V_\varepsilon$
    (aus (3) und der Def. der beliebig verschärfbaren Approximation)

(5) $\wedge y_N \in r^1(H_0^N) \wedge \varepsilon > 0$: $y_N \in (r^1(M(Kep)))_\varepsilon$
   (aus (4) u. Def. von „$(r^1(M(Kep)))_\varepsilon$")
(6) $\wedge \varepsilon > 0$: $r^1(H_0^N) \subseteq (r^1(M(Kep)))_\varepsilon$
   (Umformung von (5))

Durch Existenzquantifikation über H_0^N gewinnt man daraus (Sch2).

Th.8-11 *Aus* **D8-13** *und* **P3** *folgt* (Sch3).

Wir geben hierfür nur den Grundgedanken des Beweises an und verweisen den Leser für die technischen Details auf MOULINES, [General Scheme], S. 143f.

Zu unserem verfügbaren Hintergrundwissen über die Theorie T_{New} gehört folgendes: Es gibt intendierte Anwendungen dieser Theorie, die zwei-Partikel-Systeme sind (etwa das System *Erde–Mond*) und die Teile einer ‚umfassenden' intendierten Anwendung bilden (etwa das System *Erde–Mond–Sonne*). Es sei y_N ein System der ersten und z_N eines der zweiten Art. Dann ist $y_N \in I_0^N$, da P_{y_N} die Kardinalität 2 hat, während für $z_N \in I_{New}$ wegen $P_{y_N} \subsetneq P_{z_N}$ die Kardinalität von P_{z_N} größer als 2 ist.

Nun wird von der folgenden wohlbekannten Tatsache der Mechanik Gebrauch gemacht: Man kann die Bahnen der Partikel eines zwei-Partikel-Systems ableiten und ebenso die Bahnen derselben Partikel, nachdem das System zu einem drei-Partikel-System erweitert worden ist; als Spezialgesetz gelte nur das Gravitationsgesetz. Dann weichen die Partikelbahnen in den beiden Fällen in einer nicht zu vernachlässigenden Weise voneinander ab. Formal erhalten wir:

(∗) $\wedge p \in P_{y_N} \wedge t \in T_{z_N} \cap T_{y_N}: |s_{z_N}(p,t) - s_{y_N}(p,t)| \geq k$

für gegebenes $k > 0$.

Jetzt wird ein $\varepsilon < k/2$ und außerdem $y_K = y_N$ gewählt. Falls dieses $y_K \notin (I_{Kep})_\varepsilon$, ist der Beweis bereits beendet. Andernfalls leitet man für z_N, für das n.V. gilt: $z_N \in I_{New}$, aus der Annahme $z_N \in (I_{Kep})_\varepsilon$ einen Widerspruch zur Ungleichung (∗) ab. In diesem Fall liefert also z_N ein Beispiel für ein Element von I_{New}, das kein Element von $(I_{Kep})_\varepsilon$ (für das oben gewählte ε) ist.

Mit diesen drei Theoremen Th.8-9 bis Th.8-11 ist gezeigt, daß die Kepler-Newton-Relation ein Fall von beliebig verschärfbarer ϱ_2^1-Approximation ist.

8.5 Ein Alternativverfahren der Behandlung intertheoretischer Approximationen

Alle bisherigen Überlegungen basierten auf dem von MOULINES entwickelten Verfahren zur Behandlung der Approximationsproblematik. In diesem Abschnitt soll als Alternative dazu diejenige Methode geschildert werden, die D. MAYR in seinen Arbeiten [Reduction I] und [Reduction II] benützte.

Den Unterschied zwischen den beiden Verfahren könnte man – auf rein intuitiver Ebene und daher nur schematisch – folgendermaßen charakterisieren: Für die bisher verwendete, auf MOULINES zurückgehende Methode ist es charakteristisch und wesentlich, daß mit dem in 8.3 eingeführten Begriff der *Verschmierung* gearbeitet wird. Dies hat die folgende Konsequenz: Wenn in einer Formel der Verschmierungsoperator „~" oberhalb eines Mengensymbols auftritt, so führt die definitorische Elimination dieses Operators zu einer neuen Formel von etwas komplizierterem Aufbau. Die Struktur der ursprünglichen Formel wird jedenfalls zerstört. Bei der von MAYR verwendeten Methode hingegen benötigt man keine Verschmierungsoperation. Statt dessen wird hier mit einem Verfahren gearbeitet, das in der Mathematik – z.B. bereits bei der üblichen Konstruktion der reellen Zahlen – unter der Bezeichnung „*Vervollständigung von Räumen*" bekannt ist. Dieses Verfahren hat zwar den Vorteil, daß beim Übergang zur Approximation die ursprüngliche Struktur der Formel nicht geändert wird. Dieser Vorteil wird aber damit erkauft, daß man bei bestimmten strukturierten Mengen zu deren ‚Vervollständigung' übergehen muß.

Die beiden Methoden sind keineswegs *so* verschiedenartig, wie es auf den ersten Blick erscheinen mag. Die zweite Methode, welche man auch als den *topologischen Ansatz* bezeichnen könnte, unterscheidet sich von der ersten nämlich nur dadurch, daß sie ‚die zu approximierende Entität' stärker hervorkehrt. Damit ist folgendes gemeint: Wenn von Approximation die Rede ist, so wird zwar nicht notwendigerweise, aber doch meist vorausgesetzt, ‚daß es geeignete Entitäten gibt, die man approximieren kann'. Der Gedanke der Approximation legt es daher in natürlicher Weise nahe, bestimmte ‚ideale Objekte' zu postulieren, ‚zu denen hin' die Approximation erfolgt. Auch in dem bisher diskutierten Verfahren von MOULINES sind solche Objekte enthalten, wenn auch etwas versteckt. So etwa besagt „$\tilde{x} \in y$" dasselbe wie „$\vee z(z \sim x \wedge z \in y)$". In der eben benützten Sprechweise ist z, dessen Existenz hier gefordert wird, ein ideales Objekt, für das die fragliche Aussage, nämlich „$z \in y$", im ‚scharfen' Wortsinn gilt.

Der im folgenden skizzierte, von MAYR benützte topologische Ansatz macht diesen Punkt explizit. Es werden hier in einem ersten Schritt zunächst die idealen Objekte konstruiert und zwar mittels Vervollständigung geeigneter topologischer Räume. In einem zweiten Schritt finden dann diese ‚idealen Grenzmodelle' in eine ‚normale', d.h. nicht-approximative Reduktionsrelation Eingang.

Es wäre, zumindest zum gegenwärtigen Zeitpunkt, verfrüht und daher zwecklos, Betrachtungen darüber anzustellen, welches der beiden Verfahren dem anderen ‚objektiv überlegen' ist. Daher darf auch das im vorigen Absatz verwendete Wort „Vorteil" nicht entsprechend mißverstanden werden. Im einen wie im anderen Fall gelangen Standardverfahren zur Anwendung. Nur für einzelne Leser könnte sich ein Unterschied dadurch ergeben, daß sie zwar über das betreffende logische, nicht aber über das entsprechende mathematische Standardwissen (bzw. die dazu gehörige Routine) verfügen oder umgekehrt.

Wir versuchen zunächst, auf möglichst knappem Raum die zusätzlichen topologischen Begriffe einzuführen. Glücklicherweise brauchen wir dabei nicht von vorne anzufangen, da im Grunde nur eine bestimmte Verschärfung des in D8-1 eingeführten Begriffs der uniformen Struktur benötigt wird. Dieser Begriffsapparat wird dann dazu benützt, um einen wichtigen Beispielsfall zu erörtern, nämlich die approximative Reduktion der klassischen Partikelmechanik auf die speziell relativistische Mechanik. Zur Vermeidung unnötiger abstrakter Umwege soll der Begriff der approximativen Reduktion diesmal unmittelbar für diesen Beispielsfall definiert werden.

(I) Uniforme Hausdorff-Räume

In D8-1 hatten wir den Begriff der Uniformität relativ auf M_p definiert. Im gegenwärtigen Kontext empfiehlt es sich, den abstrakteren Weg zu beschreiten und die entsprechenden topologischen Begriffe in voller Allgemeinheit zu definieren. (Zwecks Erleichterung der Orientierung in der topologischen Literatur werden wir gelegentlich auch weitere, dort übliche Alternativbezeichnungen anführen.) Da es sich dabei, wie erwähnt, ausschließlich um Standardbegriffe handelt, sollen die Definitionen nicht eigens numeriert werden.

Eine nicht leere Menge X, zusammen mit einer Uniformität $\mathfrak{U}$ auf X im Sinn von D8-1, wird *uniformer Raum* $\mathfrak{R} = \langle X, \mathfrak{U} \rangle$ genannt. X heißt auch die Trägermenge dieses Raumes und $\mathfrak{U}$ uniforme Struktur oder Uniformität auf X. Die Diagonale $\Delta(X)$ von X sei wieder definiert durch: $\Delta(X) := \{\langle x, x \rangle | x \in X\}$. (Viele Topologen nennen dies übrigens nicht die Diagonale von X, sondern etwas korrekter die Diagonale von $X \times X$.) Als zusätzliche Bestimmung zu den früheren Merkmalen benötigen wir die Hausdorff-Eigenschaft. Ihrer Einführung schalten wir eine kurze Erläuterung voran.

Der übliche Begriff des topologischen Raumes reicht aus, um einen brauchbaren Begriff der Stetigkeit einer Funktion einzuführen. Anders verhält es sich mit dem Konvergenzbegriff. Zwar kann man auch diesen für beliebige topologische Räume definieren. Doch läßt sich damit in der Regel ‚nichts Vernünftiges anfangen‘, weil die Eindeutigkeit der Konvergenz nicht garantiert ist. Diese gilt erst in den speziellen topologischen Räumen, welche zusätzlich das Hausdorff-Axiom erfüllen, das besagt: Zu je zwei beliebigen Punkten x und y des Raumes gibt es disjunkte Umgebungen U_1 und U_2, so daß also $x \in U_1$, $y \in U_2$ und $U_1 \cap U_2 = \emptyset$. Die dieses zusätzliche Axiom erfüllenden Räume werden *Hausdorff-Räume* oder auch *separierte Räume* genannt.

Die Hausdorff-Eigenschaft läßt sich auf uniforme Räume übertragen. Dazu nennen wir die Elemente der uniformen Struktur $\mathfrak{U}$, die ja Teilmengen von $X \times X$ sind, wie üblich *Nachbarschaften*. (In 8.2 hatten wir dafür im Hinblick auf die von uns intendierten Verwendungen die Ludwigsche Bezeichnung ,,Unschärfemengen" benützt. Auch in den folgenden Anwendungen werden die Nachbarschaften den Charakter von Unschärfemengen nicht verlieren.) Wenn ein $U \in \mathfrak{U}$ sowie zwei Punkte $x, y \in X$ mit $\langle x, y \rangle \in U$ gegeben sind, so sagen wir, daß x und y *von der Ordnung U benachbart* oder *von der Ordnung U ähnlich* sind. Für einen vorgegebenen uniformen Raum kann gelten, daß zwei verschiedene Punkte x und y von *jeder* Ordnung benachbart sind. Dies ist offenbar genau dann der Fall, wenn der Durchschnitt sämtlicher Nachbarschaften das Paar $\langle x, y \rangle$ enthält, obwohl dieses Paar nicht auf der Diagonalen liegt (denn auf dieser liegen ja nur identische Punktepaare). Wenn man diese Möglichkeit verbietet, so hat man die Hausdorff-Eigenschaft auf uniforme Räume übertragen; denn dann gibt es in X keine zwei verschiedenen Punkte, die von beliebiger Ordnung benachbart sind. Diesen Gedanken kann man auch positiv ausdrücken, nämlich: Der Durchschnitt aller Nachbarschaften enthält nur solche Punktepaare, die auf der Diagonalen von X liegen. Da wir den Durchschnitt aller Nachbarschaften durch $\bigcap \mathfrak{U}$ ausdrücken können, läuft diese Zusatzforderung auf die Aussage $\bigcap \mathfrak{U} = \Delta(X)$ hinaus. Wir halten dies nochmals ausdrücklich fest in der folgenden Definition:

$\mathfrak{R}$ ist ein *uniformer Hausdorff-Raum* (oder ein *separierter uniformer Raum*) gdw es eine nicht leere Menge X und ein $\mathfrak{U}$ gibt, so daß $\mathfrak{R} = \langle X, \mathfrak{U} \rangle$ und die folgenden Bedingungen gelten:

(1) $\mathfrak{U} \subseteq Pot(X \times X)$;
(2) $\mathfrak{U} \neq \emptyset$;
(3) für alle U, V: wenn $U \in \mathfrak{U}$, $U \subseteq V$ und $V \subseteq X \times X$, dann ist $V \in \mathfrak{U}$;
(4) für alle U, V: wenn $U \in \mathfrak{U}$ und $V \in \mathfrak{U}$, dann ist $U \cap V \in \mathfrak{U}$;
(5) für alle $U \in \mathfrak{U}$ ist $\Delta(X) \subseteq U$;
(6) für alle $U \in \mathfrak{U}$ ist $U^{-1} \in \mathfrak{U}$;
(7) für jedes $U \in \mathfrak{U}$ gibt es ein $V \in \mathfrak{U}$, so daß $V^2 \subseteq U$;
(8) $\bigcap \mathfrak{U} = \Delta(X)$.

U^{-1} und V^2 sind dabei so zu verstehen, wie dies unmittelbar vor D8-1 erklärt worden ist. Der Vergleich mit D8-1 lehrt, daß die ersten sieben Bestimmungen mit den dortigen (für X statt M_p) identisch sind, während das Hausdorff-Axiom (8) neu hinzugekommen ist.

Im folgenden werden wir wiederholt vom Begriff des Filters Gebrauch machen. Es sei X eine nicht leere Menge und $\mathfrak{F} \subseteq Pot(X)$. $\mathfrak{F}$ ist ein *Filter auf X*, wenn $\emptyset \notin \mathfrak{F}$ und wenn $\mathfrak{F}$ zu je zwei Elementen auch deren Durchschnitt sowie zu jedem Element alle Obermengen dieses Elementes enthält. Eine nützliche Anwendung dieses Begriffs bilden die Umgebungen eines beliebigen Punktes x eines topologischen Raumes: das System der Umgebungen von x ist nicht leer; der Durchschnitt zweier solcher Umgebungen ist wieder eine Umgebung von x; und jede Obermenge einer Umgebung von x ist ebenfalls eine Umgebung von x. Die Gesamtheit der Umgebungen von x bildet also einen Filter, den Umgebungsfilter von x.

Häufig wird ein Filter aus einer *Filterbasis* $\mathfrak{F}_0$ erzeugt. Dies ist ein System von Teilmengen aus X, also $\mathfrak{F}_0 \subseteq Pot(X)$, so daß $\emptyset \notin \mathfrak{F}_0$ und der Durchschnitt von je zwei Elementen ebenfalls in $\mathfrak{F}_0$ liegt. Der durch diese Basis erzeugte Filter $\mathfrak{F}$ entsteht dadurch, daß man zu allen Elementen von $\mathfrak{F}_0$ auch deren Obermengen hinzunimmt. Ein häufig benütztes Beispiel für dieses Verfahren bilden die durch Folgen erzeugten Filter. Es sei etwa $(a_i)_{i \in \mathbb{N}}$ eine Folge von Elementen aus X. Wir betrachten das System $\mathfrak{E}$ aller *Endstücke* dieser Folge. $\mathfrak{E}$ besteht aus allen Mengen $E_k := \{a_n | n \geq k \text{ mit } k \in \mathbb{N}\}$. $\mathfrak{E}$ wird auch eine *Elementarfilterbasis* genannt; und der durch Hinzunahme aller Obermengen der E_k's entstehende Filter heißt ein *Elementarfilter*. Wenn die Folge vorgegeben ist, wie in unserem

Fall, sagt man auch, dieser Elementarfilter sei durch die Folge festgelegt. Dabei ist allerdings zu beachten, daß im allgemeinen verschiedene Folgen ein und denselben Filter festlegen können.

Wie schon erwähnt, ist auch die zu einem uniformen Raum gehörige uniforme Struktur $\mathfrak{U}$ stets ein Filter. Drei der Filtereigenschaften ergeben sich unmittelbar aus den obigen Definitionsbestandteilen (2) bis (4). Die Forderung $\emptyset \notin \mathfrak{U}$ ist nicht ausdrücklich erwähnt, da sie unmittelbar aus (5) folgt. (Wäre nämlich $\emptyset$ ein Element von $\mathfrak{U}$, so müßte danach die nicht leere Diagonale der nicht leeren Menge X in $\emptyset$ eingeschlossen sein, was natürlich unmöglich ist.) Eine uniforme Struktur ist somit ein Filter, der die zusätzlichen Eigenschaften (5)–(7) besitzt; und die zu einem Hausdorff-Raum gehörige uniforme Struktur ist ein Filter, der die vier zusätzlichen Merkmale (5)–(8) ausweist.

Wenn ein uniformer Raum $\mathfrak{R} = \langle X, \mathfrak{U} \rangle$ mit der Trägermenge X und der uniformen Struktur $\mathfrak{U}$ vorgegeben ist, so werden wir einen Filter auf X auch einen Filter *in* $\mathfrak{R}$ nennen. Wir definieren einen wichtigen Spezialfall eines derartigen Filters:

$\mathfrak{X}$ ist ein *Cauchy-Filter* in $\mathfrak{R} = \langle X, \mathfrak{U} \rangle$ gdw gilt:
(1) $\mathfrak{X} \subseteq Pot(X)$ und $\mathfrak{X} \neq \emptyset$ und $\emptyset \notin \mathfrak{X}$;
(2) für alle $U, V \in \mathfrak{X}$ ist $U \cap V \in \mathfrak{X}$;
(3) für alle U, V: wenn $U \in \mathfrak{X}$, $U \subseteq V$ und $V \subseteq X$, dann $V \in \mathfrak{X}$;
(4) zu jedem $U \in \mathfrak{U}$ gibt es ein $V \in \mathfrak{X}$, so daß $V \times V \subseteq U$.

Während die Bestimmungen (1) bis (3) bloß die Filtereigenschaften ausdrücken, liefert (4) das spezifische Merkmal von Cauchy-Filtern. Zur Verdeutlichung beschreiben wir diese Eigenschaft nochmals in anderer Weise. Dabei knüpfen wir an die oben eingeführte Wendung an, wonach bei Vorliegen von $\langle x, y \rangle \in U$ mit $U \in \mathfrak{U}$ gesagt wird, daß die beiden Punkte x und y von der Ordnung U benachbart sind. Eine Teilmenge A von X werde *klein von der Ordnung U* genannt, wenn jedes Paar von Punkten aus A Element von U ist oder kürzer: wenn $A \times A \subseteq U$. Schließlich werde von einem System $\mathfrak{M}$ von Teilmengen von X (also für $\mathfrak{M} \subseteq Pot(X)$) gesagt, daß $\mathfrak{M}$ *beliebig kleine Mengen* enthalte, wenn es zu jedem $U \in \mathfrak{U}$ ein $A \in \mathfrak{M}$ gibt, so daß A klein von der Ordnung U ist. (Man beachte, daß hier eine plausible Definition von „beliebig klein" eingeführt worden ist, obwohl wir überhaupt keine Metrik zur Verfügung haben.) Wenn wir bedenken, daß der Dann-Satz dieser Aussage nichts anderes besagt als $A \times A \subseteq U$, so erkennen wir sofort, daß nach (4) der Filter $\mathfrak{X}$ beliebig kleine Mengen enthält. Ein Cauchy-Filter im uniformen Raum $\mathfrak{R}$ ist also ein Filter auf dem Träger X dieses Raumes, der beliebig kleine Elemente aus $Pot(X)$ enthält.

Zwei Cauchy-Filter $\mathfrak{X}$ und $\mathfrak{X}'$ in $\mathfrak{R}$ werden *äquivalent* genannt, kurz: $\mathfrak{X} \sim \mathfrak{X}'$ gdw der Durchschnitt $\mathfrak{X} \cap \mathfrak{X}'$ ein Cauchy-Filter in $\mathfrak{R}$ ist. Für einen gegebenen Cauchy-Filter $\mathfrak{X}$ in $\mathfrak{R}$ bezeichnen wir mit $[\mathfrak{X}]$ die Äquivalenzklasse dieses Filters, d. h. die Menge aller Cauchy-Filter $\mathfrak{X}'$ in $\mathfrak{R}$, die mit $\mathfrak{X}$ äquivalent sind, für die also $\mathfrak{X} \sim \mathfrak{X}'$ gilt.

Wir hatten weiter oben den Umgebungsfilter eines Punktes als Beispiel eines Filters angeführt. Man kann Umgebungsfilter auch relativ auf einen gegebenen uniformen Raum $\mathfrak{R} = \langle X, \mathfrak{U} \rangle$ definieren. Der *Umgebungsfilter eines Punktes* $x \in X$ *bezüglich* $\mathfrak{U}$ ist die Klasse aller Mengen $\{y | \langle x, y \rangle \in U\}$ mit $U \in \mathfrak{U}$. (Um in dem mit diesem Begriffsapparat nicht vertrauten Leser keine Verwirrung zu stiften, sei ausdrücklich darauf hingewiesen, daß zwischen *Umgebungen* und *Nachbarschaften* der folgende wesentliche Unterschied besteht: Die Umgebungen eines Punktes sind selbst Mengen von *einzelnen Punkten*. Nachbarschaften hingegen sind Mengen von *Punktepaaren*. In unserem Fall liegt zunächst mit $\mathfrak{U}$ nur ein System von Nachbarschaften vor. Die eben geschilderte Methode zeigt, wie man mittels des Nachbarschaftsfilters $\mathfrak{U}$ für jeden Punkt x aus X einen Umgebungsfilter erzeugen kann: für vorgegebenes U bilde man die Menge aller Punkte y, so daß $\langle x, y \rangle \in U$; dies ist *eine* Umgebung von x. Indem man alle U aus $\mathfrak{U}$ durchläuft, gewinnt man auf diese Weise *sämtliche* Umgebungen von x, also den gesamten Umgebungsfilter von x. Analog kann man mit jedem anderen Punkt aus X verfahren.)

Die soeben gegebene Schilderung beschreibt übrigens bereits die Methode, wie man aus einem uniformen Raum einen topologischen Raum gewinnt. Doch werden wir davon keinen Gebrauch machen. Wer sich dafür interessiert, findet die genaue Beschreibung in SCHUBERT, *Topologie*, auf S. 103.

Als nächstes wenden wir uns dem Begriff der *Konvergenz von Filtern* zu. $\mathfrak{R} = \langle X, \mathfrak{U} \rangle$ sei wieder ein uniformer Raum. (Die Hausdorff-Eigenschaft fordern wir im Augenblick nicht.) Ein Filter $\mathfrak{F}$ in $\mathfrak{R}$ heißt *konvergent gegen* $x \in X$ gdw der Umgebungsfilter von x bezüglich $\mathfrak{U}$ eine Teilmenge des Filters $\mathfrak{F}$ ist. (Für den Fall, daß $\mathfrak{F}$ aus einer Filterbasis erzeugt wird, könnte das Definiens auch so formuliert werden, daß jedes Element des Umgebungsfilters von x ein Element dieser Filterbasis einschließt.) Dieser Konvergenzbegriff interessiert vor allem in Anwendung auf Cauchy-Filter.

Tatsächlich ist in einem uniformen Raum jeder konvergente Filter ein Cauchy-Filter. Ein uniformer Raum, in dem auch umgekehrt jeder Cauchy-Filter konvergiert, wird *vollständig* genannt. „Konvergenter Filter" und „Cauchy-Filter" sind in vollständigen Räumen also gleichwertige Begriffe. Ausdrücklich sei darauf hingewiesen, daß ein Cauchy-Filter nicht eindeutig gegen einen Punkt aus X zu konvergieren braucht. Diese Eindeutigkeit wird erst dann erzielt, wenn $\mathfrak{R}$ außerdem ein Hausdorff-Raum ist.

Den Begriff des Elementarfilters hatten wir bereits weiter oben eingeführt. Für $\mathfrak{R} = \langle X, \mathfrak{U} \rangle$ sei $(a_i)_{i \in \mathbb{N}}$ eine Folge in X (auch „Folge in $\mathfrak{R}$" genannt). Den *Elementarfilter dieser Folge*, abgekürzt: $EL(a_i)$, definieren wir gemäß der früheren Erläuterung wie folgt:

$$EL(a_i) := \{A | \vee i_0 \in \mathbb{N}, \text{ so daß } \{a_j | j \geq i_0\} \subseteq A \text{ und } A \subseteq X\}.$$

Dies drückt genau die früher geschilderte Intuition aus, wonach der Elementarfilter einer Folge aus den Endstücken dieser Folge sowie deren Obermengen besteht. Von den letzteren werden keine speziellen Eigenschaften verlangt, außer daß sie Teilmengen von X sind.

Neben dem Begriff des Cauchy-Filters benötigen wir noch den der Cauchy-Folge. Unter den verschiedenen Definitionsmöglichkeiten wählen wir die, welche der üblichen Definition in bezug auf rationale Zahlen am nächsten kommt. Danach ist $(a_i)_{i \in \mathbb{N}}$ eine *Cauchy-Folge* in $\mathfrak{R} = \langle X, \mathfrak{U} \rangle$ gdw $(a_i)_{i \in \mathbb{N}}$ eine Folge in X ist und wenn außerdem zu jedem $U \in \mathfrak{U}$ ein $i_0 \in \mathbb{N}$ existiert, so daß für alle $j, k \geq i_0$ gilt: $\langle x_j, x_k \rangle \in U$.

In der topologischen Literatur wird oft eine andere Definition benützt, nämlich: Eine Folge ist eine Cauchy-Folge, wenn der Elementarfilter dieser Folge ein Cauchy-Filter ist. Bei dieser Definition ist die von uns benützte Definitionsbedingung ein beweisbares Merkmal von Cauchy-Folgen. Die Gleichwertigkeit ist am leichtesten zu erkennen, wenn man die obige Feststellung benützt, daß ein Cauchy-Filter beliebig kleine Mengen enthält. Der Zusammenhang zwischen Cauchy-Folgen und Cauchy-Filtern ist bei dieser Alternativkonstruktion unmittelbar evident, bildet hingegen bei unserem Vorgehen einen zu beweisenden Satz, nämlich: Eine Folge $(a_i)_{i \in \mathbb{N}}$ ist genau dann eine Cauchy-Folge in $\mathfrak{R}$, wenn $EL(a_i)$ ein Cauchy-Filter ist.

Es sei $(a_i)_{i \in \mathbb{N}}$ eine Cauchy-Folge, so daß also der zugehörige Elementarfilter $EL(a_i)$ ein Cauchy-Filter ist. Weiter oben haben wir für Cauchy-Filter einen Äquivalenzbegriff eingeführt und den Übergang zur Äquivalenzklasse mittels eckiger Klammern ausgedrückt. An späterer Stelle werden wir diese eindeutig bestimmte Äquivalenzklasse mit „Z" bezeichnen, also: $Z := [EL(a_i)]$. Außerdem werden wir die Redeweise benützen, daß die Cauchy-Folge $(a_i)_{i \in \mathbb{N}}$ diese Klasse Z bestimmt.

Ein bekannter Lehrsatz aus der Theorie der uniformen Räume, für dessen Beweis nur die hier eingeführten Begriffe benötigt werden, besagt, daß sich jeder uniforme Raum zu einem vollständigen uniformen Raum ‚erweitern' läßt und daß in dem Fall, wo der Raum überdies separiert ist, dieser vervollständigte Raum bis auf Isomorphie eindeutig bestimmt ist. Genauer.

Th.8-12 (a) *Zu jedem uniformen Raum $\mathfrak{R} = \langle X, \mathfrak{U} \rangle$ existiert ein vollständiger uniformer Raum $\mathfrak{R}^*$, so daß X isomorph ist zu einer dichten Teilmenge des Trägers X^* von $\mathfrak{R}^*$.*

(b) *Zu jedem uniformen Hausdorff-Raum $\mathfrak{R} = \langle X, \mathfrak{U} \rangle$ gibt es einen bis auf Isomorphie eindeutig bestimmten, vollständigen uniformen Hausdorff-Raum $\mathfrak{R}^+ = \langle X^+, \mathfrak{U}^+ \rangle$, so daß X isomorph ist zu einer dichten Teilmenge von X^+.*

Für den Beweis vgl. SCHUBERT, *Topologie*, S. 126.

Bevor wir ein konkretes Beispiel behandeln, sei kurz beschrieben, wie sich dieser Begriffsapparat im strukturalistischen Rahmen verwerten läßt. Es seien M_p und M die beiden bekannten Mengen eines Theorie-Elementes T. (Die Querverbindungen vernachlässigen wir aus Gründen der Einfachheit.) *Diese beiden Mengen wählen wir als Träger uniformer Räume.* Die für den ersten Raum zu definierende uniforme Struktur nennen wir $\mathfrak{U}$, die für den zweiten zu definierende heiße $\mathfrak{U}_M$. Die Definitionen seien so geartet, daß *zwei uniforme Hausdorff-Räume* $\langle M_p, \mathfrak{U} \rangle$ und $\langle M, \mathfrak{U}_M \rangle$ entstehen. Die nach Th.8-12,(b) existierenden, eindeutig bestimmten Vervollständigungen dieser beiden Räume sollen mit $\langle M_p^+(\mathfrak{A}), \mathfrak{A}^+\rangle$ und $\langle M^+(\mathfrak{A}_M), \mathfrak{A}_M^+\rangle$ bezeichnet werden. Den Begriff der Vervollständigung übertragen wir auch auf das Theorie-Element $T = \langle M_p, M, I\rangle$. Und zwar sei dessen Vervollständigung: $T^+(\mathfrak{A}, \mathfrak{A}_M)$ $:= \langle M_p^+(\mathfrak{A}), M^+(\mathfrak{A}_M), I\rangle$. (Es sei noch darauf hingewiesen, daß $\mathfrak{A}_M$ in der Regel mit der Einschränkung von $\mathfrak{A}$ auf M identisch ist, so daß also $U \in \mathfrak{A}_M$ genau dann gilt, wenn es ein $V \in \mathfrak{A}$ gibt, so daß $U = V \cap (M \times M)$.)

(II) Approximative Reduktion der klassischen Partikelmechanik auf die speziell relativistische Mechanik

Für die Axiomatisierung der klassischen Partikelmechanik *KPM* stützen wir uns, wie bereits in II/2, auf McKinsey et al., [Classical Particle Mechanics], und für die speziell relativistische Mechanik *SRM* auf Rubin und Suppes, [Transformations].

D8-16 x ist ein *potentielles Modell von KPM* ($x \in M_p(KPM)$) gdw es P, T, s, m, f gibt, so daß
(1) $x = \langle P, T, \mathbb{R}^3, \mathbb{R}, s, m, f\rangle$;
(2) P ist eine endliche, nicht leere Menge;
(3) T ist ein offenes Intervall $T \subseteq \mathbb{R}$;
(4) $s: P \times T \to \mathbb{R}^3$ ist im zweiten Argument zweimal stetig differenzierbar;
(5) $m: P \to \mathbb{R}$ und für alle $p \in P$ gilt: $m(p) > 0$;
(6) $f: P \times T \times \mathbb{N} \to \mathbb{R}^3$ und für alle $p \in P$ und alle $t \in T$ ist $\sum_{i \in \mathbb{N}} f(p, t, i)$ absolut konvergent.

Die Funktion f faßt die verschiedenen Kraftkomponenten $f(\cdot, \cdot, i)$ für jedes $i \in \mathbb{N}$ zu einer einzigen Funktion zusammen. Eine Gleichung von der Gestalt „$f(p, t, i) = \langle \alpha_1, \alpha_2, \alpha_3\rangle$" ist zu lesen als: „die i-te Kraft, die zur Zeit t auf das Teilchen p wirkt, ist gegeben durch den Vektor $\langle \alpha_1, \alpha_2, \alpha_3\rangle$ in $\mathbb{R}^3$".

D8-17 x ist ein *Modell von KPM* ($x \in M(KPM)$) gdw gilt:
(1) $x = \langle P, T, \mathbb{R}^3, \mathbb{R}, s, m, f\rangle \in M_p(KPM)$;
(2) für alle $p \in P$ und alle $t \in T$: $m(p) \cdot \ddot{s}(p, t) = \sum_{i \in \mathbb{N}} f(p, t, i)$.

Gemäß der Bedingung (2) von D8-17 werden Modelle durch das zweite Newtonsche Axiom: „Kraft ist gleich Masse mal Beschleunigung" charakterisiert.

Diese beiden Definitionen entsprechen den drei Definitionen in II/2 auf S. 108–110. Dort wurden überdies die üblichen physikalischen Bezeichnungen eingeführt: Eine Entität, in der m und f fehlen und welche die ersten vier Bedingungen von D8-16 erfüllt, heißt *Partikelkinematik PK* (a.a.O. D1 auf S. 108); ein potentielles Modell von *KPM* heißt *Partikelmechanik PM* (a.a.O. D2 auf S. 109); und ein Modell wird eine *klassische Partikelmechanik KPM* genannt (a.a.O. D3 auf S. 110). Zwei unerhebliche Unterschiede sind die folgenden: Erstens haben wir hier die beiden Hilfsbasismengen $\mathbb{R}$ und $\mathbb{R}^3$ ausdrücklich mit aufgenommen. Zweitens haben wir diesmal darauf verzichtet, vektorielle Funktionen durch Fettdruck besonders hervorzuheben. Auf die in D8-16,(6) aufgenommene Forderung nach absoluter Konvergenz der fraglichen Folge könnte übrigens verzichtet werden.

Es folgen die beiden analogen Definitionen für *SRM*.

D8-18 x ist ein *potentielles Modell von SRM* ($x \in M_p(SRM)$) gdw es P, T, s, m, f und c gibt, so daß
(1) $x = \langle P, T, \mathbb{R}^3, \mathbb{R}, s, m, f, c \rangle$;
(2) P ist eine endliche, nicht leere Menge;
(3) T ist ein offenes Intervall $T \subseteq \mathbb{R}$;
(4) $s: P \times T \to \mathbb{R}^3$ ist im zweiten Argument zweimal stetig differenzierbar;
(5) $m: P \to \mathbb{R}$ und für alle $p \in P$ gilt: $m(p) > 0$;
(6) $f: P \times T \times \mathbb{N} \to \mathbb{R}^3$ und für alle $p \in P$ und alle $t \in T$ ist $\sum_{i \in \mathbb{N}} f(p, t, i)$ absolut konvergent;
(7) $c \in \mathbb{R}$ und $0 < c$.

D8-19 x ist ein *Modell von SRM* ($x \in M(SRM)$) gdw gilt:
(1) $x = \langle P, T, \mathbb{R}^3, \mathbb{R}, s, m, f, c \rangle \in M_p(SRM)$;
(2) für alle $p \in P$ und alle $t \in T$ gilt: $|\dot{s}(p, t)| < c$;
(3) für alle $p \in P$ und alle $t \in T$ gilt:

$$m(p) \frac{d}{dt} \left(\frac{\dot{s}(p, t)}{b} \right) = b \sum_{i \in \mathbb{N}} f(p, t, i),$$

wobei b folgendermaßen erklärt ist:

$$b := \sqrt{1 - \frac{|\dot{s}(p, t)|^2}{c^2}}.$$

Gegenüber den Strukturen der klassischen Partikelmechanik ergeben sich hier die folgenden Änderungen: Unter den Grundbegriffen tritt zusätzlich die Lichtgeschwindigkeit c auf. Für die Modelle wird gefordert, daß alle Geschwindigkeiten kleiner als c sind („*Geschwindigkeitsaxiom*" (2) von D8-19) sowie daß das Axiom (3) gilt. Letzteres könnte man als die „*relativistische Version des zweiten Newtonschen Axioms*" bezeichnen. Darin ist $m(p)$ die sog. *Ruhemasse* des Teilchens p und $m(p) \cdot \dot{s}(p, t) \cdot b^{-1}$ ist dessen *relativistischer Impuls*. Die linke Seite von (3) charakterisiert somit die Änderung des relativistischen Impulses des Teilchens nach der Zeit, d.h. die Kraft, die auf das Teilchen wirkt. Die Summe $\sum_{i \in \mathbb{N}} f(p, t, i)$, die auf der rechten Seite steht, ist die sogenannte *Minkowski-Kraft*, eine *relativistische Variante der Kraft*. Diese Variante wird vor allem wegen ihrer vorteilhaften Transformationseigenschaften benützt.

Für den Begriff der approximativen Reduktion gehen wir diesmal vom Reduktionsbegriff von ADAMS aus, der in dem Sinn schwächer ist als der Sneedsche, daß die Forderung weggelassen wird, wonach die Umkehrung der Reduktionsrelation eine Funktion sein muß. Wenn wir auf die zu Beginn von 8.4, (III) eingeführten Adäquatheitsbedingungen zurückgreifen, so bedeutet dies, daß wir die dortige Bedingung (2) einfach weglassen. Um in diesen Reduktionsbegriff den Approximationsgedanken mit einzubauen, greifen wir auf den Grundgedanken von D. MAYR zurück. Danach besteht zwischen T und T' genau dann eine approximative Reduktionsbeziehung, wenn sich T durch eine geeignete Reduktionsrelation ϱ auf die topologische Vervollständigung $T'(\mathfrak{A})$ reduzieren läßt, mit $\mathfrak{A}$ als einer vorgegebenen Uniformität auf der Menge M'_p.

Um dies genauer schildern und die Definition der approximativen Reduktion für den uns interessierenden Spezialfall explizit anschreiben zu können, müssen wir in einem vorbereitenden Schritt eine uniforme Struktur $\mathfrak{B}$ auf $M_p(SRM)$ und eine weitere uniforme Struktur $\mathfrak{B}_{SRM}$ auf $M(SRM)$ definieren.

D8-20 (A) Bestimmung der *uniformen Struktur* $\mathfrak{B}$ *auf* $M_p(SRM)$:
(a) $U \in \mathfrak{B}_o$ gdw es ein $\varepsilon > 0$ gibt, so daß für alle x, y gilt: $\langle x, y \rangle \in U$ gdw
(1) $x = \langle P, T, \mathbb{R}^3, \mathbb{R}, s, m, f, c \rangle$,
$y = \langle P', T', \mathbb{R}^3, \mathbb{R}, s', m', f', c' \rangle$,
$x, y \in M_p(SRM)$;
(2) $P = P'$, $T = T'$, $m = m'$;
(3) für alle $p \in P$ und alle $t \in T$:
$|s(p, t) - s'(p, t)| < \varepsilon$;
(4) für alle $p \in P$, alle $t \in T$ und alle
$i \in \mathbb{N}$: $|f(p, t, i) - f'(p, t, i)| < \varepsilon$;
(5) $|1/c - 1/c'| < \varepsilon$;
(b) $U \in \mathfrak{B}$ gdw $U \subseteq M_p(SRM) \times M_p(SRM)$ und es gibt ein $U_0 \in \mathfrak{B}_0$, so daß $U_0 \subseteq U$.
(B) Bestimmung der *uniformen Struktur* $\mathfrak{B}_{SRM}$ auf $M(SRM)$: Vollkommen analog zur Definition von $\mathfrak{B}$, nur mit „$M(SRM)$" statt „$M_p(SRM)$".

Wie aus dieser Definition hervorgeht, werden die Nachbarschaften bzw. Ähnlichkeitsgrade U im wesentlichen durch reelle Zahlen $\varepsilon > 0$ gegeben. Dabei sind zwei potentielle Modelle vom Grad ε ähnlich, wenn erstens ihre Partikelmengen, Zeitintervalle und Massenfunktionen identisch sind ((A), (a) (2)), zweitens sich ihre Orts- und Kraftfunktionen höchstens um ε unterscheiden ((A), (a) (3) und (4)) und drittens die in beiden Strukturen auftretenden oberen Geschwindigkeitsschranken c und c' die Bedingung (a) (5) erfüllen.

Durch Nachrechnen[5] beweist man den folgenden Lehrsatz:

Th. 8-13 $\langle M_p(SRM), \mathfrak{B} \rangle$ *und* $\langle M(SRM), \mathfrak{B}_{SRM} \rangle$ *sind uniforme Hausdorff-Räume.*

Wir definieren jetzt zunächst, im Einklang mit den Intuitionen von ADAMS und von MAYR, was es heißt, daß die klassische Partikelmechanik durch eine vorgegebene Relation auf die speziell relativistische Mechanik reduziert wird. Um die Situation bezüglich der intendierten Anwendungen zu vereinfachen, machen wir die informelle Annahme, daß die Relativitätstheorie als die ‚bessere' Theorie in dem Sinn ‚die Realität korrekter beschreibt als die klassische', daß

---

[5] Für die Bestimmung (7) in der Definition des uniformen Hausdorff-Raumes ist dabei die Dreiecksungleichung zu benützen.

Systeme mit beliebig hohen Geschwindigkeiten in der Wirklichkeit nicht anzutreffen sind, ganz im Einklang damit, daß beliebig hohe Geschwindigkeiten nach der Relativitätstheorie nicht realisierbar sind. Unter dieser Annahme können wir davon ausgehen, daß die intendierten Anwendungen der klassischen Theorie auch solche der relativistischen sind. Die die Reduktion bewirkende Relation wird, wie zu erwarten, als Teilmenge von $M_p(KPM) \times M_p^+(\mathfrak{B})$ gewählt.

D8-21 $T = \langle M_p(KPM), M(KPM), I(KPM) \rangle$ wird *durch ϱ auf*
$T' = \langle M_p'(SRM), M'(SRM), I'(SRM) \rangle$ *approximativ reduziert*, wenn gilt:
(1) $\varrho \subseteq M_p(KPM) \times M_p^+(\mathfrak{B})$;
(2) für alle x, Z: wenn $\langle x, Z \rangle \in \varrho$ und $Z \in M^+(\mathfrak{B}_{SRM})$, dann ist $x \in M(KPM)$;
(3) $I(KPM) \subseteq I'(SRM)$.

Daß T auf T' approximativ reduzierbar ist, soll natürlich besagen, daß es eine diese Bedingung erfüllende Relation gibt.

Der entscheidende Teil dieser Definition ist offenbar die Bestimmung (2). Im Beweis des folgenden Reduzierbarkeitstheorems wird eine Relation, welche diese Bedingung erfüllt, tatsächlich definiert.

Th.8-14 *Die klassische Partikelmechanik*
$KPM = \langle M_p(KPM), M(KPM), I(KPM) \rangle$ *ist approximativ reduzierbar auf die speziell relativistische Mechanik*
$SRM = \langle M_p(SRM), M(SRM), I(SRM) \rangle$.

Beweis: Da wir die Bedingung (3) von D8-21 als gegeben ansehen, kommt es darauf an, eine die Bedingung (1) von D8-21 erfüllende Relation ϱ^* zu definieren, welche außerdem die dortige Bestimmung (2) erfüllt. Wir definieren diese Relation wie folgt:
Für alle x, Z: $\langle x, Z \rangle \in \varrho^*$ gdw gilt:

(i) $x = \langle P, T, \mathbb{R}^3, \mathbb{R}, s, m, f \rangle \in M_p(KPM)$ und $Z \in M_p^+(\mathfrak{B})$ (mit $\mathfrak{B}$ im Sinn von D8-20);
(ii) es gibt eine Folge $(x_i)_{i \in \mathbb{N}}$ in $M_p(SRM)$ so daß
    (1) $(x_i)_{i \in \mathbb{N}}$ bestimmt Z;
    (2) für alle $i, j \in \mathbb{N}$ gilt:
        (a) wenn $x_i = \langle P_i, T_i, \mathbb{R}^3, \mathbb{R}, s_i, m_i, f_i, c_i \rangle$ und
            $x_j = \langle P_j, T_j, \mathbb{R}^3, \mathbb{R}, s_j, m_j, f_j, c_j \rangle$, dann $P_i = P_j = P$, ferner
            $T_i = T_j = T$ und $m_i = m_j = m$;
        (b) $c_i = i$;
        (c) für alle $p \in P$, alle $t \in T$ und alle $i \in \mathbb{N}$:
            $\lim_{i \to \infty} s_i(p, t) = s(p, t)$,
            $\lim_{i \to \infty} \dot{s}_i(p, t) = \dot{s}(p, t)$, $\lim_{i \to \infty} \ddot{s}_i(p, t) = \ddot{s}(p, t)$ und
            $\lim_{j \to \infty} f_j(p, t, i) = f(p, t, i)$.

Wir erinnern zunächst daran, daß die in (ii)(1) benützte Wendung in (I) für den Fall eingeführt worden ist, daß das Bestimmende eine Cauchy-Folge und Z die Äquivalenzklasse des durch diese Folge festgelegten Cauchy-Filters ist. Daß diese Bedingung (1) im vorliegenden Fall sinnvoll ist, ergibt sich aus (2); denn danach ist $(x_i)_{i \in \mathbb{N}}$ tatsächlich eine Cauchy-Folge, deren Glieder Elemente von $M_p(SRM)$ sind. (Die Wahl des Buchstaben „Z" für das Zweitglied der approximativen Reduktionsrelation wird damit nachträglich intuitiv verständlich; denn so hatten wir in (I) die fraglichen Äquivalenzklassen allgemein bezeichnet.)

Bevor wir den letzten Beweisschritt vollziehen, versuchen wir, uns kurz die Beziehung zwischen x und Z inhaltlich zu vergegenwärtigen: Diese beiden Entitäten stehen genau dann in der ϱ^*-Relation, wenn x, welches ein potentielles Modell von KPM ist, als ‚Grenzmodell' einer Z bestimmenden Cauchy-Folge $(x_i)_{i \in \mathbb{N}}$, mit potentiellen Modellen von SRM als Gliedern, konstruiert werden kann. (Dabei ist Z, intuitiv gesprochen, als Grenzwert einer Cauchy-Folge von speziell relativistischen Modellen zu denken, wie gleich gezeigt wird.) Der entscheidende Punkt beim Grenzübergang ist der, daß nach (ii)(2)(b) die Folge der c_i gegen ∞ geht. Nach (ii)(2)(a) sind alle Partikelmengen, Zeitintervalle und Massenfunktionen miteinander identisch und zwar auch mit denen von x. Schließlich sollen nach (ii)(2)(c) die Ortsfunktionen, Geschwindigkeiten, Beschleunigungen und Kraftfunktionen der Folge konvergieren, nämlich gegen die entsprechenden Funktionen von x. In einem gewissen Sinn kann somit sowohl das x als auch das Z in $\varrho^*(x, Z)$ als ‚Grenzmodell' der Cauchy-Folge von Modellen x_i betrachtet werden. Doch beide Male ist dieser Ausdruck „Grenzmodell" nur in einem metaphorischen Sinn zu verstehen, wenn auch jeweils aus einem ganz anderen Grund. Was die Entität x betrifft, so ist diese tatsächlich erstens ein Modell und zweitens ein Grenzwert der Folge von Modellen x_i. Der bloß metaphorische Charakter von „Grenzmodell" kommt dadurch zustande, daß es sich um Modelle *verschiedener* Theorien handelt: Während die x_i Modelle der reduzierenden Theorie T' sind, ist x ein Modell der reduzierten Theorie. (Ein Modell der zu reduzierenden Theorie wird also durch eine Modellfolge der reduzierenden Theorie approximiert.) Z wiederum, das ‚ideale Gegenstück' zu x in T', repräsentiert zwar als Äquivalenzklasse von Cauchy-Filtern intuitiv einen Grenzwert der dieses Z bestimmenden Cauchy-Folge von Gliedern x_i. Daß trotzdem auch dieses Z nur in einem metaphorischen Sinn als Grenzmodell aufgefaßt werden darf, liegt darin begründet, daß *Z überhaupt kein Modell* von T' ist, sondern erst durch topologische Vervollständigung der reduzierenden Theorie T' gewonnen wurde.

Wir haben noch nachzuweisen, daß gilt: wenn $\langle x, Z \rangle \in \varrho^*$ und $Z \in M^+(\mathfrak{B}_{SRM})$, dann ist $x \in M(KPM)$. Die beiden Bedingungen seien erfüllt. Aus der ersten Bedingung und der Definition von ϱ^* folgt, daß es eine Folge $(x_i)_{i \in \mathbb{N}}$ in $M_p(SRM)$ gibt, die Z bestimmt. Wir halten dies in der Symbolik von (I) ausdrücklich fest, nämlich: $Z = [EL(x_i)]$. Da $Z \in M^+(\mathfrak{B}_{SRM})$, sind daher alle x_i sogar Modelle, d.h. Elemente von $M(SRM)$. Dies bedeutet, daß für alle i (in abgekürzter Schreibweise) gilt:

$$m_i \cdot \frac{d}{dt}(b^{-1} \cdot \dot{s}_i) = b \cdot f_i.$$

Für $i \to \infty$ geht b wegen (ii) (2) (b) gegen 1, m_i wegen (ii) (2) (a) gegen m und $\dot{s}_i$ bzw. f_i wegen (ii) (2) (c) gegen $\dot{s}$ bzw. f. Also geht diese ganze Gleichung über in: $m \cdot \frac{d}{dt}\dot{s} = f$, d. h. $m \cdot \ddot{s} = f$. Damit haben wir gezeigt, daß $x \in M(KPM)$, und der Beweis ist beendet.

Die Wahl der mathematisch weniger aufwendigen Methode für die Behandlung des ersten Beispielsfalls und der etwas aufwendigeren für den zweiten war natürlich willkürlich. Sie hätte auch umgekehrt ausfallen können. Zum gegenwärtigen Zeitpunkt ist die hier vorgeschlagene Reihenfolge, psychologisch gesehen, in einem Buch wissenschaftsphilosophischen Inhaltes vielleicht die zweckmäßigere.

(III) Bemerkung zu einer Kritik Quines am Begriff des Grenzwertes für Theorien von C. S. Peirce

QUINE kommt in [Wort], S. 54f., auf das Vorgehen von PEIRCE zu sprechen, Wahrheit mit Hilfe der idealen Theorie zu definieren, der man sich als einem Grenzwert nähert. Unter den verschiedenen Mängeln dieser Idee unterstreicht QUINE besonders die fehlerhafte Analogie zwischen Theorien und Zahlen; denn nur für Zahlen, nicht jedoch für Theorien sei der Grenzwertbegriff definiert.

Angenommen, jemand hätte unmittelbar nach Erscheinen dieses Buches von QUINE dazu folgendes gesagt: „In der Topologie ist es möglich, unter Zugrundelegung des Begriffs des Elementarfilters auch von der Konvergenz von Folgen solcher Entitäten zu sprechen, die weder Zahlen sind noch eine formale Ähnlichkeit mit Zahlen aufweisen"; und er hätte außerdem hinzugefügt: „Vielleicht wird es einmal möglich sein, diesen allgemeineren Begriff der Konvergenz auch für Theorien nutzbar zu machen." Dann hätte man ihm vermutlich entgegengehalten, daß zwar die erste Feststellung zutreffend sei, daß aber die daran geknüpfte Vermutung nicht mehr enthalte als ein phantastisches Stück spekulativer science fiction.

Inzwischen ist die Situation eine andere geworden, wie wir in (II) gesehen haben. Dafür braucht man keineswegs sämtliche Komponenten des neuen Theorienbegriffs zu akzeptieren. Falls man nur bereit ist, vom strukturalistischen Konzept die beiden Gedanken zu übernehmen, daß die für eine Theorie charakteristischen und damit wichtigsten Eigentümlichkeiten in den beiden Mengen M_p der potentiellen Modelle und M der Modelle zur Geltung kommen, kann man die soeben als Vermutung ausgesprochene Idee verwirklichen. Das Schema dieser Realisierung haben wir kennen gelernt: Man wähle diese beiden Mengen als Trägermengen eines Raumes und versehe sie mit geeigneten uniformen Strukturen $\mathfrak{U}$ und $\mathfrak{U}_M$. Dadurch erhält man uniforme Räume $\langle M_p, \mathfrak{U} \rangle$ sowie $\langle M, \mathfrak{U}_M \rangle$. Für diese Räume stehen uns die Begriffe des Cauchy-

Filters sowie der *Konvergenz* solcher Filter zur Verfügung. Falls es uns außerdem gelingt, die Strukturen auf solche Weise einzuführen, daß diese Räume überdies separierte Räume oder Hausdorff-Räume sind, so kann man das Verfahren der Einführung reeller Zahlen analogisieren, also zu den eindeutig bestimmten Vervollständigungen dieser Räume übergehen. In diesen ist dann sogar die *Eindeutigkeit* der Konvergenz garantiert.

Es könnte sich erweisen, daß eine Überlegung von dieser Art für die heutige Realismus-Debatte von Relevanz ist. Die sog. internen Realisten – so z. B. H. PUTNAM in [Vernunft], vgl. auch 10.1 – vertreten die Auffassung, die These des metaphysischen Realismus, wonach die Welt aus einer festen Gesamtheit geistesunabhängiger Objekte bestehe, sei unverständlich, also höchstens eine Metapher. Für sie selbst ergibt sich damit der Zwang zur Epistemologisierung der Wahrheit, die zu so etwas wird wie ‚begründete Behauptbarkeit'. Dabei wird zugleich zugestanden, daß man dem Relativismus nur dadurch entgeht, daß man die begründete Behauptbarkeit nicht auf die jeweiligen historischen Umstände, sondern auf ‚ideale Bedingungen' bezieht. Damit aber laufen sie Gefahr, von ihren Gegnern ihrerseits den Vorwurf zu hören, daß ihre Überlegungen in etwas einmünden, was sie dem metaphysischen Realismus zum Vorwurf machen, nämlich in eine Metapher. Denn im Grunde werde hier nichts anderes getan als mit dem Begriff der Theorie ‚an der idealen Grenze der Forschung' operiert, gegen den QUINE obigen Einwand vorbrachte.

Gestützt auf unsere Betrachtungen in (II), deren hier einschlägige Aspekte soeben nochmals hervorgehoben wurden, könnte die ‚internalistische Erwiderung' an die korrekte Übertragbarkeit des Grenzwertbegriffs auf theorienartige Entitäten anknüpfen. Dabei sollte man allerdings die Vertreter des internen Realismus vor einem vorzeitigen Frohlocken warnen. Denn von unserer Konstruktion vervollständigter uniformer Hausdorff-Räume mit Trägern M_p^+ und M^+ – zwecks Lösung des Problems der approximativen Reduktion – bis zur idealen Theorie im Sinn von PEIRCE ist noch ein sehr weiter und vielleicht überhaupt nicht beschreibbarer Weg. Zwei Schwierigkeiten seien angedeutet. Zunächst ist schon die Verwendung des bestimmten Artikels in der Rede von *der* idealen Theorie fragwürdig, nämlich angesichts der Möglichkeit von Fortschrittsgabelungen, die zumindest mit allen strukturalistischen Annahmen verträglich sind. Die einfachste Lösung dieses Problems bestünde darin, nicht mehr den bestimmten Artikel zu verwenden und statt dessen von idealen Theorien im Plural zu sprechen.

Weit größer ist ein anderes Problem: Selbst wenn es gelingen sollte, die ideale Theorie in gewissen Hinsichten zu charakterisieren, wird jedes Reden über sie trotzdem insofern einen *fiktiven* Charakter haben, als man nicht imstande sein wird, die Entitäten, welche für sie konstitutiv sein sollen, wirklich zu spezifizieren. Damit aber wird auch alles weitere Vorgehen fragwürdig. In den uns interessierenden Fällen von (II) konnten wir von *verfügbaren* Mengen M_p und M ausgehen, für sie uniforme Strukturen definieren und dann gegebenenfalls zu eindeutig bestimmten vervollständigten Räumen übergehen. Wie hingegen auch nur die erste Leistung für den Fall der ‚idealen Theorie' aussehen sollte, nämlich die Konstruktion geeigneter uniformer Strukturen, liegt gegenwärtig völlig im Dunkeln.

Wir können somit die folgende Feststellung treffen: Wenn sich die internen Realisten entschließen, weiterhin den ‚Peirceschen Weg' einzuschlagen, um den für sie unerläßlichen Idealisierungsaspekt in ihr Konzept einzubauen, dann wird durch das in 8.5 geschilderte Verfahren nur ein erster Schritt getan. Immerhin ist es ein interessanter und bemerkenswerter Schritt. Durch ihn wird das Reden von einem *Grenzwert* auch für solche Fälle sinnvoll und präzise gemacht, in denen die betrachteten Objekte keine Zahlen, sondern potentielle Modelle und Modelle von Theorien sind.

Literatur

ADAMS, E. W., *Axiomatic Foundations of Rigid Body Mechanics*, Dissertation, Stanford University 1955.

ADAMS, E. W., "The Foundations of Rigid Body Mechanics and the Derivation of its Laws from those of Particle Mechanics". in: L. HENKIN, P. SUPPES und A. TARSKI (Hrsg.), *The Axiomatic Method*, Amsterdam 1959, S. 250–265.

BALZER, W., „Zwei einfache Beispiele approximativer Reduktion", Manuskript, September 1984.

BALZER, W., D. A. PEARCE and H.-J. SCHMIDT (Hrsg.), *Reduction in Science*, Dordrecht 1984.

BOURBAKI, H. [Topologie], *Topologie Générale*, Paris 1951.

EHLERS, J., "On Limit Relations Between, and Approximative Explanations of, Physical Theories", erscheint in: Proceedings of the 7th International Congress of Logic, Methodology and Philosophy of Science, Amsterdam-London 1985.

LUDWIG, G. [Physikalische Theorie], *Die Grundstrukturen einer physikalischen Theorie*, Berlin-Heidelberg-New York 1978.

LUDWIG, G. [Grundlegung], *Deutung des Begriffs „physikalische Theorie" und axiomatische Grundlegung der Hilbertraumstruktur der Quantenmechanik durch Hauptsätze des Messens*, Berlin-Heidelberg-New York 1970.

MAYR, D. [Reduction I], "Investigations of the Concept of Reduction I", *Erkenntnis*, Bd. 10 (1976), S. 275–294.

MAYR, D. [Reduction II], "Investigations of the Concept of Reduction II", *Erkenntnis*, Bd. 16 (1981), S. 109–129.

MCKINSEY, J. C. C., A. C. SUGAR and P. SUPPES, [Classical Particle Mechanics], "Axiomatic Foundations of Classical Particle Mechanics", *Journal of Rational Mechanics and Analysis*, Bd. II (1953), S. 253–272.

MOULINES, C. U. [Approximate Application], "Approximate Application of Empirical Theories: A General Explication", *Erkenntnis*, Bd. 10 (1976), S. 201–227.

MOULINES, C. U. [Intertheoretic Approximation], "Intertheoretic Approximation: The Kepler-Newton Case", *Synthese*, Bd. 45 (1980), S. 387–412.

MOULINES, C. U. [General Scheme], "A General Scheme for Intertheoretic Approximation", in: A. HARTKÄMPER und H.-J. SCHMIDT (Hrsg.), *Structure and Approximation in Physical Theories*, S. 123–146.

PUTNAM, H. [Vernunft], *Vernunft, Wahrheit und Geschichte*, deutsche Übersetzung von *Reason, Truth and History*, Cambridge, Mass., 1981, durch J. SCHULTE, Frankfurt a. M. 1982.

QUINE, W. V. [Wort], *Wort und Gegenstand*, deutsche Übersetzung von *Word and Object*, 10. Aufl. 1976, Stuttgart 1980.

RUBIN, H. und P. SUPPES [Transformations], "Transformations of Systems of Relativistic Particle Mechanics", *Pacific Journal of Mathematics*, Bd. IV (1954), S. 563–601.

SCHEIBE, E. [Erklärung], „Die Erklärung der Keplerschen Gesetze durch Newtons Gravitationsgesetz", in: E. SCHEIBE und G. SÜSSMANN (Hrsg.), *Einheit und Vielheit, Festschrift für Carl Friedrich von Weizsäcker*, Göttingen 1973, S. 98–118.

SCHUBERT, H. *Topologie*, Stuttgart 1976.

SUPPES, P. [Data], "Models of Data", in: E. NAGEL, P. SUPPES und A. TARSKI (Hrsg.), *Logic, Methodology and Philosophy of Science*, Stanford 1962, S. 252–261.

Kapitel 9
Isolierte Theorie-Elemente und verallgemeinerte intertheoretische Verknüpfungen oder Bänder („Links")

9.1 Isolierte Theorie-Elemente

Bevor wir dazu übergehen, allgemeine intertheoretische Relationen zwischen Theorie-Elementen zu betrachten, soll nochmals das Wichtigste über einzelne oder *isolierte Theorie-Elemente*, wie wir jetzt sagen wollen, zusammengefaßt werden. Wir knüpfen dazu an die Darstellung in Kap. 5, insbesondere 5.3, an und nehmen zugleich einige Ergänzungen und Präzisierungen vor. Dagegen abstrahieren wir sowohl von den in Kap. 3 berücksichtigten pragmatischen Zusammenhängen als auch von den approximativen Aspekten, die in Kap. 8 behandelt worden sind. Wir werden hier also stets nur *reine* Theorie-Elemente zum Gegenstand haben.

Der leitende Gedanke besteht darin, vom allgemeinen Begriff des Theorie-Elementes im Sinne von D2-4 auszugehen und die Erfüllung weiterer metatheoretischer Postulate zu verlangen. Auch die explizite Definierbarkeit von M_p durch M soll dabei zur Sprache kommen.

$T = \langle \langle M_p, M, M_{pp}, C \rangle, I \rangle$ sei ein allgemeines Theorie-Element im Sinne von D2-4. Zunächst fordern wir, daß die beiden ersten Axiome von 5.4 gelten:

A1 *M_p und M sind Strukturspecies.*

A2 *M_p ist eine Klasse potentieller Modelle der Gestalt*
$\langle D_1, \ldots, D_k; A_1, \ldots, A_l; R_1, \ldots, R_m \rangle$.

(Wir erinnern an den Inhalt der beiden Axiome: **A1** verlangt, daß M_p und M in der präzisen Begriffssprache von Kap. 5 formuliert sind. **A2** fordert, daß M_p als der Durchschnitt von m Charakterisierungen S_i ($1 \leq i \leq m$) der i-ten Komponente eingeführt werden kann.)

Da wir im vierten Axiom die explizite Definierbarkeit von M_p durch M fordern werden, muß das dritte Axiom von 5.4 geringfügig modifiziert werden, um den Eindruck eines Zirkels zu vermeiden. (Denn in der Fassung von 5.4 enthält M eine Bezugnahme auf M_p.) Dazu erinnern wir uns daran, daß der Sinn des dritten Axioms darin bestand, zu fordern, daß M mindestens ein echtes Verknüpfungsgesetz ('cluster law') enthält. Dies erreichen wir mittels der folgenden Hilfsdefinition, von der wir sofort Gebrauch machen werden: X wird eine *Klasse echter Modelle* genannt, wenn X eine Strukturspecies ist, die nicht als Durchschnitt von Charakterisierungen der i-ten Komponente (im Sinn von D5-11) darstellbar ist.

Das dritte Axiom lautet nun:

A3 *M ist eine Klasse echter Modelle.*

Für die angekündigte Zurückführung von M_p auf M wählen wir den folgenden Kunstgriff: Wir knüpfen an das Verfahren von D5-11 an, modifizieren jedoch den Begriff der Charakterisierung der i-ten Komponente in der Weise, daß wir für jedes i von 1 bis m eine *Charakterisierung* wählen, *die M enthält*; dann definieren wir M_p als den Durchschnitt aller dieser Charakterisierungen. Im Unterschied zum Vorgehen in D5-11 müssen dabei bezüglich der Relationen mit einem von i verschiedenen Index Existenzquantoren eingeführt werden, um zu gewährleisten, daß das fragliche k+l+m-Tupel in M liegt, d. h. diese anderen Relationen dürfen nur innerhalb des ‚Spielraums' M variieren. Streng genommen definieren wir für die m Charakterisierungen m einstellige Funktionen s_i, mit Strukturspecies als Argumenten und Werten, und für die Einführung von M_p eine einstellige Funktion m_p mit demselben Argument- und Wertebereich. Da wir uns beide Male allein für den Fall interessieren, in dem das Argument M ist, schreiben wir einfachheitshalber nur diesen an.

D9-1 M sei eine typisierte Klasse von mengentheoretischen Strukturen vom Typ $\vartheta = \langle k; l; \tau_1, \ldots, \tau_m \rangle$, also von Strukturen der Gestalt $X = \langle D_1, \ldots, D_k; A_1, \ldots, A_l; R_1, \ldots, R_m \rangle$.

(a) Für $i = 1, \ldots, m$ seien die Funktionen $s_i(\cdot)$ wie folgt definiert:
$$s_i(M) := \{\langle D_1, \ldots, A_l; R_1, \ldots, R_m \rangle | \wedge j \leq m(R_j \in Pot(\tau_j(D_1, \ldots, A_l)))$$
$$\wedge \vee R'_1 \ldots R'_{i-1} R'_{i+1} \ldots R'_m(\langle D_1, \ldots, A_l;$$
$$R'_1 \ldots R'_{i-1} R_i R'_{i+1}, \ldots, R'_m \rangle \in M)\}$$

(b) Es sei die Funktion $m_p(\cdot)$ definiert als
$$m_p(\cdot) := \bigcap_{i \leq m} s_i(\cdot).$$

Dann sagen wir:
M_p ist *die von M induzierte Klasse potentieller Modelle* gdw
$M_p = m_p(M) = \bigcap_{i \leq m} s_i(M)$.

Anmerkung. Zur Erläuterung sei darauf hingewiesen, daß durch die i-te Funktion s_i in (a) die Klasse aller typisierten Strukturen vom Typ ϑ ausgezeichnet wird, deren i-te Relation auch in irgend einem echten Modell vorkommt. M_p wird dann gleichgesetzt mit dem Durchschnitt aller $s_i(M)$ für $i = 1, \ldots, m$, also mit der kleinsten Klasse dieser Art.

Es gilt:

Th.9-0 $m_p(M)$ *ist eine Klasse potentieller Modelle.*

Die eben geschilderte Weise der Zurückführung von M_p auf M werde jetzt als viertes metatheoretisches Axiom gefordert.

A4 $M_p = m_p(M)$, d.h. M_p *ist die von M induzierte Klasse potentieller Modelle.*

In das letzte Axiom soll schließlich das Theoretizitätskriterium Eingang finden. Wir formulieren es in allen drei Varianten und lassen es dabei offen, welcher Variante der Vorzug zu geben ist. Dabei geht es in allen Fällen um eine Auszeichnung der Klasse M_{pp}. Auch die Fassung von SNEED kann man dadurch in ein formales Kriterium transformieren, daß man eine ausdrückliche Relativierung auf die (in jedem konkreten Fall pragmatisch vorgegebene) Klasse MM der Meßmodelle vornimmt (vgl. 6.4,(II)). Wir erhalten so die drei Varianten **A5^S** (SNEED), **A5^G** (GÄHDE), **A5^{G-B}** (durch BALZER modifiziertes Kriterium von GÄHDE).

A5^S M_{pp} *ist die Klasse aller partiellen potentiellen Modelle für M_p, M und irgend ein MM im Sinne von* SNEED.

A5^G M_{pp} *ist die Klasse aller partiellen potentiellen Modelle für M_p und M und eine vorgegebene Äquivalenzrelation* $\sim$ *(Invarianz) im Sinne von* GÄHDE.

A5^{G-B} M_{pp} *ist die Klasse aller partiellen potentiellen Modelle für M_p und M im Sinne von* GÄHDE-BALZER.

Unter der Voraussetzung, daß **A4** gilt, liegt im ersten Fall nur eine Relativierung auf zwei Komponenten, nämlich M und MM, vor und in den beiden anderen Fällen nur eine Relativierung auf M.

Ein *isoliertes Theorie-Element* ist ein allgemeines Theorie-Element $T = \langle\langle M_p, M, M_{pp}, C \rangle, I \rangle$, für welches die Axiome **A1** bis **A4** gelten und welches überdies ein Axiom aus der Menge $\{$**A5^S**, **A5^G**, **A5^{G-B}**$\}$ erfüllt.

Nach dieser Präzisierung des Begriffs des *isolierten* Theorie-Elementes wenden wir uns in einem relativ abstrakten Rahmen den *möglichen Verbindungen* zwischen solchen Theorie-Elementen zu. Der dabei benützte Begriff wird so allgemein gehalten sein, daß er nicht nur alle an früheren Stellen betrachteten Formen von *inter*theoretischen Relationen einschließt, sondern daß er auch alle Arten von *inner*theoretischen Relationen umfaßt.

9.2 Bänder („Links")

Bereits in Kap. 2 sind wir auf zwei Arten von Verbindungen zwischen Theorie-Elementen gestoßen, nämlich auf die Relationen der Spezialisierung und der Theoretisierung. Im ersten Fall handelt es sich um eine Verbindung, die der Präzisierung einer im präsystematischen Sinne *inner*theoretischen Beziehung dient. Im zweiten Fall liegt eine Verknüpfung vor, welche für die Präzisierung einer auch im präsystematischen Sinne *inter*theoretischen Relation benützt wird. Dies ist insofern eine recht typische Situation, als die nicht-theoretischen Terme einer Theorie häufig aus einer (oder mehreren) anderen Theorie(n) übernommen werden. Der zentrale Begriff der Reduktion von Kap. 4, der in Kap. 8 approximativ verallgemeinert worden ist, bildet ein weiteres Beispiel für eine wichtige intertheoretische Relation.

Man kann nun versuchen, auf sehr allgemeiner Ebene und in relativ unspezifischer Weise derartige Verbindungen oder Verknüpfungen zu erfassen und zu beschreiben. Um für alle derartigen Verbindungen einen knappen Ausdruck zur Verfügung zu haben, verwenden wir je nach Kontext entweder das Substantiv „*Band*" (engl. „*Link*") oder das Verbum „*verbinden*".

Unser methodisches Vorgehen wird folgendes sein: Ein allgemeines Band λ wird als eine beliebige Relation zwischen den potentiellen Modellen M'_p und M_p zweier Theorie-Elemente T' und T angesetzt: $\lambda \subseteq M'_p \times M_p$ (D9-2a und 2b). Dabei lassen wir uns von den folgenden beiden intuitiven Überlegungen leiten:

(1) In fast allen wichtigen intendierten Fällen, in denen zwei potentielle Modelle x' und x durch λ verbunden werden, in denen also $\langle x', x \rangle \in \lambda$ gilt, wird man nicht von den beiden potentiellen Modellen x' und x in ihrer Gänze Gebrauch machen, sondern sich *auf bestimmte* der in x' und x vorkommenden *Glieder*, d. h. Mengen und Funktionen, beschränken.

(2) Ein Band funktioniert in der Regel in einer ganz bestimmten, *ausgezeichneten Richtung*. Denn es soll einen ‚Datenfluß' zu erfassen gestatten, der von als bekannt vorausgesetzten Daten aus anderen Theorien zu neuen Daten in der vorgegebenen Theorie führt.[1] Deshalb werden wir in der Mitteilung von vornherein eine bestimmte Richtung festhalten. Wenn $\lambda \subseteq M'_p \times M_p$, so sagen wir, daß λ ein *Band von* M'_p *nach* M_p ist. Dadurch soll ausgedrückt werden, daß λ einen Datenfluß charakterisiert, der von M'_p und der zugehörigen Theorie T' nach M_p und T führt. Beim Arbeiten mit der Theorie T wird dabei T' als schon bekannt und ‚gültig', d. h. als mit gültiger empirischer Behauptung versehen, vorausgesetzt.

D9-2 Es seien M'_p und M_p Klassen potentieller Modelle der Gestalt
$\langle D'_1, \ldots, D'_{k'}; A'_1, \ldots, A'_{l'}; R'_1, \ldots, R'_{m'} \rangle$ und
$\langle D_1, \ldots, D_k; A_1, \ldots, A_l; R_1, \ldots, R_m \rangle$.
(a) λ ist ein *Band von* M'_p *nach* M_p gdw $\lambda \subseteq M'_p \times M_p$.
(b) λ ist ein *Band von* T' *nach* T (oder: ein *Band zwischen* T' *und* T) gdw λ ein Band von M'_p nach M_p ist.

Die zweite Bestimmung dient nur dazu, für spätere Zwecke das Reden über verbundene potentielle Modelle in ein solches über verbundene Theorie-Elemente übersetzen zu können, zu denen diese potentiellen Modelle gehören.

Der Begriff des Bandes ist allgemeiner als das, was man sich selbst im allgemeinsten Fall unter einer echten intertheoretischen Relation vorstellt. In D9-2(a) wird nämlich nicht verlangt, daß M'_p von M_p verschieden ist. Ein Band, für welches diese beiden Klassen identisch sind und dessen Vorbereich überdies mit dem Nachbereich übereinstimmt, nennen wir ein *internes* Band. Dabei soll sich ein internes Band stets nur auf *eine* Komponente der potentiellen Modelle beziehen (vgl. die Bestimmung (2) von D9-3). Demgegenüber soll ein *externes* Band dazu dienen, ein potentielles Modell bzw. ein Theorie-Element mit *anderen* potentiellen Modellen bzw. Theorie-Elementen in Verbindung zu bringen.

---

[1] In diesen intuitiven Vorbetrachtungen sagen wir häufig „Theorie" statt „Theorie-Element".

Eine typische Leistung eines externen Bandes besteht in der Charakterisierung der Voraussetzungsrelation für nicht-theoretische Terme. Mit Hilfe von internen Bändern kann man dagegen z. B. diejenigen Voraussetzungsrelationen erfassen, die innerhalb eines und desselben Theorie-Elementes bei theoretischen Termen auftreten.

D9-3 Es seien dieselben Bedingungen erfüllt wie in D9-2.
λ ist ein *internes Band für* M_p gdw gilt:
(1) λ ist ein Band von M_p nach M_p;
(2) es gibt ein i $\leq$ m, so daß $D_I(\lambda) = D_{II}(\lambda)$ eine Charakterisierung der i-ten Komponente von M_p ist (im Sinne von D5-11).

D9-4 Es seien dieselben Bedingungen erfüllt wie in D9-2.
λ ist ein *äußeres Band für* M_p gdw gilt:
(1) λ ist ein Band von M'_p nach M_p;
(2) $M'_p \neq M_p$.

Als nächstes führen wir den Begriff des *i-determinierenden Bandes* ein. Ihm liegt folgende Vorstellung von einer Verallgemeinerung des Begriffs des Meßmodells (im Sinne von Kap. 6) zugrunde: Ein i-determinierendes Band λ bestimmt eindeutig die i-ten Komponenten in solchen potentiellen Modellen von M_p, die mit potentiellen Modellen einer anderen Theorie T' kraft λ verbunden sind (vgl. die Bestimmung (3) von D9-5). Genauer: Es möge angenommen werden, daß die Gesetze der vorausgesetzten Theorie T', mit Modellen M', bereits gelten. Dann bestimmt das Band λ in allen potentiellen Modellen x, für die $\langle x', x \rangle \in \lambda$, die *i*-te Komponente eindeutig unter der Voraussetzung, daß x' schon ein Modell der dafür zuständigen Theorie T' ist. Die potentiellen Modelle x, für die $\langle x', x \rangle \in \lambda$ gilt, sind also Meßmodelle für die *i*-te Komponente in einem verallgemeinerten Sinn von „Meßmodell". Die Verallgemeinerung besteht in der dreifachen Relativierung auf λ, x' und M', zu lesen etwa: „x ist ein Meßmodell für die *i*-te Komponente bezüglich λ und zwar relativ auf x' aus M'." Für den Zweck einer knappen formalen Präzisierung arbeiten wir diesmal, statt auf das in 6.3 benützte Verfahren zurückzugreifen, mit der Projektionsfunktion pr_{k+l+i}, die in Anwendung auf ein x das k+l+i-te Glied von x liefert.

D9-5 M'_p und M_p mögen dieselben Bedingungen erfüllen wie in D9-2. Ferner seien $M' \subseteq M'_p$ und $M \subseteq M_p$ Klassen von Modellen für M'_p bzw. für M_p; es sei i$\in \{1, \ldots, m\}$.
λ ist ein *i-determinierendes Band für* M_p gdw gilt:
(1) λ ist ein Band von M'_p nach M_p;
(2) $D_I(\lambda) \subseteq M'$;
(3) für alle x', y, z: wenn $\langle x', y \rangle \in \lambda$ und $\langle x', z \rangle \in \lambda$, dann
$pr_{k+l+i}(y) = pr_{k+l+i}(z)$.

Wie wir später sehen werden, läßt sich das Sneedsche Theoretizitätskriterium mit Hilfe dieses Begriffs des i-determinierenden Bandes formulieren.

Während wir bisher die Bänder nach Arten unterschieden, soll jetzt noch ein Blick auf die Gesamtheiten solcher Entitäten geworfen werden, die durch Bänder verknüpft werden. Dazu gehen wir von einem festen Theorie-Element T aus und nehmen sämtliche Theorie-Elemente $T^1, \ldots, T^n$ hinzu, von denen aus Bänder nach T führen. Was wir auf diese Weise erhalten, ist ein mit $T^1, \ldots, T^n$ verbundenes Theorie-Element. Gemäß der formalen Bestimmung ist das letztere allerdings kein Theorie-Element im strengen Wortsinn, sondern ein Gebilde, das aus T durch Hinzufügung der endlichen Menge von benötigten Bändern entsteht.

D9-6 T^* ist ein *mit $T^1, \ldots, T^n$ verbundenes Theorie-Element* gdw gilt: Es gibt M_p, M, M_{pp}, Q, I und Λ, so daß
(1) $T = \langle\langle M_p, M, M_{pp}, Q \rangle, I \rangle$ ist ein isoliertes Theorie-Element;
(2) $T^* = \langle T, \Lambda \rangle$;
(3) für alle $j \leq n$ ist $T^j = \langle\langle M_p^j, M^j, M_{pp}^j, Q^j \rangle, I^j \rangle$ ein isoliertes Theorie-Element;
(4) Λ ist eine endliche Menge;
(5) für alle $\lambda \in \Lambda$ gibt es ein $M_p' \in \{M_p, M_p^1, \ldots, M_p^n\}$, so daß λ ein Band von M_p' nach M_p ist;
(6) für alle $j \leq n$ gibt es ein $\lambda \in \Lambda$, so daß $\lambda \subseteq M_p^j \times M_p$.

Für das intuitive Verständnis dieser Definition geht man zweckmäßigerweise davon aus, daß wir es mit einer Menge $\{T, T^1, \ldots, T^n\}$ von Theorie-Elementen zu tun haben, zwischen denen die zu einer endlichen Menge Λ gehörenden Bänder solche Verbindungen herstellen, die alle ‚nach T führen'. Tatsächlich wird durch (5) gefordert, daß es zu jedem λ aus Λ eine Klasse potentieller Modelle M_p' aus $\{M_p, M_p^1, \ldots, M_p^n\}$ – wozu also auch M_p selbst gehört! – gibt, so daß λ ein Band von M_p' nach M_p ist. Auf der anderen Seite fordert (6), daß jede Klasse potentieller Modelle eines der n Theorie-Elemente $T^1, \ldots, T^n$ durch ein Band aus Λ mit der Klasse potentieller Modelle M_p von T in der angegebenen Richtung verbunden sein muß. Die Klasse $\{T, T^1, \ldots, T^n\}$ muß also in Richtung auf T bezüglich Λ ‚zusammenhängen'. (Solche Elemente dieser Klasse, welche die Bedingung (6) nicht erfüllen, könnte man einfach weglassen, analog wie man Bänder, die (5) nicht erfüllen, einfach weglassen könnte.) Das zusätzliche ‚Quasi-Theorie-Element' T^* wird nur aus dem technischen Grund eingeführt, um die endliche Menge Λ von Bändern mit dem ausgezeichneten (echten) Theorie-Element T zusammenzufassen. An geeigneter späterer Stelle werden wir uns von dieser Verknüpfung von Λ mit einem bestimmten Theorie-Element wieder befreien.

9.3 Die explizite Definierbarkeit von Querverbindungen durch Bänder

Im folgenden werden wir stets davon ausgehen, daß T^* ein mit $T^1, \ldots, T^n$ verbundenes Theorie-Element sei. Der Ausdruck „M_p" ist dann so zu verstehen, daß er sich auf das Erstglied T von T^*, also auf das ‚echte' Theorie-Element, bezieht; analoges gilt für den Buchstaben „Q". Ferner sei Λ das Zweitglied von T^*, also die in D9-6 erwähnte endliche Menge von Bändern.

In der ersten der nun folgenden Definitionen führen wir eine einstellige Funktion q_1 ein, mit deren Hilfe man spezielle Querverbindungen definieren kann. In der zweiten Definition wird eine zweistellige Funktion q_2 eingeführt, die zur Definition des Gesamtconstraints oder der totalen Querverbindung geeignet ist, sofern eine bestimmte Zusatzvoraussetzung erfüllt ist, die in der dritten der nun folgenden Definitionen explizit gemacht wird.

D9-7 Falls λ ein internes Band für M_p ist, sei
$$q_1(\lambda) := \{X | X \subseteq M_p \wedge \wedge x, y \in X (\langle x, y \rangle \in \lambda \vee \langle y, x \rangle \in \lambda)\}.$$

Durch q_1 wird also dem internen Band λ diejenige Menge von Mengen potentieller Modelle (von T) zugeordnet, deren Elemente (in der einen oder anderen Richtung) durch λ verbunden sind. Durch geeignete Wahl von λ kann man auf diese Weise spezielle Querverbindungen mittels q_1 definieren.

Als Beispiel betrachten wir den Fall, daß in der Theorie *KPM* die $\langle \approx, = \rangle$-Querverbindung (im Sinne von II/2, S. 84), etwa Q_0 genannt, eingeführt werden soll. Dazu definieren wir in einem ersten Schritt λ_0 durch:

$$\langle x, x' \rangle \in \lambda_0 : \text{gdw } x, x' \in M_p(KPM) \wedge \wedge p \in P_x \cap P_{x'}(m_x(p) = m_{x'}(p)).$$

Dann ist offenbar

$$Q_0 := q_1(\lambda_0)$$

genau die übliche $\langle \approx, = \rangle$-Querverbindung für die Massenfunktion.

D9-8 $q_2(M_p, \Lambda) := \bigcap \{q_1(\lambda) | \lambda \in \Lambda \text{ und } \lambda \text{ ist ein internes Band für } M_p\} \setminus \{\emptyset\}$.

Die intuitive Motivation für diese Definition ist die folgende: Angenommen, wir haben bereits sämtliche Querverbindungen einer Theorie mittels q_1 über Bänder definiert. Dann kann man die totale Querverbindung C durch deren Konjunktion, mengentheoretisch also durch deren Durchschnitt, einführen. Dieses Verfahren wird durch D9-8 formal beschrieben. Allerdings ist dieses insofern allgemeiner, als man bei *beliebig* vorgegebener endlicher Menge Λ von Bändern durch $q_2(M_p, \Lambda)$ keine Querverbindung erhält. Um dies einzusehen, braucht man sich nur daran zu erinnern, daß keine Querverbindung ein *einzelnes* potentielles Modell eliminieren darf oder positiv ausgedrückt: daß die Einermenge eines potentiellen Modells stets in ihr liegt. Diese Voraussetzung ist jedoch sicherlich erfüllt, wenn das zur Definition dieser Querverbindung benützte interne Band reflexiv ist. Wir halten dies in einer eigenen Definierbarkeitsbedingung fest.

D9-9 In T ist die eine (evtl. die totale) Querverbindung Q durch Λ definierbar gdw für alle $\lambda \in \Lambda$ gilt: Wenn λ ein internes Band für M_p ist, so ist $\langle x, x \rangle \in \lambda$ für alle $x \in M_p$.

Die vorangehenden Überlegungen formulieren wir in einem Lehrsatz:

Th.9-1 *Es sei T^* ein mit $T^1, \ldots, T^n$ verbundenes Theorie-Element. Dann ist $Q := q_2(M_p, \Lambda)$ eine Querverbindung für M_p gdw Q in T durch Λ definierbar ist.*

9.4 Eine Formulierung des Sneedschen Theoretizitätskriteriums mit Hilfe von Bändern

Wir knüpfen an die Darstellung (II) in Abschn. 6.4 an. Die Übersetzung der dortigen Fassung in die ‚Sprache der Bänder' erfolgt in der Weise, daß die Menge der Meßmodelle MM durch eine bestimmte Menge Λ von Bändern ersetzt wird und daß an die Stelle der i-determinierenden Modelle jetzt i-determinierende Bänder treten. (Vgl. nochmals die Erläuterungen zu D9-5.) Die Funktion m_{pp} dagegen übernehmen wir aus 6.4. Unter einem mit anderen Theorie-Elementen verbundenen Theorie-Element verstehen wir jetzt stets das *echte* Theorie-Element, welches das Erstglied des Paares in (2) von D9-6 bildet. Schließlich sei Λ eine Menge, welche die Bedingungen (4) bis (6) von D9-6 erfüllt.

In den nächsten beiden Definitionen sei T ein (in dem eben angegebenen Sinn) mit $T^1, \ldots, T^n$ verbundenes Theorie-Element.

D9-10 *Der i-te Term von M_p ist theoretisch bezüglich T gdw für alle $\lambda \in \Lambda$ gilt: wenn λ ein i-determinierendes Band für M_p ist, dann ist $D_{II}(\lambda) \subseteq M$.*

Dieser Bestimmung liegt die folgende, teilweise bereits im Zusammenhang von D9-5 erläuterte Vorstellung zugrunde: Wenn $\lambda \in \Lambda$ ein i-determinierendes Band ist, so sind in denjenigen potentiellen Modellen x, für die $\langle x', x \rangle \in \lambda$ gilt, die i-ten Relationen eindeutig bestimmt; dabei ist x' ein potentielles Modell eines der Theorie-Elemente $T^1, \ldots, T^n$. Man kann daher, wie bereits im Anschluß an D9-4 angedeutet, solche mengentheoretischen Strukturen x in einem erweiterten Sinn als Meßmodelle für die i-te Relation auffassen.

Das *Sneedsche Kriterium* besagt, daß $\bar{R}_i$ theoretisch ist, sofern jede Bestimmung (Messung) der i-ten Relation (Funktion) $R_i \in \bar{R}_i$ bereits die Theorie T voraussetzt. Wir gehen davon aus, daß eine konkrete Messung durch zwei potentielle Modelle x' und x sowie ein zwischen diesen bestehendes Band λ darstellbar ist. In der Sprechweise der Fachwissenschaftler formuliert, enthält x' ‚die bei der Messung vorausgesetzten Daten' und x ‚den zu messenden Wert'; $\langle x', x \rangle \in \lambda$ drückt aus, daß bei dieser Messung die Daten aus x' tatsächlich vorausgesetzt werden. Liegt eine Messung in diesem Sinne vor, so muß λ ein i-determinierendes Band sein. Die entscheidende Teilaussage von D9-10 lautet: $D_{II}(\lambda) \subseteq M$. Sie beinhaltet, daß in einem solchen Fall die mengentheoretische

Struktur x bereits ein Modell von T ist, d.h. daß $x \in M$. Dies ist tatsächlich eine präzisierte Fassung des Sneedschen Gedankens, *daß bei der Messung T als gültig vorausgesetzt wird.*

Ähnlich wie beim Vorgehen in Kap. 6 handelt es sich auch hier um eine rein formale Auszeichnung der theoretischen Terme, vorausgesetzt, daß die Menge Λ der Bänder geeignet vorgegeben ist. Dies wird allerdings, analog zum MM von 6.3 und 6.4, nur pragmatisch möglich sein.

In der folgenden Definition sei m die Zahl der Relationen von T; m_{pp} sei die in 6.3,(II) eingeführte Funktion.

D9-11 M_{pp} von T ist *durch Λ definiert* gdw es ein n gibt, so daß gilt:
(1) $n \leq m$;
(2) für alle $j \leq m$ ist $j > n$ gdw der j-te Term von M_p theoretisch bezüglich T ist;
(3) $M_{pp} := m_{pp}(n)$.

Daß sich die beiden Theoretizitätskriterien von 6.4,(II) und D9-10 entsprechen, läßt sich in einer präzisen Aussage festhalten.

Th.9-2 *Es sei T ein mit $T^1, \ldots, T^n$ verbundenes (echtes) Theorie-Element. M_{pp} sei durch Λ definiert. Ferner sei*
$MM := \bigcup \{D_{II}(\lambda) | \lambda \in \Lambda \wedge \vee i \leq m$ (λ ist ein i-determinierendes Band für M_p)}.
Dann gilt:
Der i-te Term von M_p ist theoretisch bezüglich T (im Sinne von D9-10) gdw die i-te Komponente von M_p theoretisch bezüglich M und MM ist (im Sinne von 6.4, (II)).

Die Ergebnisse von 9.3 und 9.4 könnte man zum Anlaß nehmen, den Begriff eines mit $T^1, \ldots, T^n$ verbundenen (echten) Theorie-Elementes T durch zwei metatheoretische ‚Bänder-Axiome' zu verschärfen. Darin würde gefordert werden, daß Q und M_{pp} von T durch Λ definiert werden:

B1 *Für T wird C durch Λ definiert.*
B2 *Für T wird M_{pp} durch Λ definiert.*

9.5 Empirische Theorienkomplexe

Wenn T^* ein mit $T^1, \ldots, T^n$ verbundenes Theorie-Element ist, so nennen wir wiederum der Kürze halber das Erstglied T von T^* (vgl. D9-6(2)) ein mit $T^1, \ldots, T^n$ verbundenes *echtes* Theorie-Element.

Man gewinnt einen allgemeineren Ansatzpunkt für das Studium empirischer Theorien, wenn man statt von einem isolierten Theorie-Element von einem mit $T^1, \ldots, T^n$ verbundenen echten Theorie-Element ausgeht.

D9-12 𝕋 ist ein *empirischer Theorienkomplex* gdw es $T, T^1, \ldots, T^n$ gibt, so daß gilt:
(1) $\mathbb{T} = \langle T, T^1, \ldots, T^n \rangle$;
(2) T ist ein mit $T^1, \ldots, T^n$ verbundenes echtes Theorie-Element.

In einem Theorienkomplex ist das Element T als ‚Basis' ausgezeichnet. Tatsächlich werden wir gelegentlich T die *Basis von* 𝕋 nennen. Diese Terminologie ist auch dadurch gerechtfertigt, daß der in D9-12 eingeführte Begriff dem des Theoriennetzes mit eindeutiger Basis von Kap. 2 entspricht. Der gegenwärtige Begriff ist jedoch wesentlich allgemeiner als der des Theoriennetzes mit eindeutiger Basis, da der hier benützte Begriff *Band* viel allgemeiner ist als die *Spezialisierungsrelation*, die in Kap. 2 die einzige ‚Verbindung stiftende' Relation zwischen den Theorie-Elementen eines Netzes bildete.

Um die Allgemeinheit und Abstraktheit des Begriffs des Bandes zu unterstreichen, wurden hier die Bänder zunächst nur auf der ‚formalen' nichtempirischen Ebene betrachtet, zum Unterschied von früher untersuchten intertheoretischen Relationen (wie z. B. Spezialisierung, Theoretisierung, Reduktion), durch die jeweils auch die intendierten Anwendungen der beteiligten Theorie-Elemente zueinander in Beziehung gesetzt wurden. Für die Definition der *empirischen Behauptung eines Theorienkomplexes* ist es dagegen erforderlich, auch die ‚einschlägigen' Beziehungen zwischen den intendierten Anwendungen einzubauen. Dadurch tritt die Art der durch D9-12 gestifteten Verallgemeinerung deutlicher hervor und läßt sich sogar visuell veranschaulichen. Zunächst zwei Hilfsdefinitionen.

D9-13 Für ein Theorie-Element T und $Y \subseteq M_{pp}$ werde
$e(Y) := \{X \mid X \subseteq M \wedge X \in Q \wedge r^1(X) = Y\}$
die Klasse aller erfolgreichen Ergänzungen von Y *genannt.*

Die Bezeichnung wird verständlich, wenn man $Y = I$ wählt. In dieser Definition wird davon abstrahiert, ob Y eine solche Menge von intendierten Anwendungen ist oder nicht; darin liegt die größere Allgemeinheit. Die Klasse $e(Y)$ enthält als Elemente alle möglichen ‚erfolgreichen' Ergänzungen der Menge partieller Modelle Y, d. h. alle Ergänzungen der Menge Y zu Modellmengen, welche die Querverbindungen erfüllen. Zum besseren Verständnis sowie für Vergleichszwecke mit anderen Formulierungen sei darauf hingewiesen, daß die ersten beiden Konjunktionsglieder in der Definitionsbedingung statt in der gegenwärtigen Form

(a) $X \subseteq M \wedge X \in Q$

auch in den folgenden beiden Alternativfassungen angeschrieben werden könnten:

(b) $X \in Pot(M) \wedge X \in Q$
(c) $X \in Pot(M) \cap Q$.

D9-14 Für $\lambda^0 = \lambda \subseteq M_p' \times M_p$ wird $\bar{\lambda} \subseteq Pot(M') \times Pot(M_p)$ [2] definiert durch $\langle X', X \rangle \in \bar{\lambda}$ gdw es für alle $x \in X$ ein $x' \in X'$ gibt, so daß $\langle x', x \rangle \in \lambda$.

Jetzt können die Begriffe *Theoretischer Gehalt von* $\mathbb{T}$ ($TG(\mathbb{T})$) sowie *empirische Behauptung von* $\mathbb{T}$ eingeführt werden.

D9-15 Es sei $T = \langle \langle M_p, M, M_{pp}, Q \rangle, I \rangle$ ein isoliertes Theorie-Element und $\mathbb{T} = \langle T, T^1, \ldots, T^n \rangle$ ein empirischer Theorienkomplex.
(a) Der *theoretische Gehalt von* $\mathbb{T}$ ist definiert durch:
$TG(\mathbb{T}) = TG(T/T^1, \ldots, T^n) := \{X \mid X \in Pot(M) \cap Q$ und für alle Paare $\langle j, n \rangle$, so daß $j \leq n$, sowie $\lambda \in \Lambda$ mit $\lambda \subseteq M_p^j \times M_p$, gibt es ein X^j, so daß $(X^j \in e(I^j) \wedge \langle X^j, X \rangle \in \bar{\lambda})\}$.
(b) Die *empirische Behauptung von* $\mathbb{T}$ ist der Satz
$I \in r^2(TG(\mathbb{T}))$ (bzw. $I \subseteq r^2(TG(\mathbb{T}))$).

Für (b) haben wir wieder die beiden Alternativen angeschrieben, je nachdem, ob I als Menge *individueller* Anwendungen oder als Menge intendierter Anwendungs*arten* aufgefaßt wird.

$TG(\mathbb{T})$ könnte man ausführlicher den ‚theoretischen Gehalt von T relativ zu $T^1, \ldots, T^{n\prime}$ oder den ‚durch $T^1, \ldots, T^n$ bedingten theoretischen Gehalt von T‘ nennen. Dabei ist folgendes zu beachten: In (a) ist von den intendierten Anwendungen noch nicht die Rede; daher die Benennung „theoretischer Gehalt". Dagegen kommen hier bereits alle intendierten Anwendungen I^j der ‚vorausgesetzten‘ Theorien T^j zur Sprache: Die Teilaussage „$X^j \in e(I^j)$" besagt ja genau, daß die intendierte Anwendung des j-ten Theorie-Elementes in dem durch die Operation e präzisierten Sinne erfolgreich ergänzt wurde. Die letzte konjunktive Komponente von (a) besagt, daß diese erfolgreiche Ergänzung X^j mittels $\bar{\lambda}$ ‚nach T transportiert', nämlich mit einem X in $\bar{\lambda}$-Beziehung gesetzt wird, welches, sofern es in $Pot(M) \cap Q$ liegt, zum bedingten theoretischen Gehalt von T gehört.

Während somit bereits im Schritt (a) der Erfolg für die n vorgegebenen Theorie-Elemente T^j *vorausgesetzt* wird, kommt der Erfolg des Theorie-Elementes T erst im zweiten Schritt (b), also in der empirischen Behauptung von $\mathbb{T}$, zur Sprache. Diese Behauptung besagt, daß sich die intendierten Anwendungen I von T zu einem im theoretischen Gehalt von $\mathbb{T}$ liegenden X ergänzen lassen. Umgangssprachlich könnte man die empirische Behauptung (b) daher folgendermaßen umschreiben: „Die intendierten Anwendungen von T lassen sich durch theoretische Terme so ergänzen, daß die dabei entstehende Menge X einerseits die Gesetze und Querverbindungen von T erfüllt und andererseits über die Bänder aus Λ mit anderen erfolgreichen Ergänzungen X^j (der intendierten Anwendungen I^j vorgegebener Theorie-Elemente T^j) in Verbindung steht."

---

[2] Zur Vermeidung von Konfusionen bezeichnen wir diesmal die gegenüber λ auf der nächsthöheren mengentheoretischen Stufe operierende Funktion durch einen oberen Querstrich, also durch „$\bar{\lambda}$".

Verallgemeinerte intertheoretische Verknüpfungen

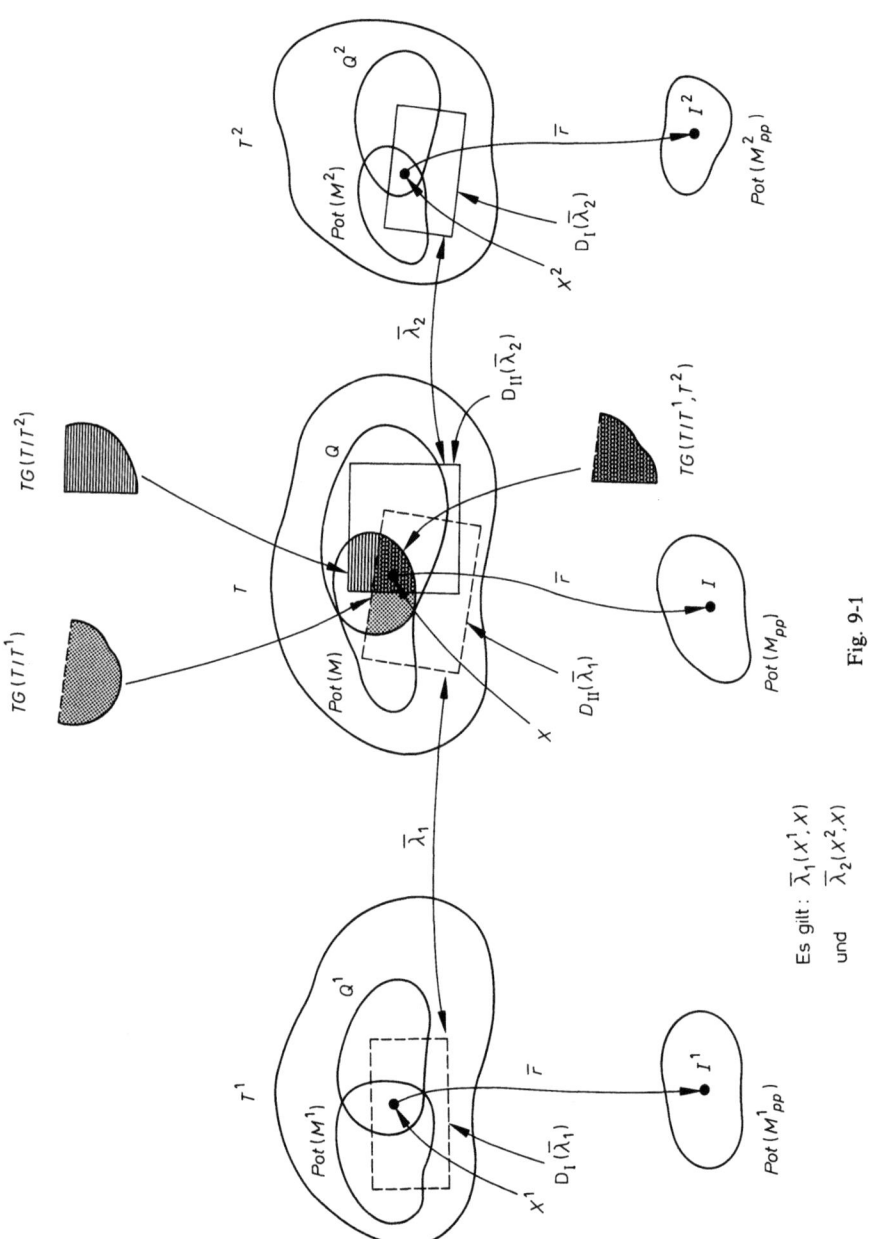

Fig. 9-1

Erläuterung: Jede der drei Figuren ist so zu interpretieren wie Fig. 2-1 in Kap. 2. Die durch λ_1 verbundenen Entitäten sind in der linken und mittleren Figur jeweils durch Rechtecke mit strichlierten Kanten angedeutet und analog die durch λ_2 verbundenen Entitäten in der rechten und mittleren Figur jeweils durch Rechtecke mit ausgezogenen Kanten. Der theoretische Gehalt von T relativ zu T^1 sowie der theoretische Gehalt von T relativ zu T^2 ist oben links bzw. rechts nochmals gesondert angegeben; ebenso wird schließlich unten der theoretische Gehalt von T relativ zu T^1 und T^2 nochmals besonders hervorgehoben. (Die zugehörigen Pfeile geben in diesen drei Fällen nur an, an welcher Stelle der mittleren Gesamtfigur diese drei Teile von relativem Gehalt zu finden sind.)

Falls man dabei vor allem an die nicht-theoretischen Terme von T denkt, so könnte man diese Paraphrase in der Weise spezifizieren, daß man das Wort „einerseits" streicht und den mit „und andererseits" beginnenden Aussageteil ersetzt durch: „ , wobei die nicht-theoretischen Funktionen in den für sie zuständigen Theorien die dortigen Gesetze und Querverbindungen erfüllen."

Wenn T etwa die Thermodynamik und die fragliche nicht-theoretische Funktion der *Druck* ist, so wird in den empirischen Behauptungen von T nicht nur vorausgesetzt, daß es *irgend eine* für den Druck zuständige Theorie gibt, in bezug auf die diese Funktion theoretisch ist, sondern daß der Druck in *der* für ihn zuständigen Theorie, nämlich in der Mechanik, *die dort geltenden Gesetze erfüllt;* sonst würde man nicht von *Druck* reden.

Bei dieser Betrachtungsweise eines empirischen Theorienkomplexes werden die n Theorien $T^1, \ldots, T^n$ als gegeben angesehen und deren empirische Behauptungen werden ihrerseits nicht weiter analysiert. Es liegt nahe, sich zu überlegen, was geschieht, wenn man die dabei benützte ‚Methode der Einbeziehung verbundener Theorie-Elemente' in dem Sinne *iteriert,* daß man zu jedem T^j die n_j mit ihm verbundenen Theorie-Elemente $T^{j,1}, \ldots, T^{j,n_j}$ mit einbezieht usw.

Die Antwort hängt davon ab, wie man sich dieses „usw." vorzustellen hat. Prinzipiell gibt es zwei Möglichkeiten. Die eine logische Möglichkeit wäre die, daß dieser Prozeß *unbegrenzt oftmals iterierbar* ist, ohne also jemals abzubrechen. Dies würde eine neuartige und sicherlich *sehr starke Version des Holismus* liefern. Wenn dagegen der Prozeß nach endlich oftmaliger Wiederholung abbricht, so enthält der Begriff des empirischen Theorienkomplexes von D9-12 bereits alles Wesentliche. Endlich viele Iterationen dieses Verfahrens liefern wieder nur einen empirischen Theorienkomplex. Dies wird deutlicher, wenn man zusätzlich den Begriff des abstrakten Netzes verbundener Theorie-Elemente einführt.

Anmerkung. Wie bereits aus den inhaltlichen Erläuterungen hervorging, ist es für die in den letzten beiden Abschnitten angestellten Betrachtungen nicht wesentlich, daß ein Theorienkomplex $\mathbb{T}$ im Sinne von D9-12 *als neue Entität* eingeführt wird. Verzichtet man auf die Einführung dieses neuen Begriffs, so hat man nur alle ab D9-15 definierten Begriffe, soweit sie bisher auf $\mathbb{T}$ Bezug nahmen, als geeignet ‚relativierte' Begriffe über ein echtes Theorie-Element T zu deuten. Bezüglich des theoretischen Gehaltes im Sinne von D9-15 ist dies bereits in der Erläuterung im Anschluß an diese Definition geschehen. An die Stelle des Definiendums von D9-15(b) hätte z.B. der Ausdruck zu treten: „*die empirische Behauptung von T in bezug auf $T^1, \ldots, T^n$*." Analog würden dann im folgenden Abschnitt 9.6 nicht abstrakte Netze mit Theorienkomplexen, sondern erstere mit entsprechenden Relativierungen von Theorie-Elementen verglichen.

9.6 Abstrakte Netze und gerichtete Graphen

Als zusätzlichen Hilfsbegriff führen wir zunächst – ohne formale Definition – die Abkürzung „$\mathfrak{L}$" für *die Klasse aller Bänder* ein, also:

$\mathfrak{L} := \{\lambda | \vee T' \vee T(T'$ und T sind Theorie-Elemente und λ ist ein Band von T' nach $T)\}$.

Dabei wird natürlich der Begriff von D9-2(b) benützt.

D9-16 $\mathbb{Z}$ ist ein *abstraktes Netz verbundener Theorie-Elemente mit der Basis* T_0 gdw es ein N und ein L gibt, so daß:
(1) $\mathbb{Z} = \langle N, L \rangle$;
(2) $N = \{T_0, T^1, \ldots, T^n\}$ ist eine endliche Menge isolierter Theorie-Elemente;
(3) $L \subseteq N \times N \times Pot(\mathfrak{L})$ (mit $\mathfrak{L}$ als der oben eingeführten Menge aller Bänder);
(4) für alle $T', T \in N$ und alle X', X: wenn $L(T', T, X')$ und $L(T', T, X)$, dann $X' = X$;
(5) für alle $T', T \in N$, alle X und alle λ: wenn $L(T', T, X)$ und $\lambda \in X$, dann $\lambda \subseteq M_p(T') \times M_p(T)$;
(6) für alle $1 \leq i \leq n$ gibt es ein $X \neq \emptyset$, so daß $L(T^i, T_0, X)$.

L ist eine Funktion, welche die Aufgabe hat, je zwei Theorie-Elementen aus N eindeutig eine Menge von Bändern zuzuordnen: Die Bestimmung (3) beschreibt die relationale Struktur von L und (4) drückt genau die Funktionalität dieser Relation aus. Durch (5) wird gewährleistet, daß die zwei Theorie-Elementen T' und T zugeordnete Menge X von Bändern nur solche Elemente enthält, die tatsächlich *diese beiden* Theorie-Elemente verknüpfen, also Bänder von T' nach T sind; vgl. nochmals D9-2(a) und (b). (Die beiden Bestimmungen (3) und (4) allein wären ja damit verträglich, daß X auch oder sogar *nur* solche Bänder enthielte, die *andere* Theorie-Elemente verknüpfen; dies wird durch (5) verboten.) Die letzte Bestimmung (6) schließlich garantiert, daß jedes der n Theorie-Elemente $T^1, \ldots, T^n$ mit T_0 durch mindestens ein Band verknüpft ist. Darin liegt die Berechtigung dafür, T_0 als *Basis* des Netzes auszuzeichnen: Bei sämtlichen übrigen Theorie-Elementen T^j von N nehmen Bänder ihren Ausgang, die alle ‚in T_0 einmünden'.

Gemeinsam ist den beiden Begriffen des Theoriennetzes von Kap. 2, D2-7, und dem hier eingeführten Begriff des abstrakten Netzes, daß den Ausgangspunkt eine endliche Menge von Theorie-Elementen bildet, die in bestimmter Weise miteinander verknüpft werden sollen. Während jedoch in Kap. 2 diese Verknüpfung ausschließlich durch die Relation der Spezialisierung hergestellt wird, dürfen im gegenwärtigen Fall dafür irgend welche Bänder im Sinne von D9-2 herangezogen werden. Deshalb ist der Begriff des abstrakten Netzes verbundener Theorie-Elemente mit gegebener Basis, D9-16, viel allgemeiner als der des Theoriennetzes mit eindeutiger Basis, D2-7 und D2-8.

Auf der anderen Seite erfaßt der Begriff des abstrakten Netzes *genau* die gegen Ende von Abschn. 9.5 angesprochenen *Iterationen* der Einbeziehung verbundener Theorie-Elemente. Um dies zu erkennen, hat man bloß eine geeignet konstruierte ‚Hintereinanderschaltung' zweier Bänder als *neues Band* zu erklären. Es sei etwa in dem früheren Beispiel T^j mit T durch das Band λ von T^j nach T verknüpft. Aus den n_j Theorie-Elementen, mit denen T^j seinerseits nach Annahme verbunden ist, greifen wir das i-te heraus, also $T^{j,i}$. Dann existiert (mindestens) ein Band λ' von $T^{j,i}$ nach T^j. Wir bilden nun das *Relationsprodukt* $\lambda' \circ \lambda$ *und betrachten dieses als Band von* $T^{j,i}$ *nach* T. Daß dies ein zulässiges Verfahren ist, lehrt ein Blick auf D9-2. Die oben erwähnte ‚Hintereinanderschaltung' von Bändern wird also ganz einfach durch Konstruktion des Relationsproduktes gewonnen.

Die größere Eleganz und Durchsichtigkeit in bezug auf das Iterationsproblem, die D9-16 gegenüber D9-12 (und dem dabei vorausgesetzten D9-6) liefert, beruht darauf, daß man jetzt nicht mehr eine feste Menge Λ von Bändern mit dem Basis-Element assoziiert, sondern daß die Bänder von den Theorie-Elementen vollkommen losgelöst betrachtet werden, wobei diese Bänder mittels der Bestimmungen (3) bis (5) auch systematisch *alle* und *adäquat* durch die dreistellige Relation L erfaßt und beschrieben werden.

Daß wirklich *nur* ein Gewinn an Eleganz und Durchsichtigkeit vorliegt und daß im übrigen die Menge aller abstrakten Netze von verbundenen Theorie-Elementen mit einer Basis T_0 nicht umfassender ist als die Menge aller empirischen Theorienkomplexe, ist der Inhalt des folgenden Theorems:

Th. 9-3 *Es sei*
$\mathfrak{A} := \{\mathbb{Z} | \mathbb{Z}$ ist ein abstraktes Netz verbundener Theorie-Elemente mit der Basis $T_0\}$;
$\mathfrak{B} := \{\mathbb{T} | \mathbb{T}$ ist ein empirischer Theorienkomplex$\}$;
$\varphi \subseteq \mathfrak{A} \times \mathfrak{B}$ sei definiert durch:
$\varphi(\mathbb{Z}) = \langle T^*, T^1, \ldots, T^n \rangle$ gdw $\mathbb{Z} = \langle N, L \rangle$ und
  (1) $N = \langle T_0, T^1, \ldots, T^n \rangle$,
  (2) $T_0 = \langle K, I_0 \rangle$ mit $K = \langle M_p, M, M_{pp}, Q \rangle$,
  (3) $T^* = \langle T_0, \Lambda \rangle$,
  (4) für alle $\lambda: \lambda \in \Lambda$ gdw es ein $i \leq n$ und ein X gibt, so daß $L(T^i, T_0, X)$ und $\lambda \in X$.

Dann gilt:
(I) $\varphi: \mathfrak{A} \to \mathfrak{B}$ ist eine Surjektion;
(II) der Begriff des theoretischen Gehaltes von $\mathbb{Z}$, kurz: $TG(\mathbb{Z})$, kann so definiert werden, daß für alle $\mathbb{Z} \in \mathfrak{A}$:
  $I_0 \in TG(\mathbb{Z})$ gdw $I_0 \in TG(\varphi(\mathbb{Z}))$.

Die Relation φ ist also eine Operation, die jedem abstrakten Netz verbundener Theorie-Elemente einen bestimmten empirischen Theorienkomplex zuordnet. (Man beachte, daß der am Schluß rechts vorkommende Begriff TG der in D9-15(a) definierte Begriff ist, da $\varphi(\mathbb{Z})$ nach Voraussetzung ein Theorienkomplex ist.) Vom intuitiven Standpunkt aus kann man die Abbildung

φ deuten als „läßt sich auffassen als". Bei dieser Deutung besagt Teil (I) der Behauptung, daß sich jedes derartige Netz als empirischer Theorienkomplex auffassen läßt, wobei ‚alle Theorienkomplexe aufgebraucht' werden, da φ surjektiv ist. (Die Umkehrung gilt nicht.) (II) besagt, daß auch die korrespondierenden empirischen Behauptungen in dem Sinn gleichwertig sind, daß sie auseinander folgen. Damit ist die eben gegebene intuitive Interpretation von φ nachträglich gerechtfertigt.

Der Begriff $TG(\mathbb{Z})$ kann in Analogie zu D9-15(a) eingeführt werden. Wir deuten das Verfahren nur an: Als Λ von D9-15(a) wähle man die Vereinigung aller Bilder unter der Funktion L von $\mathbb{Z}$. Die $n+1$ Elemente $T, T^1, \ldots, T^n$ von D9-15(a) identifiziere man mit den jetzigen Elementen $T_0, T^1, \ldots, T^n$.

Es soll nun noch kurz geschildert werden, wie der Begriff des gerichteten Graphen für den gegenwärtigen Begriffsapparat fruchtbar gemacht werden kann.

D9-17 X ist ein *endlicher gerichteter Graph* gdw es ein M und ein ϑ gibt, so daß
(1) $X = \langle M, \vartheta \rangle$;
(2) M ist eine endliche, nicht-leere Menge;
(3) $\vartheta \subseteq M \times M$.

Aus abstrakten Netzen im Sinne von D9-16 konstruieren wir nun gemäß der folgenden Vorschrift gerichtete Graphen:

D9-18 Es sei $\mathbb{Z} = \langle N, L \rangle$ ein abstraktes Netz verbundener Theorie-Elemente[3]. Ferner sei

$L^+ := \{\langle T', T \rangle | \vee X \in Pot(\mathfrak{L}) \, L(T', T, X)\}$.

$\mathbb{Z}^+ = \langle N, L^+ \rangle$ heiße *der durch $\mathbb{Z}$ induzierte Graph*.

Ausdrücklich halten wir folgendes fest:

Th.9-4 *Der durch ein abstraktes Netz verbundener Theorie-Elemente induzierte Graph ist ein endlicher gerichteter Graph.*

Damit ist nachträglich die in D9-18 eingeführte Terminologie gerechtfertigt.

D9-19 Es sei $\mathbb{Z} = \langle N, L \rangle$ ein abstraktes Netz verbundener Theorie-Elemente mit $\mathbb{Z}^+ = \langle N, L^+ \rangle$ als durch $\mathbb{Z}$ induziertem endlichem, gerichtetem Graphen. Falls $T, T' \in N$, so heißt x ein *Weg der Länge m von T nach T'* gdw gilt:
(1) $x = \langle \langle T_1, T_2 \rangle, \langle T_2, T_3 \rangle, \ldots, \langle T_{m-1}, T_m \rangle \rangle$;
(2) $m \geq 2$;
(3) $T_1 = T$ und $T_m = T'$;
(4) für alle $1 \leq j \leq m-1$: $\langle T_j, T_{j+1} \rangle \in L^+$.

---

3 Die Basis interessiert im gegenwärtigen Zusammenhang nicht; daher lassen wir sie gleich fort. Man kann sie sich ‚existentiell wegquantifiziert' denken oder, noch einfacher, für den jetzigen Zweck die Bestimmung (6) von D9-16 weglassen.

Von den Elementen T_i sagen wir auch, daß sie *auf dem Weg von T nach T'* liegen. In dieser Definition des Begriffs des Weges braucht T nicht von T' verschieden zu sein. Wegen ihrer Wichtigkeit heben wir sowohl diese als auch die gegenteilige Möglichkeit ausdrücklich durch Definition hervor.

D9-20 $\mathbb{Z}$ ist ein *abstraktes Netz verbundener Theorie-Elemente mit Schleifen* (engl. "loops") gdw gilt:
(1) $\mathbb{Z} = \langle N, L \rangle$ ist ein Netz verbundener Theorie-Elemente;
(2) in dem Erstglied N des durch $\mathbb{Z}$ induzierten Grahen $\mathbb{Z}^+ = \langle N, L^+ \rangle$ gibt es ein T und einen Weg x der Länge m > 2 von T nach T, so daß nicht alle auf dem Weg x liegenden T_i mit T identisch sind.

D9-21 $\mathbb{Z}$ ist ein *hierarchisches Netz von Theorie-Elementen* gdw $\mathbb{Z}$ ein abstraktes Netz verbundener Theorie-Elemente ist, in dem keine Schleifen vorkommen.

D9-22 Falls $\mathbb{Z} = \langle N, L \rangle$ ein hierarchisches Netz von Theorie-Elementen ist und für $T, T' \in N$ gilt: $\langle T', T \rangle \in L^+$, so soll gesagt werden, daß T' von T *vorausgesetzt wird* oder: „T setzt T' voraus".

Auf der Grundlage dieses Begriffsapparates kann man nun z. B. untersuchen, *ob es wirklich Theoriennetze gibt, die Schleifen enthalten*. Jedenfalls ist damit dieses Problem zu einer durch empirische Nachprüfung entscheidbaren Frage geworden, deren Beantwortung man nicht mehr allein der philosophischen Spekulation zu überlassen braucht.

9.7 Versuch einer systematischen Klassifikation von Bändern

Es liegt nahe, die Gesamtheit aller Bänder nach zwei Gesichtspunkten zu unterteilen, nämlich einerseits danach, ob sie die in ihrem Zielbereich liegenden Relationen bzw. Funktionen *interpretieren* oder nicht, und andererseits danach, ob sie diese Relationen *eindeutig bestimmen* oder nicht. Eine solche systematische Unterteilung könnte, versehen mit gewissen Illustrationsbeispielen, den wünschenswerten Nebeneffekt haben, einige abstrakte Definitionen dieses Kapitels mit anschaulicherem Inhalt zu versehen.

Das Klassifikationsschema hat folgende Gestalt:

	interpretierend	nicht interpretierend
eindeutig bestimmend (determinierend)	(I)	(III)
nicht eindeutig bestimmend (nicht determinierend)	(II)	(IV)

Fig. 9-2

(I) ist ein idealer Grenzfall; (II) bis (IV) repräsentieren, jeder für sich, bestimmte Typen, für die sich jeweils interessante Spezialfälle anführen lassen.

Ein einfaches Beispiel für (I) bildet das Band, welches von der Kinematik zur Mechanik führt, in bezug auf die Ortsfunktion. Die Aussage, daß die Kinematik die Ortsfunktion für die Mechanik festlegt, drückt die Tatsache aus, daß dieses Band sowohl *interpretierend* als auch *determinierend* ist.

Ein Beispiel für (II) stellt die Gleichung $P = -\frac{\partial U}{\partial V}$ dar. Dabei ist P der Druck im Sinn der (Hydro-)Mechanik; U ist die thermodynamische Energie; V ist das Volumen. Für die korrekte Deutung dieser Gleichung muß man sich folgendes vor Augen halten: Die Mechanik ist zur Gänze eine Disziplin, die völlig unabhängig von der Thermodynamik entwickelt wird. Die Umkehrung gilt jedoch nicht; denn die Begriffe der Mechanik und die für sie geltenden Gesetze gehen in die Thermodynamik ein. Da ⟨Mechanik, Thermodynamik⟩ also in einer Voraussetzungsrelation stehen, ist das durch die obige Gleichung repräsentierte Band *interpretierend*. Es ist jedoch *nicht eindeutig bestimmend*, da die Energie in dieser Gleichung mit dem Druck nur durch ihre partielle Ableitung nach dem Volumen verknüpft ist.

Für die Illustrationen zu (III) und (IV) empfiehlt es sich, zum Unterschied von denen zu (I) und (II), den einschlägigen Formalismus genauer zu beschreiben, um die Zusammenhänge im Detail verfolgen zu können.

Ein eindeutig bestimmendes, nicht interpretierendes Band λ, also ein Illustrationsbeispiel für (III), besteht zwischen derjenigen Spezialisierung *KKPM* der klassischen Partikelmechanik, in der nur konservative Systeme zugelassen sind, und der Lagrangeschen Mechanik mit kartesischen Koordinaten *LAG*. Konservative Systeme sind dadurch charakterisiert, daß sich ihre Kräfte aus einem Potential ableiten lassen. Da dieses Potential für die Definition des Bandes explizit benützt wird, ist es aus Einfachheitsgründen zweckmäßig, die potentiellen Modelle von *KPM* um eine Potentialfunktion U zu erweitern. Wir verwenden die folgenden weiteren Symbole: $\mathbb{N}_h = \{1, \ldots, h\}$ bilde die Partikelmenge. (Da wir eine Ordnung auf dieser Menge benötigen, identifizieren wir die Partikel einfach mit den h ersten natürlichen Zahlen.)

$s: \mathbb{N}_h \times T \to \mathbb{R}^3$ ist die übliche kartesische Ortsfunktion.

$L: \mathbb{R}^{6h} \to \mathbb{R}$ ist die Lagrange-Funktion. m und f sind Masse und Kraft in *KPM* (also $m: \mathbb{N}_h \to \mathbb{R}^+$; $f: \mathbb{N}_h \times T \times \mathbb{N} \to \mathbb{R}^3$). $U: \mathbb{R}^3 \to \mathbb{R}$ ist das Potential, von dem sich die Gesamtkraft $\sum_{j \in \mathbb{N}} f(\cdot, -, j)$ als Gradient gewinnen läßt:

$$\wedge i \in \mathbb{N}_h \wedge t \in T \left[\sum_{j \in \mathbb{N}} f(i,t,j) = -\nabla U(s(i,t)) \right].$$

(Für genauere technische Einzelheiten vgl. BALZER und MOULINES, [Grundstruktur], insbesondere D8 von S. 604.)

Das fragliche Band λ kann nun genauer folgendermaßen charakterisiert werden:

(i) $\lambda \subseteq KKPM \times LAG$

(ii) $\langle y, z \rangle \in \lambda$ gdw gilt (1) $y = \langle \mathbb{N}_h, T, s, m, f, U \rangle$ und
$z = \langle \mathbb{N}_h, T, s, L \rangle$;
(2) für alle $x_1, \ldots, x_h, v_1, \ldots, v_h \in \mathbb{R}^3$:

(*) $L(x_1, \ldots, x_h, v_1, \ldots, v_h) = \sum_{i \leq h} 1/2 \, m(i) v_i^2 - U(x_1, \ldots, x_h)$.

(Dabei ist y ein potentielles Modell von KKPM und z ein potentielles Modell von LAG; die x_i sind natürlich die Ortsvektoren und die v_j die Geschwindigkeitsvektoren.)

Dieses durch (*) repräsentierte Band ist *nicht interpretierend*; denn zwischen KKPM und LAG besteht in keiner Richtung ein Voraussetzungsverhältnis. Dagegen ist dieses Band (in der üblichen Weise von links nach rechts gelesen) *eindeutig bestimmend*, wie man aus der Gleichung (*) ablesen kann. Danach gilt nämlich:

$\wedge y, z, z' (\langle y, z \rangle \in \lambda \wedge \langle y, z' \rangle \in \lambda \to L_z = L_{z'})$.

Schließlich noch ein Beispiel für (IV), also für ein Band, das weder interpretierend noch determinierend ist! Wir können dabei an die Darstellung von SNEED in [Mathematical Physics], S. 207–209, insbesondere (D46)(4), anknüpfen. (Allerdings ist dabei zu beachten, daß SNEED an jener Stelle noch nicht intertheoretische Relationen studierte, sondern das folgende Beispiel im Kontext von Untersuchungen zur Äquivalenz von physikalischen Theorien anführte.) Es wird hier ein Band zwischen Partikelmechanik PM und verallgemeinerter Mechanik GM (für „generalized mechanics") definiert. Wir erinnern daran, daß PM identisch ist mit der Menge M_p der potentiellen Modelle von KPM. Analog ist GM die Menge M_p der potentiellen Modelle für die Lagrange-Mechanik. Statt die präzise formale Definition, die SNEED a.a.O. auf S. 207 in (D44) gibt, zu wiederholen, begnügen wir uns mit einer inhaltlichen Charakterisierung der einzelnen Glieder von $z \in GM$. Ein solches z hat die Gestalt:

$z = \langle P, T, s, X, h, q, Q, K \rangle$.

Dabei bildet das Tripel der ersten drei Glieder $\langle P, T, s \rangle$ eine Partikelkinematik im üblichen Sinn. $h \in \mathbb{N}$ ist die Anzahl der sog. verallgemeinerten Koordinaten, die im vorliegenden Fall betrachtet werden. $\mathbb{N}_h$ sei wieder die Menge $\{1, \ldots, h\}$ der natürlichen Zahlen von 1 bis h. (Sie wird bei SNEED a.a.O. „I_h" genannt.) Analog zu der Art und Weise, wie man in KPM die Kräfte zu einer einzigen Kraftfunktion f zusammenfaßt, werden hier die verallgemeinerten Koordinaten zu einer einzigen Funktion $q: \mathbb{N}_h \times T \to \mathbb{R}$ zusammengefaßt. Für jedes $i \in \{1, \ldots, h\}$ ist daher $q(i, \cdot): T \to \mathbb{R}$ eine verallgemeinerte Koordinate im üblichen Sinn. X ist eine Funktion, welche die Aufgabe erfüllt, die verallgemeinerten Koordinaten in kartesische zu transformieren: Wenn zu einem Zeitpunkt $t \in T$ die h verallgemeinerten Koordinaten die Werte $q(1, t), \ldots, q(h, t)$ annehmen, so ordnet X diesen Werten in Abhängigkeit von $p \in P$ und $t \in T$ den Ortsvektor $s(p, t)$ von p zu t im $\mathbb{R}^3$ zu, also:

$X(p, q(1, t), \ldots, q(h, t), t) = s(p, t)$.

Die Funktion $Q: \mathbb{N}_h \times \mathbb{R}^h \times T \to \mathbb{R}$ ist die verallgemeinerte Kraftfunktion. Mit jedem $i \in \mathbb{N}_h$ ist eine Dimension im Phasenraum des Systems assoziiert; die h q-Werte $q(1, t), \ldots, q(h, t)$ geben zusammen den Punkt an, in dem sich das System im Phasenraum befindet. Q liefert für ein $(h+2)$-Tupel $\langle i, q(1, t), \ldots, q(h, t), t \rangle$ die in die i-te Dimension des Phasenraumes gerichtete Kraft, sofern sich das System zu t in dem durch die $h\,q$-Werte beschriebenen Punkt im Phasenraum befindet. Die Funktion $K: \mathbb{R}^{2h} \times T \to \mathbb{R}$ schließlich liefert die kinetische Gesamtenergie des Systems, nämlich für Argumente der Gestalt: $\langle q(1, t), \ldots, q(h, t), D_t q(1, t), \ldots, D_t q(h, t), t \rangle$.

Das im gegenwärtigen Zusammenhang interessierende Band läßt sich dann folgendermaßen beschreiben:

(i) $\lambda \subseteq PM \times GM$
(ii) $\langle y, z \rangle \in \lambda$ gdw gilt:
   (1) $y = \langle P, T, s, m, f \rangle$ und $z = \langle P, T, s, X, h, q, Q, K \rangle$;
   (2) für alle $\mathfrak{x} = \langle x_1, \ldots, x_h \rangle$, $\mathfrak{y} = \langle y_1, \ldots, y_h \rangle \in \mathbb{R}^h$ und $t \in T$:

(**) $K(\mathfrak{x}, \mathfrak{y}, t) = \sum_{p \in P} \frac{m(p)}{2} \sum_{j \leq h} [D_j X(p, \mathfrak{x}, t) \cdot y_j + D_{h+1} X(p, \mathfrak{x}, t)]^2$.

Dabei sind die eben gegebenen Erläuterungen zu beachten. Insbesondere sind in den interessierenden Anwendungen von (**) die x-Werte $x_i = q(i, t)$ und die y-Werte $y_j = D_t q(j, t)$. (Sofern der mit diesem Formalismus wenig vertraute Leser die Formel für das Quadrat der Geschwindigkeit, d.h. den Ausdruck innerhalb der rechten eckigen Klammer, prima facie seltsam findet, möge er zur Verdeutlichung die ersten drei Zeilen von S. 210 in SNEED, [Mathematical Physics], heranziehen.)

Das durch die Gleichung (**) definierte *Band* stellt einen *Zusammenhang* her *zwischen Massen und Geschwindigkeiten im klassischen System* einerseits und *der kinetischen Gesamtenergie im Lagrange-System* andererseits. λ ist *nicht interpretierend*; denn keine der beiden Theorien setzt die andere voraus: die beiden Theorien stehen in einem Äquivalenzverhältnis, nicht jedoch in einem Voraussetzungsverhältnis. Außerdem ist λ *nicht determinierend*; denn es gilt

nicht $\wedge y, z, z' (\langle y, z \rangle \in \lambda \wedge \langle y, z' \rangle \in \lambda \to K_z = K_{z'})$,

d.h. der Wert der Funktion K ist durch das Band λ sowie die Komponenten der Partikelmechanik y nicht eindeutig bestimmt.

9.8 Philosophische Ausblicke

Das Studium intertheoretischer Relationen mittels des Begriffs des äußeren Bandes bildet ein besonders zukunftsträchtiges und erfolgversprechendes Unternehmen im Rahmen des strukturalistischen Ansatzes. Zum Teil ist dies begründet in dem großen Nachholbedarf auf diesem enorm wichtigen Gebiet der modernen Wissenschaftstheorie. Die Existenz eines solchen Nachholbedarfes ist weniger das Ergebnis bewußter Vernachlässigung als ein Niederschlag dessen, daß die bisherige Wissenschaftstheorie hier ganz besonders drastisch an die Grenze ihrer Methoden gestoßen ist. Über fragmentarische und mehr oder weniger vage Betrachtungen zu ‚Brückenprinzipien' ('bridge principles') und ‚Entsprechungsregeln' ('correspondence rules') ist man kaum hinausgelangt.

Die eben gemachten Andeutungen über die herkömmlichen Methoden können vielleicht im folgenden Sinn radikalisiert werden: Nicht nur die formalsprachlichen Methoden versagen hier, sondern selbst die Suppes-Methode der Axiomatisierung durch mengentheoretische Prädikate stößt dabei an eine Grenze. Denn auch dieses Vorgehen ist auf die möglichst präzise Charakterisierung einzelner Theorie-Elemente und Theorien zugeschnitten, nicht jedoch auf die Charakterisierung *theorienübergreifender Zusammenhänge*. Es ist daher zweckmäßig, daß man beim Studium von Bändern rein modelltheoretisch vorgeht und Beziehungen zwischen potentiellen Modellen als Ausgangspunkt der Betrachtungen wählt.

Ein Typ von Leistung des Begriffs des Bandes ist bereits vor Augen geführt worden, vor allem in 9.3 und 9.4: die explizite Definierbarkeit von Querverbindungen (Constraints) sowie die Formulierung des Theoretizitätskriteriums und damit die Charakterisierung des Unterschiedes zwischen den M_p's und M_{pp}'s mit Hilfe von Bändern. Der in 9.7 skizzierte Überblick deutet an, wie die Zurückführung auf einige wenige Grundbegriffe noch weiter vorangetrieben werden könnte: Angenommen, es wäre uns geglückt, ein hinreichend großes Geflecht empirischer Theorien – im idealen Grenzfall: alle erfahrungswissenschaftlichen Theorien –, zusammen mit sämtlichen zwischen ihnen bestehenden intertheoretischen Verknüpfungen, zu rekonstruieren. Dann könnte man sogar *die indentierten Anwendungen* einer Theorie definitorisch einführen, nämlich *als die Bilder aller zu ihr führenden interpretierenden Bänder*. Die pragmatische Komponente, die gegenwärtig noch im Begriff der intendierten Anwendung enthalten ist, würde damit allerdings nicht etwa eliminiert, sondern nur ‚verschoben': Es ist die Senkrechte im Bildschema von 9.7, über deren Ort aufgrund von pragmatischen Kriterien entschieden werden müßte. Was als interpretierendes Band und was als nicht interpretierendes Band anzusehen ist, müßte man in jedem konkreten Einzelfall aus der *Wissenschaftspraxis* ablesen. Als Grundbegriffe würden jedenfalls nur mehr erstens die Mengen der Modelle und zweitens die Bänder auftreten.

Hier tut sich eine weitere Zukunftsperspektive auf, nämlich die Vision von der Verwirklichung eines Programms, das CARNAP und wohl auch anderen Empiristen vorschwebte: *die systematische Rekonstruktion der empirischen Wissenschaften und ihrer Zusammenhänge*. Wenn dieses Ziel auch mit völlig anderen Methoden erreicht würde als denjenigen, die CARNAP und seine Schüler benützten, so wäre damit doch eine überraschende Kontinuität zwischen den Plänen des Wiener Kreises und der strukturalistischen Wissenschaftstheorie hergestellt. Vorläufig allerdings muß, um keine falschen Erwartungen zu erzeugen, zu derartigen sich eröffnenden Perspektiven die nüchterne Feststellung hinzugefügt werden, daß vieles, ja das meiste von dem, was da hoffnungsvoll gedanklich antizipiert wird, ‚nicht mehr ist als Zukunftsmusik'.

Die hier auftretende eigentliche Gefahr besteht nicht so sehr darin, sich in ein spekulativ entworfenes Zukunftsbild zu verlieben und allmählich dieses Bild mit dem schon tatsächlich Erreichten zu verwechseln, als vielmehr in der potentiellen Neigung zur Engstirnigkeit, nämlich sich innerhalb dieser allgemein gehaltenen Gesamtvision bereits *auf ein ganz bestimmtes Bild ‚von den Zusammenhängen der Wissenschaften'* – oder in unserer mehr technischen Sprechweise: ‚*von globalen Netzstrukturen' – festzulegen*. Dies ist noch genauer zu erläutern.

Dazu nehmen wir eine zweifache begriffliche Differenzierung vor. Erstens muß hier scharf unterschieden werden zwischen *statischer* oder *synchronischer* und *dynamischer* oder *diachronischer* Betrachtungsweise. Wie immer, muß der systematisch arbeitende Wissenschaftsphilosoph der ersten zunächst den Vorzug geben. Wenn er z.B. die Frage zu beantworten versucht, ‚ob die Wissenschaften hierarchisch aufgebaut sind', so muß er sich auf den Wissenschaftszustand zu einer ganz bestimmten historischen Zeit beziehen. Denn was sich für eine Zeit als hierarchischer Aufbau präsentiert, kann für einen späteren, ‚fortgeschritteneren' Zeitpunkt ein vollkommen anderes Bild liefern. Leider werden diese beiden Betrachtungsweisen häufig nicht auseinandergehalten. Ein äußeres Symptom dafür bildet die Neigung, zu pauschalen, über die Zeiten hinweg geltenden Feststellungen ‚über die Beziehungen der Wissenschaften untereinander' zu gelangen.

Selbst bei Beschränkung auf die statische Betrachtungsweise ergeben sich insgesamt drei Möglichkeiten, für die wir hier zunächst einprägsame Schlagworte einführen und die wir dann etwas genauer charakterisieren wollen: *Fundamentalismus, Anti-Fundamentalismus* und *Kohärentismus*. Man könnte, wie wir sehen werden, diese Namen als technische Bezeichnungen von drei verschiedenen *Typen globaler Netzstrukturen* auffassen.

Um ein mögliches Mißverständnis von vornherein auszuschließen, weisen wir bereits jetzt darauf hin, daß diese drei Möglichkeiten *nicht als einander ausschließende Alternativen* aufzufassen sind, von denen nur eine richtig sein kann. Vielmehr können sie prinzipiell ‚*ineinander verschachtelt*' auftreten und zwar, um dies nochmals zu betonen, selbst dann, wenn wir eine rein statische Analyse vornehmen und uns auf ein und denselben Zeitpunkt beziehen.

Der *Fundamentalismus* orientiert sich am Bild vom hierarchischen Aufbau der Wissenschaften. Für viele Philosophen scheint dies das einzig zutreffende Bild vom ‚System der Wissenschaften' zu sein. Danach müßten globale Netzstrukturen *immer* so beschaffen sein, daß man bei grafischer Veranschaulichung entweder zu einer Pyramide gelangt oder zu einem ‚Gebirge mit mehreren Gipfeln': Die weiter oben liegenden Theorie-Elemente sind danach mit endlich vielen darunter liegenden Theorie-Elementen verbunden, für die evtl. dasselbe gilt, bis man nach endlich vielen Schritten *zwangsläufig* auf eine unterste Ebene stößt, die – zumindest zum fraglichen Zeitpunkt – nicht ihrerseits wiederum den Gegenstand von erfahrungswissenschaftlichen Untersuchungen darstellt. Auf der untersten Stufe würde danach Wissenschaftstheorie vermutlich in eine Form von ‚*Analyse der Lebenswelt*' übergehen.

Nun gibt es in der Wissenschaft ohne Zweifel zumindest Teilhierarchien, wie die Beispiele von Voraussetzungsrelationen bei *Thermodynamik* und *Mechanik* oder *KPM* und *PK* zeigen. Es mag auch historische Zeiten gegeben haben, in denen man für eine präzise Rekonstruktion der globalen Netzstrukturen auf das fundamentalistische Bild zurückgegriffen hätte, während dies heute nicht mehr gilt. In der vorrelativistischen Zeit wäre man für die klassische Partikelmechanik *KPM* etwa zu folgender Hierarchie gelangt: Die Theorie *KPM* setzt *PK* voraus, diese wieder die *euklidische physikalische Geometrie* sowie die *physikalische Zeitlehre*, die ihrerseits wiederum auf einer *Topologie* beruht, welche schließlich in die *Mereologie* einmündet, nämlich in eine Theorie der (makroskopischen) Objekte unserer Umwelt auf der Grundlage der Teil-Ganzes-Beziehung.

Für den *Anti-Fundamentalismus* gilt zwar auch die Vorstellung vom hierarchischen Wissenschaftsaufbau. Doch lehnt er den Gedanken an eine unterste Basis ab. Auf diese Möglichkeit sind wir bereits im Anschluß an D9-15 zu sprechen gekommen (und nannten den Anti-Fundamentalismus dort eine besonders starke Version des Holismus).

Daß für die Gegenüberstellung von Fundamentalismus und Anti-Fundamentalismus die Unterscheidung zwischen synchronischer oder statischer und diachronischer oder dynamischer Betrachtungsweise wesentlich ist, sei am folgenden Beispiel erläutert[4]. Man kann die Auffassung vertreten, daß sowohl die Popper-Schule als auch die Erlanger Schule den Standpunkt des Fundamentalismus vertreten. Ein möglicher Protest dagegen würde vermutlich in die folgende Richtung gehen: Während LORENZEN und seine Schüler an so etwas wie ein letztes und festes Fundament der Wissenschaften glauben, ist für POPPER jede sog. ‚erfahrungswissenschaftliche Basis' etwas Provisorisches und kann bei Bedarf jederzeit zum Gegenstand des Problematisierens gemacht werden.[5] Darauf wäre zu erwidern: Dieser Gegensatz ist von unserem Standpunkt aus insofern nur ein scheinbarer, als er *bei statischer Betrachtungsweise* überhaupt nicht zur Geltung kommt. Wenn man die unterschiedlichen Einstellungen in bezug auf die dynamische Situation für so wichtig hält, daß man sie in die Bezeichnungsweise mit aufnehmen möchte, so müßte dies durch qualifizierende Zusätze geschehen. Man könnte dann z. B. im ersten Fall (Popper-Schule) von einem Fundamentalismus sprechen, der ‚potentiell nach unten geöffnet' sei, während im zweiten Fall (Erlanger Schule) ein Fundamentalismus vorliege, der ‚in seiner Tendenz nach unten geschlossen' ist.

Im Augenblick geht es darum, den Unterschied zwischen einem potentiell nach unten geöffneten Fundamentalismus und dem Anti-Fundamentalismus deutlich zu erkennen. Während der erstere nur prinzipiell bereit ist, die gegenwärtig akzeptierte Basis der empirischen Wissenschaften zu einem künftigen Zeitpunkt in Frage zu stellen, sofern ein begründetes Bedürfnis dafür entsteht, vertritt der Anti-Fundamentalist die Auffassung, daß die im Anschluß an D9-15 angeführte unbegrenzt oftmalige Iteration der Voraussetzungsbe-

---

4 Dieses Beispiel dient ausschließlich der Illustration des gegenwärtigen Punktes und beansprucht nicht, den erwähnten Schulen gerecht zu werden. Auch wurde das Beispiel ohne jede polemische Nebenabsicht gewählt.
5 Vgl. dazu aber auch die Bemerkung zu HUCKLENBROICH über eine Äußerung von POPPER in 1.8.

ziehung *bereits heute de facto gilt*. Für ihn gibt es, so könnte man sagen, *überhaupt keine Basis* der Erfahrungswissenschaften, weder eine endgültige noch eine provisorische.

Nach dem *Kohärentismus* gibt es keinen hierarchischen Aufbau der Wissenschaften: Bei der Untersuchung globaler Netzstrukturen stoßen wir auf Schleifen im Sinn von D9-20; d.h. in der Verfolgung theoretischer Voraussetzungsrelationen gelangen wir zu demjenigen Theorie-Element, bei dem die Betrachtung ihren Ausgang nahm, wieder zurück.

Diese Positionen sind miteinander verträglich und zwar sogar in einem doppelten Sinn. Erstens kann in einem bestimmten Wissenschaftsgebiet der eine und in einem anderen der andere Typ von Netzstruktur vorherrschen. Zweitens besteht sogar die Einbettungsmöglichkeit: Es könnte sich ergeben, daß wir zwar immer wieder auf kleinere Hierarchien stoßen, daß diese jedoch selbst stets Bestandteil größerer Schleifen sind. Es wäre vielleicht zweckmäßig, den Ausdruck „*radikaler Holismus*" für diesen letzten Fall zu reservieren.

Als Illustration könnte möglicherweise das frühere, mit *KPM* beginnende Beispiel dienen, sofern es vom heutigen Wissensstand aus betrachtet wird: In der Kette der Voraussetzungsrelationen würden wir, allerdings nur bei Zugrundelegung einer bestimmten epistemologischen Auffassung, von *KPM* (wie dort) nach einigen Zwischenschritten zur *physikalischen Geometrie* gelangen; diese führt zurück auf die *allgemeine Relativitätstheorie AR*, die ihrerseits die *klassische Mechanik* voraussetzt. Nach einer anderen Auffassung würde diese letzte Behauptung nicht gelten und nur eine Reduzierbarkeit von *KPM* auf *AR* vorliegen; in diesem Fall hätten wir es nicht mit einer expliziten Schleife zu tun. Die erste Deutung kann zugleich als Illustration dafür dienen, wie sich das Bild im Verlauf der Zeit ändern kann; im vorliegenden Fall: Ein zu einem früheren Zeitpunkt vermuteter fundamentalistischer Aufbau wird später verdrängt durch einige sich zu einer globalen Schleife verkettende Teilhierarchien.

Wir wollen versuchen, die Quintessenz dieser Überlegungen in ein paar Thesen festzuhalten:

(1) Der Fundamentalismus *als Dogma* ist abzulehnen. Insbesondere ist der fundamentalistische Vorwurf, daß der Kohärentismus logisch zirkulär sei, unbegründbar. Es mag der Fall sein, daß die vom Fundamentalisten gewöhnlich vertretene Korrespondenzauffassung von der Wahrheit mit dem Gedanken unvereinbar ist, die globalen intertheoretischen Netzstrukturen hätten den Charakter von Schleifen. Wenn dem wirklich so ist, sollte man dann daraus nicht vielleicht umgekehrt die Folgerung ziehen, daß die Korrespondenzidee der Wahrheit preiszugeben sei?

(2) POPPER und andere haben betont, daß es für ein adäquates Verständnis der modernen Naturwissenschaften unerläßlich sei, das aristotelische Wissenschaftsideal fallenzulassen, wonach Wissenschaft zu perfektem und definitivem Wissen führen müsse. Jenes Wissenschaftsideal hat aber noch *eine zweite, vielleicht ebenso fragwürdige Komponente*, nämlich die Vorstellung von einem hierarchischen Aufbau der Wissenschaften, in welchem sich eine 'Hierarchie des Seienden' erkenntnismäßig widerspiegle.

(3) Der Sneed-Formalismus scheint es erstmals möglich zu machen, auf *empirischem* Wege, genauer gesprochen: durch empirische Untersuchungen im Verein mit logischen Rekonstruktionen, eine Klärung des Verhältnisses der drei genannten Positionen und ihrer partiellen Richtigkeit herbeizuführen. Dies ist vermutlich nur für solche Philosophen bestürzend, die davon überzeugt sind, daß derartige Fragen durch Apriori-Betrachtungen entscheidbar sein müßten.

(4) Nicht nur der Fundamentalismus, auch die beiden anderen Positionen werden zu *Dogmen*, wenn sie verabsolutiert und als die einzigen möglichen Deutungen globaler Strukturen ausgegeben werden. Wie schon öfters in der Geschichte, muß der Philosoph wieder einmal dem Wunsch entsagen, eine Frage spekulativ beantworten zu können, die sich nur durch Detailuntersuchungen erforschen läßt.

(5) Die Möglichkeit, daß die fundamentalistische, die antifundamentalistische und die kohärentistische Auffassung zusammen in komplizierter Verflechtung auftreten, gilt nicht nur für den augenblicklichen Zustand der Wissenschaft und sollte daher nicht notwendig als *ein bloßes Provisorium* betrachtet werden. Auch wenn man bereit ist, mit C. S. PEIRCE oder H. PUTNAM von der Wissenschaft im Idealzustand zu reden, braucht sich die Situation nicht zu ändern. Selbst ‚an der idealen Grenze der wissenschaftlichen Forschung' könnten diese drei Typen von globalen Netzstrukturen in komplizierter Verflechtung auftreten. Nicht auszuschließen ist allerdings die Möglichkeit, daß nur der Kohärentismus übrig bleibt.

9.9 Philosophisch-historische Anmerkung

Da Bezeichnungen, wie „Fundamentalismus" und „Kohärenzauffassung", in der philosophischen Literatur häufig anders als hier verwendet werden, seien dazu einige klärende Bemerkungen angefügt, wobei wir uns aber meist mit stichwortartigen Hinweisen begnügen müssen. Der Hauptzweck dieser Andeutungen ist es, klarzustellen, daß man stärker differenzieren muß als es üblicherweise geschieht.

Einen guten Ausgangspunkt zur Gewinnung dieser Einsicht bildet die Auseinandersetzung zwischen SCHLICK und NEURATH, über die HEMPEL in [SCHLICK und NEURATH] anschaulich und doch sehr kritisch berichtet. Den Anlaß für die Diskussion bildete das Problem der Geltungsgründe oder Geltungsbedingungen empirischer Aussagen und zwar genauer die Frage, ob die direkt aufgestellten Beobachtungssätze, d.h. die Protokollierungen von direkt beobachteten Vorgängen, ein unerschütterliches Fundament der Erkenntnis bilden. NEURATH leugnete dies, während SCHLICK glaubte, in den sog. *Konstatierungen*, d.h. den in der Gegenwart liegenden eigenen Wahrnehmungstatbeständen, derartige Aussagen entdeckt zu haben. Unter *Fundamentalismus* könnte man bei dieser Betrachtungsweise eine Auffassung von der Art der Schlickschen Überzeugung verstehen: Es wäre der Glaube an eine absolut sichere Erfahrungsbasis.

Später hat sich die Neurathsche Auffassung allgemein durchgesetzt. Denn einmal enthalten selbst elementarste Beobachtungsaussagen hypothetische Bestandteile, in bezug auf die eine Revision möglich ist; und zum anderen haftet ihnen auch ein konventioneller Zug an, da die zu akzeptierenden Beobachtungsaussagen aufgrund von intersubjektiven Entschlüssen ausgewählt werden. Der Schlicksche Begriff der Konstatierung erwies sich überdies als zweideutig. Bisweilen verstand SCHLICK darunter tatsächlich ‚aufschreibbare' Aussagen, bisweilen jedoch vorsprachliche Erlebnisse, die eine wichtige kausale Rolle bei dem Prozeß spielen, die den Beobachter zur Aufnahme eines Protokollsatzes in die von ihm akzeptierten experimentellen Befunde veranlassen. Mit anderen Worten: SCHLICK hielt den epistemologischen und den kausalen Aspekt nicht scharf auseinander.

Die Diskussion zwischen diesen beiden Denkern wendete sich bald sehr viel allgemeineren Fragen zu. SCHLICK hob hervor, daß er und NEURATH von verschiedenen Wahrheitskonzeptionen ausgingen. Seine eigene Auffassung sei die der *Korrespondenztheorie der Wahrheit*, während NEURATH eine *Kohärenztheorie der Wahrheit* vertrete. Nach der ersten Theorie besteht, schematisch gesprochen, die Wahrheit eines Satzes in der Übereinstimmung mit den Tatsachen, während sie nach der Kohärenztheorie in der Übereinstimmung mit dem System der akzeptierten Sätze besteht. Ausdrücklich vertreten wurde eine Kohärenzauffassung erstmals in der englischen idealistischen Tradition des ausgehenden 19. Jahrhunderts. Die Diskussion um sie ist neuerdings vor allem durch RESCHERS Buch [Coherence Theory] wiederaufgeflammt. Eine zusätzliche Komplikation entsteht hier dadurch, daß RESCHER bezüglich der Bedeutung von „wahr" am Korrespondenzgedanken festhält, den Kohärenzgedanken hingegen nur für die Klärung des Begriffs des Wahrheits*kriteriums* benützt.

Eine dritte Meinungsdifferenz zwischen SCHLICK und NEURATH betraf die Frage, ob man überhaupt einzelne Hypothesen mit empirischem Gehalt versehen und sie überprüfen könne oder ob dies nur für das System der wissenschaftlichen Hypothesen als Ganzes möglich sei. Bezeichnet man mit HEMPEL das erste als atomistische Auffassung von der Erkenntnis und das letzte als holistische Auffassung, so ging aus der damaligen Debatte ganz klar hervor, daß SCHLICK eine *atomistische*, NEURATH hingegen eine *holistische Auffassung* von der empirischen Erkenntnis vertrat.

In dieser berühmt gewordenen Diskussion überlagerten sich somit mindestens *drei* Problembereiche: das Problem der Sicherheit der Erfahrungsbasis, der Gegensatz zwischen der korrespondenztheoretischen und der kohärentistischen Auffassung von der Wahrheit und schließlich die Atomismus–Holismus–Kontroverse. *Keines* dieser Gebiete deckt sich mit unserem hier untersuchten Thema: den intertheoretischen Relationen und der globalen Struktur von Netzen, die durch diese Relationen erzeugt werden. Nur so viel kann man vermutlich sagen: Neuraths Hinweis darauf, daß der Widerspruch zwischen einer Theorie und direkt aufgestellten Protokollsätzen auch dadurch beseitigt werden kann, daß man die Protokollsätze verwirft – ein Gedanke, den R. HALLER in [Vienna Circle], S. 33, als „Neurath-Prinzip" betitelt hat –, bildet ein gewisses Indiz dafür, daß er auch in unserer Frage keinen Fundamentalismus, zumindest keinen Fundamentalismus als Dogma, vertreten hätte.

Vom systematischen Standpunkt aus ist es wesentlich, alle diese Problemgruppen auseinanderzuhalten. Vor allem erscheint es uns als wichtig, zu betonen, daß hier nicht behauptet werden soll, der *Kohärentismus* in unserem Wortsinn habe zwangsläufig eine Kohärenztheorie der Wahrheit im Gefolge, sei es im Definitionssinn, sei es im bloß kriteriologischen Sinn von RESCHER. Denn Untersuchungen zur Natur des Wahrheitsbegriffs haben wir hier nicht angestellt. Sollte jemand zu der Überzeugung gelangen, daß das eine das andere impliziere, so muß er sich auch der folgenden wichtigen Konsequenz dieser Auffassung bewußt sein: Wie wir gesehen haben, hängt die Beantwortung der Frage nach der Natur globaler Netzstrukturen in hohem Maße von künftigen *empirischen* Untersuchungen ab. Wer das erwähnte Implikationsverhältnis bejaht, ist daher gezwungen, auch die Frage nach der Natur der Wahrheit als ein zumindest *partiell empirisches* Problem zu interpretieren. Wer diese Konsequenz als absurd empfindet, muß die obige Implikation leugnen.

Der Vollständigkeit halber sei erwähnt, daß sich den genannten vier Problembereichen ein fünfter hinzugesellt, wie die Diskussionen der letzten Jahre ergeben haben. Es ist dabei etwas verwirrend, daß auch hier wieder z.T. dieselben Wörter auftauchen, die für die Charakterisierung von Positionen in einer der bisher genannten Problemgruppen vorkamen. Als Ausgangspunkt kann man diejenige Auffassung von der Realität oder der Welt wählen, die gewöhnlich mit der Korrespondenzidee der Wahrheit verknüpft ist. H. PUTNAM bezeichnet diese Auffassung als *metaphysischen Realismus*. Danach ist es sinnvoll, von DER WELT, unabhängig von jeder Konzeptualisierung und jeder sie beschreibenden Theorie, zu sprechen. (Der einheitliche Großdruck soll signalisieren, daß diese metaphysische Entität gemeint ist.) Viele Vertreter dieser Auffassung gehen sogar noch einen Schritt weiter und behaupten dasselbe auch von den bloß *möglichen* Welten sowie den zwischen diesen bestehenden ‚Abstandsverhältnissen'. M. DUMMETT und H. PUTNAM betrachten dies als eine unhaltbare Auffassung. Die Schwierigkeiten beginnen nach ihnen bereits mit der Semantik. Die grundlegende Semantik kann keine wahrheitsfunktionelle sein, sondern muß eine solche bilden, die auf dem Beweis- oder Begründungsbegriff beruht. Während DUMMETT seine These vor allem dafür verwendet, um die philosophische Überlegenheit der intuitionistischen Mathematik gegenüber der klassischen darzulegen, überträgt PUTNAM diesen Gedanken auch auf die empirischen Wissenschaften. Die Gegenposition zum metaphysischen Realismus, die PUTNAM vertritt, hat noch keinen allgemein verwendeten Namen bekommen. Man könnte etwa die suggestive Bezeichnung „*Begründungssemantischer Anti-Realismus*" wählen. Leider wird diese Position gelegentlich auch „Kohärentismus" genannt, da nach dieser Auffassung für die Annahme einer Hypothese als wahr die äußere und innere Kohärenz maßgebend sind (Einklang mit der Erfahrung, Einfachheit, Eleganz etc.). Den Unterschied zwischen den beiden gegensätzlichen Auffassungen kann man sich so verdeutlichen: Vom Standpunkt des metaphysischen Realisten aus müssen der semantische Begriff der Wahrheit und der epistemische Begriff des Wissens scharf auseinanderzuhalten werden. Selbst 'an der idealen Grenze der wissenschaftlichen Forschung' könnte beides auseinanderklaffen: Eine Theorie könnte alle epistemischen Optimalitätsmerkmale besitzen und dennoch falsch sein. Für den Begründungssemantiker ist dies ein unvollziehbarer Gedanke. Wenn oben der metaphysische Realismus als eine nach PUTNAM unhaltbare Auffassung bezeichnet worden ist, so beruht diese Unhaltbarkeit nicht auf logischer Widerlegbarkeit, sondern auf *Undenkbarkeit*. Alle Spielarten des metaphysischen Realismus – insbesondere auch diejenigen, welche versuchen, sich auf den Tarskischen Wahrheitsbegriff zu stützen – ‚zerbrechen an Unverständlichkeit'. (Für den Versuch einer verständlichen Schilderung der Position von PUTNAM vgl. STEGMÜLLER, [Gegenwartsphilosophie II], Kap. III, Abschn. 3, insbes. S. 414ff. In der Zwischenzeit hat PUTNAM seine Position ausführlicher dargelegt in dem Buch [Vernunft].)

Der Gegensatz, welcher hier ausgefochten wird, bewegt sich auf einer allgemeineren und abstrakteren Ebene als unsere Hauptthemen. Das strukturalistische Vorgehen ist daher an sich neutral in bezug auf diese Kontroverse. Höchstens indirekt können die strukturalistischen Gedanken zum Thema „Fortschrittsverzweigung" dem Anti-Realismus eine Stütze geben.

Um einen möglichst vollständigen Überblick über die vorzunehmenden Differenzierungen zu gewinnen, kehren wir nochmals zum Thema „Holismus" zurück. Während wir die beiden Verschärfungen (III) und (IV) von II/2, S. 272 und 277, unverändert übernehmen können, ist es zweckmäßig, die grundlegenden holistischen Thesen in *drei* (statt wie früher in zwei) Kernsätzen zusammenzufassen.

Der *erste*, die Theorie als solche betreffende *Kernsatz* kann von früher übernommen werden (Satz (I) von II/2, S. 271). Der *zweite Kernsatz* soll den holistischen Charakter der empirischen Behauptung hervorheben. Er würde je nach Situation besagen, daß die einem Theorie-Element bzw. einem Theorienkomplex zugeordnete empirische Behauptung eine einzige unzerlegbare Aussage, nämlich ein Ramsey-Sneed-Satz, ist. Hier wäre allerdings die in Kap. 7 erwähnte *Qualifikation* mit anzubringen: Sofern die Gesamtheit der intendierten Anwendungen in unzusammenhängende Teilbereiche zerfällt, ist nur jedem dieser Bereiche, für sich genommen, eine solche unzerlegbare Behauptung zuzuordnen. Zur Illustration könnte man das folgende astrophysikalische Bild heranziehen: Angenommen, wir hätten uns entschlossen, die klassische Partikelmechanik zur Grundlage der Erklärung der uns bekannten Phänomene im Kosmos zu machen; außerdem sei bereits die Gesamtheit aller Galaxien in die intendierten Anwendungen dieser Theorie mit einbezogen worden. Das Universum sei nun so beschaffen, daß zwischen den Galaxien keinerlei physikalische Wechselwirkungen festzustellen sind. Dann hätten wir zwar im Sinn des Kernsatzes (I) *eine einzige Theorie* für das gesamte Universum, jedoch – im Idealfall – *mehrere Milliarden empirische Behauptungen* von der Art des Ramsey-Sneed-Satzes, nämlich je eine für jede Galaxie; der Holismus der empirischen Behauptungen wäre sozusagen ‚galaxienrelativ'. In einem *dritten Kernsatz* kann man das Hauptresultat von Kap. 7 zusammenfassen, welches die möglichen

Revisionsalternativen im Fall eines Konfliktes zwischen empirischer Behauptung und Meßdaten zusammenfaßt. Er besagt: *Selbst bei scheinbar eindeutiger Lokalisation des Konfliktes gibt es stets mehrere Revisionsalternativen. Zwischen diesen Alternativen besteht für physikalische Theorien bei Berücksichtigung aller Umstände – insbesondere auch der mit einer Theorie verknüpften Invarianzen – eine scharfe Präferenzordnung.*

Unter Hinzunahme der beiden oben nochmals erwähnten Verschärfungen erhalten wir insgesamt fünf holistische Thesen, von denen allerdings viele Holisten die beiden Verschärfungen nicht annehmen würden. Der *radikale Holismus* im früher erwähnten Sinn bestünde in der Hinzunahme der kohärentistischen Auffassung im Sinne des gegenwärtigen Abschnittes 9.8 zu diesen Thesen. Ob eine solche Radikalisierung jemals begründbar sein wird, ist eine heute noch offene Frage. Die drei anderen Problembereiche, die wir durch Hinweise auf die Schlick-Neurath-Debatte und durch Putnams Kritik am metaphysischen Realismus andeuteten, wären von all dem methodisch zu trennen. Künftige Detailuntersuchungen könnten natürlich auch hier mehr oder weniger komplizierte Verzahnungen aufdecken.

Literatur

BALZER, W. und C. U. MOULINES [Grundstruktur], „Die Grundstruktur der klassischen Partikelmechanik und ihre Spezialisierungen", Z. Naturforsch., Bd. 36a (1981), S. 600–608.

BALZER, W., C. U. MOULINES und J. D. SNEED, *Basic Structure in Scientific Theories*, Kap. V: *Linked Theory Elements*, Manuskript 1982.

BALZER, W., C. U. MOULINES und J. D. SNEED, „Formale Betrachtungen über Theorie-Strukturen", Manuskript 1982.

HALLER, R. [Vienna Circle], "New Light on the Vienna Circle", *The Monist*, Bd. 65 (1982), S. 25–35.

HEMPEL, C. G. [SCHLICK und NEURATH], „SCHLICK und NEURATH: Fundierung versus Kohärenz in der wissenschaftlichen Erkenntnis", *Grazer Philosophische Studien*, Bd. 16/17 (1982), S. 1–8.

NEURATH, O. „Radikaler Physikalismus und ‚Wirkliche Welt'", *Erkenntnis*, Bd. 4 (1934), S. 346–362.

PUTNAM, H. [Vernunft], *Vernunft Wahrheit und Geschichte*, deutsche Übersetzung von *Reason, Truth and History* durch J. SCHULTE, Frankfurt a. M. 1982.

RESCHER, N. [Coherence Theory], *The Coherence Theory of Truth*, Oxford 1973.

SCHLICK, M. „Über das Fundament der Erkenntnis", *Erkenntnis*, Bd. 4 (1934), S. 79–99, abgedruckt in: M. SCHLICK, *Gesammelte Aufsätze*, Hildesheim 1969.

STEGMÜLLER, W. [Gegenwartsphilosophie II], *Hauptströmungen der Gegenwartsphilosophie*, Bd. II, 6. Aufl. Stuttgart 1979.

Kapitel 10
Inkommensurabilität, Reduktion und Übersetzung

10.1 Das Argument von D. Pearce

T. S. KUHN hat, woran hier nochmals erinnert sei, in [Revolutions] die Auffassung vertreten, daß Theorien, die durch eine wissenschaftliche Revolution getrennt sind, miteinander inkommensurabel seien. Daraus haben Kommentatoren und Kritiker den Schluß gezogen, KUHN zeichne ein Bild der wissenschaftlichen Entwicklung als eines *irrationalen* Prozesses. Denn bei Vorliegen von Inkommensurabilität gebe es *keinerlei Vergleichsmöglichkeiten*. Man könne daher auch keine Behauptung von der Art begründen, daß die neue Theorie, welche die alte im revolutionären Prozeß verdrängte, besser sei als die alte. Statt von einem wissenschaftlichen Fortschritt dürfe man in einem solchen Fall höchstens von *Theorienwandel* sprechen.

KUHN selbst hat diesen Übergang von der Inkommensurabilität zur Unvergleichbarkeit niemals vollzogen. Um zu zeigen, daß die Kuhnsche Inkommensurabilitätsthese verträglich ist mit dem Gedanken einer fortschrittlichen revolutionären Theorienverdrängung, hat der gegenwärtige Autor bereits in der ersten Auflage von II/2 versucht, die Relation der Reduktion zwischen Theorien als einen möglichen Kandidaten für ein Kriterium des ‚Besserseins' der neuen gegenüber der alten Theorie vorzustellen. Dieser Gedanke wurde später nochmals aufgenommen und zusätzlich erläutert. (Vgl. [Neue Wege] und [View].) Sollte sich dieser Weg als gangbar erweisen, so wäre damit ein Ausweg aus dem ‚Inkommensurabilitätsdilemma' aufgezeigt worden. Zugleich wäre dies ein Beitrag dazu, das übliche Verständnis des Kuhnschen Bildes von den wissenschaftlichen Revolutionen zu ‚entirrationalisieren'.

In der Abhandlung [Stegmüller on Kuhn] hat D. PEARCE zu zeigen versucht, daß dieser Weg nicht gangbar ist. In der folgenden Diskussion werden wir folgendermaßen vorgehen. Zunächst soll die strittige These – unter Weglassung von allem Beiwerk, das gegenwärtig ohne Relevanz ist – formuliert werden. Danach geben wir zunächst eine ungefähre Skizze und sodann eine detaillierte Rekonstruktion des Argumentes von PEARCE gegen diese These. In 10.2 folgt eine kritische Stellungnahme. Sowohl für die Rekonstruktion als auch für die Kritik machen wir starken Gebrauch von W. BALZER, [Incommensurability].

PEARCE nimmt Bezug auf STEGMÜLLER, [Some Reflections], und zwar auf den folgenden Gedankengang von S. 198: Eine ‚echte wissenschaftliche Revolution' im Sinne von KUHN, bei der eine Theorie T_1 durch eine Theorie T_2 verdrängt wird, manifestiert trotz Inkommensurabilität von T_1 und T_2 einen wissenschaftlichen Fortschritt, wenn zwar T_1 reduzierbar ist auf T_2, nicht jedoch umgekehrt T_2 auf T_1.

Daß es sich dabei um einen ‚revolutionären Verdrängungsprozeß' handelt, ist für das Folgende unwesentlich, ebenso, daß die Reduktion nur in der einen Richtung verläuft. Denn die Frage, um die es allein geht, ist *das Problem der Verträglichkeit der Inkommensurabilität zweier Theorien mit der Reduzierbarkeit der einen auf die andere.* Wir können daher die These so formulieren:

(SR) Es kann der Fall sein, daß zwei Theorien T_1 und T_2 inkommensurabel sind und daß dennoch T_1 auf T_2 reduzierbar ist.

Der Ausdruck „reduzierbar" ist dabei natürlich im strukturalistischen Sinn, also im Sinn der Explikationen von Kap. 4, zu verstehen.

Der Grundgedanke des Einwandes gegen (SR) ist folgender: Wenn auch das übliche strukturalistische Vorgehen dadurch charakterisiert ist, daß auf die Benützung formaler Sprachen verzichtet wird, so dürfen wir doch davon ausgehen, daß im Prinzip geeignete Sprachen eingeführt werden *könnten*. Dadurch würden dann die Modelle und potentiellen Modelle im strukturalistischen Wortsinn spezielle semantische Strukturen für diese Sprachen bilden. Unter Verwendung bestimmter plausibler Annahmen kann man dann bei Vorliegen einer Reduzierbarkeit der Theorie T_1 auf die Theorie T_2 beweisen, daß zwischen den diese beiden Theorien ausdrückenden Sprachen eine Übersetzung existiert. Wenn aber, so verläuft die Überlegung von PEARCE, zwischen den beiden Sprachen, in denen T_1 und T_2 formuliert sind, eine Übersetzungsrelation besteht, so können T_1 und T_2 nicht inkommensurabel sein. Also ist die Behauptung (SR) falsch. Daraus läßt sich weiter folgern, daß der strukturalistische Reduktionsbegriff zu eng ist, um auf ein Paar inkommensurabler Theorien angewendet zu werden.

PEARCE benützt keinen formal präzisierten Begriff der Inkommensurabilität. Dies erscheint auch nicht als notwendig, da es nur auf den Konflikt zwischen Inkommensurabilität und Übersetzung ankommt. In der späteren Analyse werden wir uns vor allem auf den Begriff der Übersetzung konzentrieren. Dabei soll gezeigt werden, daß KUHN sowie FEYERABEND, der hier ebenfalls genannt werden kann, nur an spezielle Arten von ‚bedeutungserhaltenden' Übersetzungen gedacht haben, wenn sie mit der von ihnen behaupteten Inkommensurabilität die Existenz einer Übersetzung ausschlossen; daß dagegen der Begriff der Übersetzung in dem allgemeinen, von PEARCE benützten logischen Sinn auch solche Übersetzungen einschließt, die mit Inkommensurabilität verträglich sind. Und nur Übersetzungen in diesem allgemeinen, nicht hingegen die speziellen Übersetzungen im erstgenannten Sinn, sind mit dem strukturalistischen Reduktionsbegriff notwendig verknüpft.

Es soll jetzt das Detailargument geschildert werden. Aus Einfachheitsgründen beschränken wir uns auf Sprachen erster Stufe, die keine Individuenkonstanten und keine Funktionszeichen enthalten. Das feste Alphabet, welches die logischen Zeichen enthält, soll als vorgegeben angesehen werden, so daß jeweils nur die Symbolmenge oder das variierende Alphabet anzugeben ist. (Vgl. STEGMÜLLER und v. VARGA, [Logik], Abschn. 14.1.2.) Für die beiden betrachteten Theorien T_1 und T_2 können daher die zugehörigen Sprachen τ_1 und τ_2 als geordnete n- bzw. m-Tupel von Prädikaten betrachtet werden: $\tau_1 = \langle P_1, \ldots, P_n \rangle$ und $\tau_2 = \langle Q_1, \ldots, Q_m \rangle$. Die Klassen aller zugehörigen semantischen Strukturen mögen $Str(\tau_1)$ bzw. $Str(\tau_2)$ heißen. (Vgl. a.a.O., Abschn. 14.1.3.). Die ontologischen Teilstrukturen $OStr(\tau_1)$ bzw. $OStr(\tau_2)$ für τ_1 bzw. τ_2 mögen $\langle D^1, \bar{P}_1, \ldots, \bar{P}_n \rangle$ und $\langle D^2, \bar{Q}_1, \ldots, \bar{Q}_m \rangle$ heißen; dabei ist $\bar{P}_i$ bzw. $\bar{Q}_j$ das Denotat von P_i bzw. Q_j in der betreffenden semantischen Struktur. (Die ontologischen Teilstrukturen enthalten nur die Grundbereiche und die Denotate der Prädikate, nicht jedoch die Prädikate selbst, sind also sprach- und symbolunabhängig.) Ferner seien $Form(\tau_i)$ und $Satz(\tau_i)$ die Klassen aller Formeln und aller Sätze dieser Sprachen. Die beiden Klassen von potentiellen Modellen M_p^1 und M_p^2 sind bei dieser Darstellung als Mengen von (ontologischen Teil-)Strukturen aufzufassen, d.h. es gilt:

$$M_p^1 \subseteq OStr(\tau_1) \quad M_p^2 \subseteq OStr(\tau_2).$$

Schließlich gilt für die Klassen der Modelle, wie immer, daß $M^1 \subseteq M_p^1$, $M^2 \subseteq M_p^2$. Die beiden Theorien kann man dann formal als Tripel einführen: $T_1 = \langle \tau_1, M_p^1, M^1 \rangle$, $T_1 = \langle \tau_2, M_p^2, M^2 \rangle$.

Als nächstes charakterisieren wir die beiden Begriffe der Reduktion und der Übersetzung so, wie dies bei PEARCE geschieht. Da sein Reduktionsbegriff nur einen Teil dessen erfaßt, was im Strukturalismus „Reduktion" heißt, wäre es eigentlich angemessener, von der in D10-1 eingeführten Funktion nur zu sagen, daß sie die Minimalbedingungen einer Reduktionsfunktion erfüllt. Doch da dies für das Spätere ohne Relevanz ist, verwenden wir einfach das Verbum „reduziert". Unter Theorien verstehen wir stets Theorien im eben erläuterten Wortsinn.

D10-1 $T_1 = \langle \tau_1, M_p^1, M^1 \rangle$ und $T_2 = \langle \tau_2, M_p^2, M^2 \rangle$ seien Theorien. Dann
reduziert F die Theorie T_1 auf T_2 gdw
(1) $F: M_p^2 \to M_p^1$ ist eine partielle und surjektive Funktion;
(2) für alle x: wenn x ein Modell von T_2 ist (d.h. $x \in M^2$) und im Argumentbereich von F liegt, dann ist $F(x)$ ein Modell von T_1, d.h. $F(x) \in M^1$.

Wie man leicht erkennt, entspricht die Funktion F der Umkehrung ϱ^{-1} der Reduktionsrelation ϱ von Kap. 4, die ja tatsächlich eine Funktion ist. Die Funktion F erzeugt eine Entsprechung zwischen den potentiellen Modellen der beiden Theorien; und zwar bildet sie gemäß (1) eine Teilklasse der Klasse aller potentiellen Modelle der reduzierenden Theorie auf eine solche Weise auf die Klasse der potentiellen Modelle der reduzierten Theorie ab, daß alle potentiellen Modelle der reduzierten Theorie F-Bilder sind. Nach der Bestimmung (2) berücksichtigt die Abbildung F, intuitiv gesprochen, die Axiome, die jeweils M_p auf die Teilklasse M einschränken. Unter Bezugnahme auf die obigen Begriffe der Sprache und der (semantischen bzw. ontologischen) Struktur könnte man sagen, daß die Reduktionsfunktion F auf der Stufe der Strukturen operiert und daß sie in dem Sinn eine ‚Relation zwischen Bedeutungen' herstellt, als sie die Denotate der nichtlogischen Zeichen, d.h. der Prädikate, zwischen (den Sprachen der) beiden Theorien verknüpft.

Den folgenden Begriff nennen wir *abstrakte Übersetzung*, da wir später auf spezielle Formen von Übersetzung zu sprechen kommen werden, wobei der gegenwärtige Begriff einen abstrakten Rahmenbegriff bilden wird.

D10-2 $T_1 = \langle \tau_1, M_p^1, M^1 \rangle$ und $T_2 = \langle \tau_2, M_p^2, M^2 \rangle$ seien Theorien und F reduziere (im Sinn von D10-1) T_1 auf T_2. Dann ist Γ eine *abstrakte Übersetzung von T_1 in T_2 bezüglich F* gdw
(1) $\Gamma: Form(\tau_1) \to Form(\tau_2)$;
(2) für alle $x \in D_I(F)$ und alle $\psi \in Satz(\tau_1)$:
$Mod(x, \Gamma(\psi))$ gdw $Mod(F(x), \psi)$.

Dazu einige Erläuterungen: (i) Es wird nicht eine Übersetzungsfunktion schlechthin definiert, sondern nur relativ auf eine vorgegebene Reduktion F. (ii) Die Übersetzungsfunktion verläuft in der umgekehrten Richtung als die Reduktionsfunktion, nämlich von der reduzierten Theorie in die reduzierende Theorie. (iii) Zum Unterschied von der Funktion F operiert die Funktion Γ auf der sprachlichen Ebene: sie bildet die Formeln (und damit auch die Sätze) von T_1 in deren ‚Übersetzungen' ab, nämlich in Formeln von T_2. (iv) Die Bestimmung (2) verlangt, daß die Übersetzungsfunktion Γ mit der vorgegebenen Reduktionsfunktion F und damit auch mit den durch diese hergestellten ‚Bedeutungsbeziehungen' verträglich ist. Für das Verständnis dieser Verträglichkeitsbeziehung muß man sich daran erinnern, daß Argumente und Werte von F, also die potentiellen Modelle der beiden Theorien, als semantische Strukturen eingeführt worden sind. Die Bedingung besagt: Wenn ein Satz ψ der reduzierten Theorie in einem Modell $F(x)$ dieser Theorie gilt, dann muß seine Übersetzung $\Gamma(\psi)$ in einem der entsprechenden Modelle x der reduzierenden Theorie gelten und umgekehrt. (Den Plural mußten wir hier deshalb verwenden, weil das Modell $F(x)$ *verschiedene* Urbilder enthalten kann.)

Im folgenden Argument wird davon Gebrauch gemacht, daß die Funktion F algebraisch und definierbar ist, beides im Sinne von FEFERMAN, [Two Notes], verstanden. Da die genaue Natur dieser beiden Merkmale für das Folgende keine Rolle spielt, begnügen wir uns hier mit einer kurzen Erläuterung.

Vorausgesetzt wird im folgenden, daß $\tau_1 \cap \tau_2 = 0$.

Dann bedeutet die Aussage, daß F algebraisch ist, daß F mit der Isomorphie zwischen den ontologischen Teilstrukturen verträglich ist, d.h. für alle $x, y \in OStr(\tau_2)$ gilt: wenn $x \simeq y$, dann $F(x) \simeq F(y)$.

Für den Begriff der Definierbarkeit ist zunächst zu beachten, daß F eine Teilmenge von $M_p^2 \times M_p^1$ und damit auch von $OStr(\tau_2) \times OStr(\tau_1)$ ist. Ein Element daraus ist ein geordnetes Paar von mengentheoretischen Strukturen $\langle x_2, x_1 \rangle$. Der begriffliche Apparat ist nun bei FEFERMAN so eingeführt, daß es auf die Reihenfolge der Relationsglieder nicht ankommt, d.h. man kann die Glieder x_2 und x_1 einfach hintereinanderschreiben und ein neues Tupel z bilden. F ist eine Klasse solcher z. Wenn diese Klasse durch Axiome charakterisierbar ist, welche für die R_i^2 und R_j^1 aus x_2 und x_1 gelten, so wird F definierbar genannt.

Um das Argument von PEARCE gegen (SR) rascher überblicken zu können, führen wir zunächst 5 numerierte Aussageformen ein. Im Argument benützen wir dann nur diese Nummern.

(1) (a) F reduziert T_1 auf T_2;
    (b) T_1 und T_2 sind inkommensurable Theorien;
(2) $\tau_1 \cap \tau_2 = \emptyset$ und F ist algebraisch und definierbar;
(3) es gibt eine abstrakte Übersetzung Γ von T_1 in T_2 bezüglich F;
(4) T_1 und T_2 sind inkommensurabel und trotzdem ist T_1 in T_2 übersetzbar.

Folgendes ist zu beachten: Die Konjunktion von (1)(a) und (1)(b) ist identisch mit der zur Diskussion stehenden These (SR). (2) ist die erwähnte plausible Zusatzannahme. (3) bildet das Konsequens der folgenden Prämisse (B); diese Prämisse ist unbestreitbar, da es sich um einen logisch beweisbaren Satz handelt. (4) dagegen ist nach PEARCE unhaltbar. Hier wird deutlich, warum eine genaue Explikation des Begriffs der Inkommensurabilität – die wir daher auch erst in der Diskussion zu geben versuchen werden – nicht erforderlich ist: Für das Argument von PEARCE reicht die Feststellung aus, daß von zwei Theorien, die im Sinne von KUHN inkommensurabel sind, nicht die eine in die andere übersetzbar sein kann. Gerade dies aber, so die Überlegung von PEARCE, müßte man bei Annahme von (SR) behaupten, da (4) aus (1) bis (3) folgendermaßen erschlossen werden kann:

Prämisse (A) Es gibt T_1, T_2, F, so daß (1)(a) und (1)(b) und (2);
Prämisse (B) für alle T_1, T_2, F ((1)(a) und (2)) $\Rightarrow$ (3);
Konklusion: Es gibt T_1 und T_2, so daß (1)(b) und (3).

Die Konjunktion von (1)(b) und (3) aber ist mit (4) identisch, so daß die Konklusion lautet:

Es gibt zwei Theorien, die inkommensurabel sind und von denen trotzdem die eine in die andere übersetzbar ist.

Diese Konklusion ist nach PEARCE unhaltbar. Also muß man (durch Kontraposition) wegen der Unbestreitbarkeit der Prämisse (B) auf die Falschheit der Prämisse (A) schließen. Da die Komponente (2) von (A) nicht angefochten werden soll, bleibt nur die Verwerfung der Konjunktion von (1)(a) und (1)(b) übrig, d.h. die Verwerfung der Prämisse (SR).

10.2 Philosophische Diskussion des Argumentes von Pearce

Wir werden uns hier darauf beschränken, die Gründe von PEARCE für die Verwerfung der Aussag (4) zu diskutieren. Möglicherweise hat zu dieser Verwerfung die weitverbreitete, auch von Kuhn-Kritikern oft geäußerte Auffassung beigetragen, daß Inkommensurabilität im Sinne von KUHN Unvergleichbarkeit zur Folge hat. KUHN selbst hat diese Auffassung niemals vertreten. Es soll daher gezeigt werden, warum es durchaus vernünftig ist, die folgende Annahme zu machen:

(4*) *Es ist möglich, daß zwei Theorien T_1 und T_2 inkommensurabel sind und daß trotzdem T_1 bezüglich der Reduktionsfunktion F im abstrakten Sinn übersetzbar ist in T_2.*

Anmerkung 1. Die ausdrückliche Anführung der Wendung „im abstrakten Sinn" soll den Leser daran erinnern, daß hier der sehr allgemein gehaltene Übersetzungsbegriff von D 10-2 benützt wird. Man könnte die prinzipielle Frage aufwerfen, ob dieser Begriff überhaupt die Minimalbedingungen erfüllt, um im sprachphilosophisch und wissenschaftstheoretisch relevanten Sinn eine *Übersetzung* genannt zu werden. Wir werden dieses Problem nicht erörtern. Doch sollte wenigstens darauf hingewiesen werden, daß man die Deutung der Funktion Γ von D 10-9 *als einer Übersetzung* in Frage stellen könnte.

Die Beispiele, die zur Stützung der Inkommensurabilitätsthese vorgebracht werden, sind fast immer von folgender Art: Es werden zwei Theorien angegeben, welche *dieselben Wörter* (bzw. symbolischen Abkürzungen) enthalten, wobei jedoch diese Wörter *verschiedene Bedeutungen* besitzen. Beispiele: der Ausdruck „Uhr" in der klassischen und in der relativistischen Mechanik; das Wort „Bewegung" in der aristotelischen und in der Newtonschen Physik; das Wort „Zustand" in der phänomenologischen und in der statistischen Thermodynamik. In STEGMÜLLER, [Erklärung und Kausalität], Kap. XI, Abschn. 6, (F) bis (H), wird die Frage genauer erörtert, in welchem Sinn hier von Bedeutungsverschiedenheit gesprochen werden darf. Es wird dort plausibel gemacht, daß KUHN sich sogar auf die Autorität von CARNAP hätte stützen können, um seine These zu untermauern. Auch nach CARNAP wird die Bedeutung der theoretischen Begriffe teilweise durch die Gesetze festgelegt, in denen sie vorkommen. Da in der speziellen Relativitätstheorie z.B. die Masse-Energie-Gleichung $E=mc^2$ gilt, welcher in der klassischen Mechanik nichts entspricht, folgt sofort, daß die identischen Wörter „Masse" und „Energie" (bzw. die Symbole „m" und „E") in diesen Theorien verschiedene Bedeutungen haben, woraus sich die Inkommensurabilität dieser beiden Theorien ergibt.

Dies legt es nahe, die folgenden Begriffe einzuführen. Unter einer *worterhaltenden Übersetzung* einer Theorie in eine andere soll eine Abbildung der Sätze der ersten Theorie in die der zweiten Theorie verstanden werden, welche alle Wörter, die in beiden Theorien vorkommen, auf sich selbst abbildet. Wenn dabei diese Wörter auch ihre jeweiligen Bedeutungen behalten, so soll von einer *bedeutungerhaltenden Übersetzung* gesprochen werden. In bezug auf die strittige Behauptung (4*) können wir dann folgendes sagen: Nur wenn „Übersetzung" dort im Sinne von worterhaltender *und* bedeutungserhaltender Übersetzung verstanden wird, ist (4*) falsch und die Verwerfung der früheren Aussage (4) ist korrekt. Wird dagegen unter „Übersetzung" in (4*) eine solche verstanden, die zwar worterhaltend, *aber nicht bedeutungserhaltend* ist, dann braucht (4*) nicht falsch zu sein. Tatsächlich dürfte den Standardbeispielen von inkommensurablen Theorien stets die folgende Intuition zugrunde liegen: *Wenn T_1 und T_2 inkommensurabel sind, so ist es nicht möglich, T_1 auf solche Weise in T_2 zu übersetzen, daß die Bedeutungen der in beiden Theorien vorkommenden Wörter dieselben bleiben.*

Der springende Punkt bei der Verteidigung von (4*) (und damit von (4)) ist hiermit schon zur Sprache gekommen: Nicht bereits der abstrakte, in D10-2 eingeführte und in (4*) benützte Übersetzungsbegriff gerät mit dem Inkommensurabilitätsbegriff in Konflikt, sondern erst der spezielle Begriff der wort- und bedeutungerhaltenden Übersetzung.

Anmerkung 2. Wie ist, so lautet eine naheliegende Frage, die Situation zu beschreiben, wenn die Übersetzung nicht nur nicht bedeutungerhaltend, sondern nicht einmal worterhaltend ist, weil die Ausdrücke mit den neuen Bedeutungen ‚umbenannt' worden sind? Prima facie scheint man hier sagen zu müssen, daß die Inkommensurabilitätsdebatte gar nicht erst beginnen könnte. Doch dies wäre insofern eine irreführende Feststellung, als das ‚Problem der Inkommensurabilität' nicht etwa zum Verschwinden gebracht, sondern *nur in ein anderes Rätsel transformiert* worden wäre. Um dieses Rätsel zu verdeutlichen, nehmen wir an, daß beide Theorien gleich gut bestätigt sind. Dann würde die Ausgangsfrage lauten: „Wie ist es möglich, daß zwei gleich gut bestätigte Theorien mit völlig verschiedenen Termen, die ihrerseits völlig verschiedene Bedeutungen haben, vom selben ‚Weltausschnitt' handeln?" Und die Diskussion der Frage, wie man denn zwei solche Theorien miteinander vergleichen könne, würde mindestens ebenso dramatisch verlaufen wie die Inkommensurabilitätsdebatte.
Die eben angestellte Überlegung bildet die Rechtfertigung dafür, diesen Fall unten in die Inkommensurabilitätsdefinition D10-5 einzubeziehen.

In Anknüpfung an BALZER, [Incommensurability], sollen die eben angestellten informellen Betrachtungen in ein präziseres Gewand gekleidet werden. Dabei machen wir von dem in 10.1 eingeführten Begriffsapparat Gebrauch.

T_1 und T_2 seien zwei Theorien mit den zugehörigen Sprachen $\tau_1 = \langle P_1, \ldots, P_n \rangle$ und $\tau_2 = \langle Q_1, \ldots, Q_m \rangle$. In bezug auf die Zeichen „P_i" und „Q_j" müssen wir diesmal genauere Angaben machen als in 10.1. Diese Symbole dürfen nicht etwa als metasprachliche syntaktische Variable aufgefaßt werden, welche die entsprechenden nichtlogischen Zeichen der beiden Objektsprachen designieren. (In diesem Fall könnten nämlich, gleichsam im Unsichtbaren, bestimmte Prädikatkonstante beim Übergang von der einen zur anderen Sprache umbenannt werden, ohne daß wir dies zu erfassen vermöchten.) Vielmehr müssen die „P_i" (für $1 \leq i \leq n$) *selbst* die nichtlogischen Prädikate der ersten Sprache und die „Q_j" (für $1 \leq j \leq m$) *selbst* die nichtlogischen Prädikate der zweiten Sprache bilden. Die *Bedeutungen* oder *Denotate* dieser Zeichen sollen wieder mit Hilfe eines Querstriches, also durch „$\bar{P}_i$" bzw. „$\bar{Q}_j$", angegeben werden. Absichtlich haben wir die Wendung „Bedeutungen oder Denotate" benützt, um klarzustellen, daß wir von einem rein extensionalen Bedeutungsbegriff Gebrauch machen und keine Abschweifungen in intensionale Semantiken benötigen.

Innerhalb dieses formalen Rahmens liegt der typische Fall von Inkommensurabilität genau dann vor, wenn mindestens ein nichtlogisches Prädikatsymbol H in beiden Sprachen vorkommt, also $H \in \{P_1, \ldots, P_n\} \cap \{Q_1, \ldots, Q_m\}$, das in beiden Theorien verschiedene Denotate hat. Dann gibt es also ein i und ein j, so daß $H = P_i = Q_j$; dagegen gilt: $\bar{P}_i \neq \bar{Q}_j$. Die ontologischen Teilstrukturen der semantischen Strukturen dieser beiden Sprachen seien für die als vorgegeben betrachtete Reduktionsfunktion F: $x = \langle D^2, \bar{Q}_1, \ldots, \bar{Q}_m \rangle$ und $F(x) = \langle D^1, \bar{P}_1, \ldots, \bar{P}_n \rangle$.

In einem vorbereitenden Schritt definieren wir den Begriff der ein Prädikat erhaltenden Übersetzung. F sei eine vorgegebene Reduktionsfunktion von T_1 auf T_2.

D10-3 Es sei $H \in \{P_1, \ldots, P_n\} \cap \{Q_1, \ldots, Q_m\}$. Dann ist Γ eine *H-erhaltende Übersetzung bezüglich F* gdw gilt:
(1) Γ ist eine abstrakte Übersetzung von T_1 in T_2 bezüglich F;
(2) für alle $Hz_1 \in Form(\tau_1)$ existiert ein z_2, so daß $\Gamma(Hz_1) = Hz_2$ und $Hz_2 \in Form(\tau_2)$. (Dabei seien z_1 und z_2 geeignete Folgen von Variablen.)
(3) Γ ist verträglich mit den logischen Zeichen.

Die genaue Bedeutung der Bestimmung (3) hängt davon ab, wie der Formelbegriff in den beiden Sprachen τ_1 und τ_2 eingeführt ist. Wenn z. B. die logischen Zeichen „¬", „∨" und „⋁" sind, so beinhaltet diese Bestimmung: $\Gamma(\neg A) = \neg \Gamma(a)$; $\Gamma(A \vee B) = \Gamma(A) \vee \Gamma(B)$; $\Gamma(\bigvee x A) = \bigvee x \Gamma(A)$ (für alle $A, B \in Form(\tau_1)$).

Der in D10-3 eingeführte Begriff bezieht sich auf die rein syntaktische Ebene: Ein H-erhaltendes Γ läßt, intuitiv gesprochen, sämtliche Vorkommnisse des Prädikates „H" bei Übersetzungen von Formeln und Sätzen aus der ersten in die zweite Sprache unverändert. In bezug auf den semantischen Aspekt sagt D10-3 nichts aus: „H" kann außerdem in beiden Theorien dasselbe Denotat besitzen; ebenso aber ist es möglich, daß „H" in der ersten Theorie ein anderes Denotat hat als in der zweiten. Bei Inkommensurabilität liegt gerade das letztere vor. In der folgenden Definition zeichnen wir zunächst den positiven Fall aus. Dabei erinnern wir daran, daß die Argumente und Werte der Reduktionsfunktion F potentielle Modelle (von T_2 bzw. von T_1) sind. T_1, T_2 und F seien wieder vorgegeben.

D10-4 Es sei $H \in \{P_1, \ldots, P_n\} \cap \{Q_1, \ldots, Q_m\}$. Γ sei eine H-erhaltende Übersetzung bezüglich F. Dann sagen wir:
Γ *macht* T_1 *H-F-kommensurabel mit* T_2 gdw es ein $x \in D_I(F)$ gibt, so daß $\bar{H}_x = \bar{H}_{F(x)}$. (Dabei sind $\bar{H}_x$ und $\bar{H}_{F(x)}$ die Denotate des Vorkommens von „H" in x bzw. in $F(x)$.)

Inhaltlich gesprochen liegt diese Form von Kommensurabilität vor, wenn der Term „H" in zwei durch die Reduktionsrelation F miteinander verknüpften Modellen der beiden Theorien vorkommt und beide Male dasselbe Denotat besitzt. Von einer H-erhaltenden Übersetzung Γ von der beschriebenen Art sagen wir auch, daß sie *bedeutungskonform* oder *bedeutungerhaltend* ist. Daß diese schwache Version der Kommensurabilitätsdefinition mit „es gibt ein $x \in D_I(F)$" statt der starken mit „für alle $x \in D_I(F)$" benützt wird, hat seinen Grund darin, daß dadurch der in der nächsten Definition charakterisierte Inkommensurabilitätsfall einfach mittels Negation beschrieben werden kann.

D10-5 T_1 und T_2 seien zwei Theorien mit den Sprachen $\tau_1 = \langle P_1, \ldots, P_n \rangle$ und $\tau_2 = \langle Q_1, \ldots, Q_m \rangle$. T_1 und T_2 sind *inkommensurabel* gdw gilt: entweder

(a) $\{P_1, \ldots, P_n\} \cap \{Q_1, \ldots, Q_m\} = \emptyset$

oder

(b) für alle Reduktionsfunktionen F von T_1 auf T_2 und alle abstrakten Übersetzungen Γ von T_1 in T_2 bezüglich F gibt es eine nichtlogische Konstante $H \in \{P_1, \ldots, P_n\} \cap \{Q_1, \ldots, Q_m\}$, so daß Γ eine H-erhaltende Übersetzung ist, die T_1 H-F-inkommensurabel mit T_2 macht. („H-F-inkommensurabel" ist dabei eine Abkürzung für „nicht H-F-kommensurabel".)

Wenn zwei Theorien inkommensurabel sind, dann ist entweder ihr nichtlogisches Vokabular disjunkt oder sie besitzen gemeinsame nichtlogische Terme, so daß mit jeder Übersetzung, welche diese Terme unverändert übernimmt, eine Bedeutungsänderung wenigstens eines dieser Terme verbunden ist. Etwas genauer formuliert: Wenn T_1 und T_2 inkommensurable Theorien sind, die gemeinsame nichtlogische Konstanten enthalten, dann muß es für alle Reduktionsfunktionen F und Übersetzungen Γ bezüglich F mindestens eine nichtlogische Konstante H geben, so daß Γ entweder keine H-erhaltende Übersetzung ist oder daß Γ die Theorien T_1 und T_2 H-F-inkommensurabel macht.

Zum Argument von PEARCE können wir jetzt folgendermaßen Stellung beziehen: Inkommensurabilität hat *nicht* bereits *Unübersetzbarkeit in dem schwachen Sinn von „Übersetzung" gemäß D10-2 im Gefolge*. Deshalb kann man (4*) akzeptieren und braucht die Konklusion (4) des Argumentes von 10.1, ebenso wie die dortige Aussage (*SR*), *nicht* zu verwerfen. Die Vergleichbarkeit zweier Theorien, etwa auf der Grundlage einer Reduktionsfunktion F, kann auch dann vorliegen, wenn diese Theorien inkommensurabel im Sinn von D10-5 sind, und dies trotz der Tatsache, daß gemäß dem von PEARCE zitierten Beweis FEFERMANS dann eine abstrakte Übersetzung Γ bezüglich F von der einen Theorie in die andere vorliegt.

Damit ist natürlich noch gar nichts darüber ausgesagt, *wie* man sich einen solchen Vergleich bei Vorliegen von Inkommensurabilität vorzustellen hat. Die folgende Abbildung, zusammen mit den dazu gegebenen Erläuterungen, soll das Verständnis erleichtern:

T_1 und T_2 seien zwei Theorien, die in üblichen Wissenschaftssprachen S_1 und S_2 abgefaßt sind. Für unsere Zwecke genügt es wieder, diese beiden Sprachen mit den nichtlogischen Prädikatmengen τ_1 und τ_2 zu identifizieren; H sei ein Element beider Mengen. F sei die Reduktionsrelation. Γ sei eine H-erhaltende Übersetzung von T_1 in T_2, die jedoch bezüglich H nicht bedeutungerhaltend ist, so daß T_1 und T_2 inkommensurabel sind. Entscheidend für das Zustandekommen dieser Inkommensurabilität ist der Term-für-Term-Vergleich zwischen den beiden Sprachen. Während das übliche Vorgehen und die dabei auftretenden Schwierigkeiten schematisch unterhalb von T_1 und T_2 aufgezeichnet sind (pauschal mit „untere Ebene" bezeichnet), wird das strukturalistische Vorgehen oberhalb von T_1 und T_2 (pauschal mit „obere Ebene" bezeichnet) angedeutet.

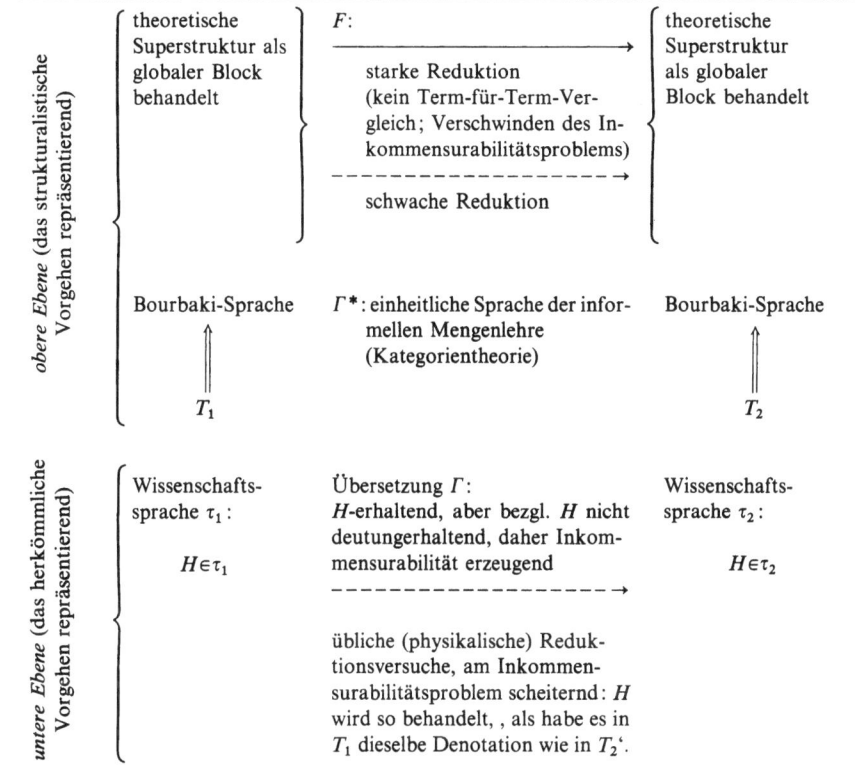

Da voraussetzungsgemäß beide Theorien hinreichend präzise formuliert sind, um mit Hilfe von mengentheoretischen Prädikaten axiomatisiert zu werden, ist die Wiedergabe beider Theorien in der ‚Sprache von BOURBAKI', wie wir dies nennen wollen, gewährleistet. Der syntaktische Teil der Übersetzung Γ^* degeneriert daher auf die identische Abbildung (oder die Einschlußrelation). Dieser erste Schritt liefert allerdings nicht mehr als eine Vorarbeit für die Lösung des Inkommensurabilitätsproblems. Würde es damit sein Bewenden haben, so würde das Problem dennoch sofort wiederauftreten, sobald man die Terme beider Theorien *einzeln* miteinander vergleichen würde. Denn diese Terme genügen nach Annahme verschiedenen Axiomen. (Daß diese Axiome gewissermaßen ‚verschlüsselt' als Definitionsbestandteile der beiden mengentheoretischen Prädikate auftreten, spielt hierbei keine Rolle. Obwohl somit die Übersetzungsfunktion Γ^* in syntaktischer Hinsicht die identische Abbildung oder die echte Einschlußrelation ist, wäre sie daher *nicht bedeutungserhaltend*.)

Entscheidend ist erst der zweite Schritt, nämlich die Konstruktion der Reduktionsrelation F. Selbst wenn dabei F gemäß D4-5 als starke Reduktion eingeführt wird und daher die beiden Strukturen auf solche Weise miteinander in Beziehung gesetzt werden, daß *alle* begrifflichen Komponenten beider Strukturen in diese Beziehung eingehen, so kommt doch bereits hier die Tatsache zur Geltung, *daß an keiner Stelle ein Term-für-Term-Vergleich stattfindet*, sondern daß die beiden theoretischen Superstrukturen *als globale Blöcke* behandelt werden. Mit dem Wegfall des Term-für-Term-Vergleiches verschwindet auch das Inkommensurabilitätsproblem.

An dieser Stelle ist es also, um dies nochmals ausdrücklich zu betonen, nicht etwa der Übergang von der ‚metamathematischen' zur ‚mathematischen' Methode (SUPPES), also der Verzicht auf formalsprachliches Vorgehen, welcher die Schwierigkeit bewältigt, sondern das ‚*Denken in globalen Strukturen*', also die *makrologische* statt der herkömmlichen *mikrologischen* Betrachtungsweise, die das Problem überwinden hilft.

Gegen diese Überlegungen werden die ‚Inkommensurabilitätsleute' vermutlich den weiteren Einwand vorbringen, daß der eben angedeutete Vergleich theoretischer Superstrukturen ein *bloßes Programm* darstelle, dessen Realisierbarkeit im Einzelfall höchst fraglich, wenn nicht unmöglich sei. Konkreter gesprochen: Das Bestehen einer Reduktion im starken Sinn gemäß D4-5 wird sich nicht zeigen lassen.

Sollte es sich um sehr verschiedenartige Theorien handeln – etwa um solche, die nach KUHN durch eine wissenschaftliche Revolution voreinander getrennt sind –, so ist dieser Einwand *möglicherweise* zutreffend. Doch der Strukturalist hat dann noch immer einen Pfeil im Köcher. Wie bereits in Kap. 4 beim Vergleich der beiden Reduktionsbegriffe D4-4 und D4-5 hervorgehoben worden ist, kann bei erheblicher Verschiedenartigkeit der verglichenen Theorien der Fall eintreten, daß die starke Reduktion nicht gelingt, sei es, daß man zwischen den theoretisch ergänzten empirischen Behauptungen beider Theorien keinen Herleitungszusammenhang herzustellen vermag, sei es, daß nicht einmal die Konstruktion einer Quasi-Reduktion zwischen den potentiellen Modellen beider Theorien glückt.

In einem solchen Fall kann man sich auf die schwache Reduktion im Sinne von D4-4 zurückziehen, die für den Vergleich der empirischen Leistungsfähigkeit der beiden Theorien völlig ausreicht. Im gegenwärtigen Zusammenhang sind zwei Aspekte dieser Relation besonders hervorzuheben: (1) Die Entsprechungsrelation, dort „Quasi-Reduktion" genannt, arbeitet hier allein auf der *nicht-theoretischen* Ebene, so daß die beiden theoretischen Superstrukturen überhaupt nicht direkt miteinander in Beziehung gesetzt werden (vgl. die Bestimmungen (1) und (3) von D4-4). (2) In den empirischen Behauptungen der beiden Theorien wiederum kommen die theoretischen Superstrukturen nur indirekt, nämlich als jeweilige Argumente der Anwendungsoperation A, vor. Dasjenige, worauf es dort ankommt, nämlich die Funktions*werte* von der Gestalt „$\mathbb{A}(K)$", sind abermals *nicht-theoretische* Entitäten! (Außerdem sei nochmals daran erinnert, daß selbst dieser Begriff, wie in Kap. 8 gezeigt, zu einer bloß *approximativen* Relation abgeschwächt werden kann.)

Da bei der Diskussion der Inkommensurabilitätsproblematik Mißverständnisse sehr häufig sind, ist es vielleicht nicht unnütz, das zu betonen, was wir nicht zu zeigen beansprucht haben: *Keineswegs* wollten wir eine Behauptung von der

Art begründen, daß eine der Reduktionen (starke, schwache, approximative etc.) immer dann angebbar ist, wenn die ‚zuständigen' Fachleute oder Wissenschaftsphilosophen dies *wünschen*. Es kann sich natürlich ergeben, daß alle derartigen Versuche scheitern, da nicht zu bewältigende Schwierigkeiten auftreten. Im Hinblick auf solche Möglichkeiten kann das, was hier gezeigt werden sollte, so formuliert werden: *Wenn* unbehebbare Schwierigkeiten auftreten, dann können sie ihre Wurzel nicht in der ‚Inkommensurabilität der beiden Theorien' haben, sondern diese Wurzeln müssen woanders liegen.

Die Situation bezüglich der Übersetzungsbegriffe ist im Bild ebenfalls angedeutet: Auf der oberen Ebene operieren nur die Übersetzungen im schwachen Sinn, d.h. diejenigen Übersetzungen gemäß D10-2, die keine für Termvergleiche relevanten Zusatzbedingungen erfüllen. Solche Übersetzungen gibt es, wie PEARCE in Anknüpfung an FEFERMAN gezeigt hat, unter den von ihm gemachten Voraussetzungen immer. Übersetzungen dieser Art sind jedoch mit Inkommensurabilität durchaus verträglich. Auf die speziellen Arten von Übersetzungen, die worterhaltend und bedeutungskonform sind, würden wir erst auf der unteren Ebene stoßen; doch sind solche Übersetzungen im Inkommensurabilitätsfall in bezug auf diejenigen Terme, welche die Inkommensurabilität (in dem präzisen Sinn von D10-5(b)) erzeugen, nicht herstellbar.

Reduktion im strukturalistischen Sinn ist nicht ein bloßes theoretisches Programm. Der Kepler-Newton-Fall mag dabei für uns die Rolle eines Paradigmas bilden. (Die Inkommensurabilität besteht hier darin, daß in der Kepler-Theorie die Planeten Nullmasse haben, während in der Theorie NEWTONS nur positive Werte der Massenfunktion zugelassen sind.) So wie dort, wird man auch in den meisten anderen Fällen an übliche Reduktionsargumente anknüpfen können. Alles, was man zu leisten hat, um dem Inkommensurabilitätseinwand nicht mehr ausgesetzt zu sein, ist die erfolgreiche Ersetzung der mikrologischen durch die makrologische Methode. Die Wiedergabe der einschlägigen Begriffe im ‚strukturalistischen Formalismus' bildet dafür nur ein Hilfsmittel.

Sobald einige Spezialfälle in dieser Hinsicht mit Erfolg bearbeitet worden sind, wird man daher vermutlich genügend Routine gewonnen haben, um in anderen Fällen aufgrund *prinzipieller Einsicht* zu erkennen, daß hier die Dinge analog liegen. Man wird dann vielleicht häufig, ohne in mühevolle Detailanalysen einsteigen zu müssen, sagen können: „Die vorliegende Reduktion, die wegen ihres mikrologischen Term-für-Term-Vergleiches noch mit dem Inkommensurabilitätseinwand konfrontiert ist, kann routinemäßig in eine solche überführt werden, für welche dieser Einwand nicht mehr zutrifft."

Literatur

BALZER, W. [Incommensurability], "Incommensurability, Reduction and Translation", erscheint 1985 in *Erkenntnis*.

FEFERMAN, S. [Two Notes], "Two Notes on Abstract Model Theory I. Properties Invariant on the Range of Definable Relations between Structures", *Fundamenta Mathematicae*, Bd. 82 (1974), S. 153–165.

KUHN, T.S. [Revolutions], *The Structure of Scientific Revolutions*, 2. Aufl. Chicago 1970.

PEARCE, D. [Stegmüller on Kuhn], "Stegmüller on Kuhn and Incommensurability", *The British Journal for the Philosophy of Science*, Bd. 33 (1982), S. 389–396.

PEARCE, D. [Logical Properties], "Logical Properties of the Structuralist Concept of Reduction", *Erkenntnis*, Bd. 18 (1982), S. 307–333.

STEGMÜLLER, W. [Some Reflections], "Structures and Dynamics of Theories. Some Reflections on J.D. Sneed and T.S. Kuhn", *Erkenntnis*, Bd. 9 (1975), S. 75–100.

STEGMÜLLER, W. [Erklärung und Kausalität], *Erklärung-Begründung-Kausalität*, 2. Aufl. Berlin-Heidelberg-New York-Tokyo 1983.

STEGMÜLLER, W. und M. VARGA VON KIBED [Logik], *Strukturtypen der Logik*, Berlin-Heidelberg-New York-Tokyo 1984.

If you have any concerns about our products,
you can contact us on
ProductSafety@springernature.com

In case Publisher is established outside the EU,
the EU authorized representative is:
**Springer Nature Customer Service Center GmbH
Europaplatz 3, 69115 Heidelberg, Germany**

Printed by Libri Plureos GmbH
in Hamburg, Germany